T0347131

SCRIPTORVM CLASSICORVM

BIBLIOTHECA OXONIENSIS

OXONII

E TYPOGRAPHEO CLARENDONIANO

C. SALLVSTI CRISPI

CATILINA · IVGVRTHA

HISTORIARVM FRAGMENTA SELECTA

APPENDIX SALLVSTIANA

RECOGNOVIT
BREVIQVE ADNOTATIONE CRITICA INSTRVXIT

L. D. REYNOLDS

OXONII
E TYPOGRAPHEO CLARENDONIANO

OXFORD
UNIVERSITY PRESS

Great Clarendon Street, Oxford OX2 6DP

Oxford University Press is a department of the University of Oxford.
It furthers the University's objective of excellence in research, scholarship,
and education by publishing worldwide in

Oxford New York

Auckland Cape Town Dar es Salaam Hong Kong Karachi
Kuala Lumpur Madrid Melbourne Mexico City Nairobi
New Delhi Shanghai Taipei Toronto

With offices in

Argentina Austria Brazil Chile Czech Republic France Greece
Guatemala Hungary Italy Japan Poland Portugal Singapore
South Korea Switzerland Thailand Turkey Ukraine Vietnam

Oxford is a registered trade mark of Oxford University Press
in the UK and in certain other countries

Published in the United States
by Oxford University Press Inc., New York

ISBN 978-0-19-814667-4

Printed and bound by
CPI Group (UK) Ltd,
Croydon, CR0 4YY

PRAEFATIO

Cvm C. Sallustius Crispus siue rerum publicarum fastidio, ut ipse adfirmat, siue aliqua spe deceptus in otium secessisset et rebus scribendis potius quam gerendis inseruire decreuisset, gloriam quam in honoribus frustra captauisse sibi uisus est in litteris inuenit breuique tempore adeo inclaruit ut in omnibus fere qui post fuerunt rerum Romanarum scriptoribus, si non flosculos ex eius scriptis decerptos, at certe aliquid Sallustiani coloris reperire possimus. Nam genus dicendi elaborauerat et nouum et insigne et quod uere Sallustianum dici possit; accedit quod simplex illa et tristis quam in scribendo adfectabat morum seueritas posteritati haud ingrata erat. Itaque non solum apud historicos lectitabatur et in litteratorum circulis, sed in scholis etiam atque ludis uigebat, grammaticorum amor et deliciae. Nam nullus pedestris Musae scriptor—ne Cicero quidem ipse, si quantum uterque scripserit conferas—tam saepe laudatur a multitudine grammaticorum aliorumque antiquitatis studiosorum qui usque ad ipsum occasum interitumque imperii Romani lucubrationes suas ueterum scriptorum exemplis ornare pergebant.

Cum autem de fatis librorum Sallustianorum agitur, quis non statim intelleget hoc lectitandi studium et prodesse eius scriptis potuisse et obesse? Libri enim tot manibus per tot saecula contrectati non tam sordescere periclitantur—quod Flaccus noster de suo libello auguratus est—quam immutari atque corrumpi. Non enim deerunt lectores qui obscuram illam Sallusti breuitatem uel minus obscuram facere uelint uel minus breuem, qui se oleum perdere non putent si efficiant ut paulo lenius fluat quodcumque abruptum esse uideatur; conabuntur alii orationem magis etiam Sallustianam reddere quam ipse reliquerat. Itaque qui haec scripta ad priscum eorum statum reuocare conantur cum codices qui ea nobis tradiderunt tum antiquorum auctorum testimonia summa diligentia excutere debent ut orationis uere Sallustianae uestigia deprehendant auctorique suo uindicent. Hoc propositum nobis semper tenendum est, cum ueritatem ex hac uasta testium turba elicere temptamus.

Quo autem hoc uolumen lectoribus utilius sit, non solum opuscula De Coniuratione Catilinae et De Bello Iugurthino scripta inclusi sed etiam selecta Historiarum fragmenta et totam istam quam uocant Appendicem Sallustianam. Quae non omnia eadem uia uel eodem modo temporum fortunaeque uicissitudines pertulerunt; separatim igitur de fatis horum operum dicendum erit.[1]

CATILINA ET IVGVRTHA

Codices omnes qui Catilinam et Iugurtham continent—sunt numero amplius quingenti—in duo genera diuidi solent. Priori adnumerantur ei codices qui non exiguam Belli Iugurthini particulam (103. 2 *quinque delegit* ... 112. 3 *et ratam*) omittunt: hi 'mutili' uulgo uocantur. Alterius generis sunt omnes qui hanc particulam praebent a prima manu scriptam et suo loco ita accommodatam ut non suspiceris illam umquam defuisse: hi 'integri' nominantur. Est autem quasi tertium genus librorum in quibus manifestum est hoc damnum secundis curis esse reparatum, quos solemus 'suppletos' uocare. Quae diuisio non tanti est momenti quanti uulgo esse creditur; nam mihi per-

---

[1] De his rebus alibi iam et paulo subtilius disputaui: *Texts and Transmission: A Survey of the Latin Classics*, ed. L. D. Reynolds (Oxonii, 1983), 341–52; 'The Lacuna in Sallust's *Jugurtha*', *Revue d'histoire des textes*, 14–15 (1984–5), 59–69.

suasum est omnes libros siue mutilos siue integros ex
eodem fonte fluxisse, integros autem eam particulam
quam communis fons omisisset aliunde recuperare
potuisse.[1] Vnde integri lacunam explere potuerint obscurum manet; putandum est tamen aliquando, ad finem ut
uidetur decimi saeculi—nam omnes integri huic saeculo
inferiores sunt—aliquem codicem nunc deperditum exstitisse qui pleniorem Sallusti textum haberet. Adde quod in
paucis libris recentioribus minora fragmenta offendimus
quae genuina esse uidentur quaeque in ceteris omnibus
siue mutilis siue integris omnino deficiunt.[2] Haec quoque,
nisi forte caelo delapsa sunt, ex aliquo fonte nobis iam
ignoto deriuanda sunt.

Libri mutili

Ex magno numero codicum mutilorum nouem elegi qui
ceteris uel aetate uel fide praestare mihi uiderentur:[3]

[1] Quod alii iam opinati sunt, uelut H. Jordan in praefatione editionis
suae (Berolini, 1887[3]), p. xvii; F. Schlee, *Zwei Berliner Sallusthandschriften*
(Sorauiae, 1899), 3; A. W. Ahlberg, *Prolegomena in Sallustium* (Gothoburgi,
1911), 68 sqq.

[2] *C.* 6. 2 *ita breui . . . facta erat*; *I.* 21. 4 *de controuersiis . . . disceptare.* Alia
frustula, uelut *C.* 5. 9 *atque optima*, *I.* 44. 5 *neque muniebantur*, quae
humano ingenio imputari possint, minoris momenti sunt. Talia supplementa in recentissimis libris plerumque inueniuntur, sed codicibus
saeculi duodecimi uel etiam undecimi exeuntis non ignota sunt.

[3] Inter codices uetustiores quos tamen carptim uel omnino non
adhibui numerandi sunt Parisinus lat. 5748 (= Q), Montepessulanus 360
(= L), Vaticanus lat. 3325 (= R), omnes saeculi decimi. Libros Q et L
totos contuli; orti sunt ex ea stirpe quam ego littera β, Ahlberg littera Σ
denotauit, sed ad textum huius stirpis redintegrandum eos ego aliis testibus posthabui. Q tamen non omnino neglexi: et in lacuna supplenda et
alibi interdum nobis auxilio est. De hoc codice uide M. Bonnet, 'Die
Handschriften von Montpellier H. 360 und Paris lat. 10195', *Hermes*, 14
(1897), 157–9. L ad nullam rem utilem duco. Duodecimo saeculo, et ut
uidetur in monasterio Pontiniacensi, funditus refectus atque reparatus
est. Multa folia duodecimo saeculo exarata sunt atque ab alio exemplari
descripta: textum praebent a Parisino lat. 16025 (= A) deriuatum; neque

P Parisinus latinus 16024, s. ix[2], quem in Gallia et quidem Augustae Suessionum scriptum esse discimus.[1] Continet ff. 1ʳ–46ᵛ Catilinam et Iugurtham. Vltima pagina, folio sequenti quondam adglutinata, aegre legi potest. Sallustio olim praecedebat Maximi Victorini Ars grammatica, cuius ultima uerba, satis corrupta,[2] in f. 1ʳ leguntur. Cetera auolsa sunt; sic fit ut primus codicis nostri fasciculus littera T signetur.[3] Librarius primus, uel alius eiusdem fere aetatis, occasionem arripuerat lacunae Belli Iugurthini quoad potuit sarciendae: regis Bocchi orationem (*I.* 110) in calce addidit. Haec oratio, quae in aliis mutilis occurrit similiter suppleta,[4] ex illo orationum atque epistularum florilegio in codice Vaticano latino 3864 (V) adseruato repetenda est, de quo plura infra dicemus. Nono enim saeculo inter Parisinum et Vaticanum aliquid commercii fuit; nam lectiones secundae manus (P[2]), orationibus et epistulis adscriptae, saepe cum Vaticano congruunt.[5] Codicem

reliquae partes libri, licet uetustiores, maioris pretii sunt. R a stirpe α ortus est, aliis tamen libris indidem natis (PA) sinceritate cedit; sed ad lacunam explendam aliquid conferre potest. Alium α stirpis librum, Leidensem Voss. Lat. O. 73 (= l), codici P cognatum, hic illic adhibui, ut lectiones ueterum codicum confirmaret: saeculo duodecimo ineunte et in Gallia ut uidetur exaratus est.

[1] Opinionem suam de aetate et origine codicis P mihi benignissime communicauit B. Bischoff. De hoc libro uide etiam F. C. T. Dieck, *De ratione quae inter codices Sallustianos Vaticanum n. 3864 et Parisinum n. 500 intercedat* (Athenis ad Salam, 1872); L. Kuhlmann, *De Sallusti codice Paris. 500* (Branesiae, 1881); É. Chatelain, *La Paléographie des classiquẹs latins* (Lutetiae, 1884–1900), tab. 52. 1.

[2] *GL* vi. 205. 1–4 *similia. Hem . . . colligi possunt.*

[3] Chatelain, p. 14.

[4] In Basileensi (= B) et Parisino lat. 6085 (= C): uide infra.

[5] Vide pp. 17. 18, 18. 30, 43. 21, 44. 6, 65. 10, 74. 7, al.; Alberg, *Prolegomena*, 110–12.

olim possedit ille non ignobilis uersuum facetiarumque conditor Stephanus Taborotus.[1]

A Parisinus latinus 16025, s. IX med. uel ix$\frac{3}{4}$, in Gallia scriptus et ut uidetur in abbatia sancti Germani Autissiodorensi.[2] Continet ff. 2^r–47^r Catilinam et Iugurtham. Secunda manus (A^2) librum lectionibus instruxit ex aliquo stirpis β codice petitis.

B Basileensis AN. IV. 11, s. XI, in Germania meridionali scriptus. Continet ff. 1^r–71^v Catilinam et Iugurtham. In folio 72^r addita est, ut in codice P, regis Bocchi oratio. Codicem saeculo decimo quinto possedit Johannes de Lapide, idem, ut uidetur, qui anno 1493 opusculum De arte punctuandi inscriptum edidit.[3]

C Parisinus latinus 6085, s. XI^1, in Gallia scriptus et olim in monasterio sancti Benedicti Floriacensi adseruatus.[4] Continet ff. 1^r–88^r Catilinam et Iugurtham; sequuntur oratio regis Bocchi (88^v–89^r), Iuli Exsuperanti opusculum (89^r–93^r),[5] Publili Syri sententiae (94^r–96^r), *I.* 103. 2 ... 112. 3 (oratione Bocchi omissa) (96^v–100^r), quae omnia suppleuerunt manus undecimi saeculi.

N Vaticanus Palatinus latinus 889, s. X^2, in monasterio

---

[1] Étienne Tabourot, seigneur des Accords (1549–1590): de quo uide A. Cioranesco, *Bibliographie de la littérature française du seizième siècle* (Lutetiae, 1959), 655–6.

[2] B. Bischoff, *Settimane di studio del Centro italiano di studi sull'Alto Medioevo*, 22/1 (Spoleti, 1975), 77 n. 48 (= *Mittelalterliche Studien*, iii (Monaci, 1981), 66 n. 47). De hoc libro egit J. C. Wirz, *De fide atque auctoritate codicis Sallustiani qui Paris. n. 1576 asseruatur commentatio* (Arouiae, 1867). Chatelain tabulam praebet, 52. 2.

[3] L. Hain, *Repertorium bibliographicum* (Stutgardiae et Lutetiae, 1826–38), *12830; M. E. Cosenza, *Biographical and Bibliographical Dictionary of the Italian Humanists and of the World of Classical Scholarship* (Bostoniae, 1962–7), iii. 1925, iv. 3156.

[4] B. Munk Olsen, *L'Étude des auteurs classiques latins aux XIe et XIIe siècles*, ii (Lutetiae, 1985), 341–2.

[5] Ed. N. Zorzetti (Lipsiae, 1982).

sancti Nazarii Laureshamensi scriptus.[1] Continet ff. 1ʳ–
102ᵛ Catilinam et Iugurtham.

K Vaticanus Palatinus latinus 887, s. XI, in Germania ut
uidetur scriptus.[2] Continet ff. 1ʳ–66ᵛ Catilinam et Iugurtham. In ultimo folio fasciculi noni (62ᵛ) desinit prima
manus in uerbis *P.R. bene[ficiis]* (*I.* 102. 11), reliqua
suppleuit manus saeculi duodecimi: hanc partem neglexi. Foliis auulsis desunt *I.* 14. 21 *inpio facinore* ...
31. 25 *senatus auctoritas*, 71. 5 *repperit et* ... 74. 3 *proeliis
magis*, 85. 44 *quoniam illis* ... 88. 2 *aut contra*. Codicem
anno 1460 possedit uir doctus Mathias Kemnatus.[3]

H Berolinensis Phillippsianus 1902, s. XI, in Germania
meridionali scriptus.[4] Continet ff. 1ʳ–94ʳ Catilinam et
Iugurtham. In folio 87ᵛ omnia post *copia necessari[orum]*
(*I.* 103. 2) erasa sunt, manent in folio 88ʳ ultima Belli
Iugurthini uerba: *prouincia decreta* ... *in illo sitae* ⟨*sunt*⟩.
Tum spatio relicto unus ex eis qui codicem exarauerant
totum locum *quinque delegit*... *in illo sitae* in foliis 88ʳ–94ʳ
suppleuit, ita ut uerba *prouincia decreta* ... *sitae* bis
scripta sint.

D Parisinus latinus 10195, s. X ex., in coenobio sancti
Willibrordi Epternacensi ut uidetur scriptus.[5] Continet
ff. 43ʳ–76ʳ Catilinam et Iugurtham. *I.* 103. 2–112. 3, a
primo librario omissa, a manu aequali ad calcem
suppleta sunt (ff. 75ᵛ–76ʳ).

---

[1] Bischoff, *Lorsch im Spiegel seiner Handschriften* (Monaci, 1974), 114–15.
De hoc codice conferantur etiam H. Wirz, 'Der Codex Nazarianus des
Sallustius', *Hermes*, 32 (1987), 202–9; A. W. Ahlberg, 'De duobus codici-
bus Palatinis Sallustianis', *Eranos*, 9 (1909), 137–63.

[2] De hoc codice uide Bischoff et Ahlberg, locis supra citatis.

[3] De quo uide Bischoff, *Lorsch im Spiegel*, 62–3, 88–92.

[4] F. Schlee, *Zwei Berliner Sallusthandschriften* (Sorauiae, 1899).

[5] F. Schroeder, *Bibliothek und Schule der Abtei Echternach um die Jarh-
tausendwende* (Augustae Romanduorum, 1977), 255–7; Bonnet, op. cit.
(p. vii, adn. 3); Chatelain, tab. LIII.

F Hauniensis Fabricianus 25 2°, s. xi², in Gallia septentrionali uel in Belgio scriptus.[1] Continet ff. 1ʳ–116ᵛ
Catilinam et Iugurtham. Vltimis uerbis inde ab *quinque
delegit* (*I.* 103. 2) erasis, reliqua ff. 110ʳ–116ᵛ suppleuerunt manus paulo recentiores.

Quamquam codices Sallusti assidue alius ex alio corri-
guntur, codices uetustiores non adeo inter se commixti
confusique sunt ut eorum necessitudines inuestigare et
per tabulam depingere non possimus.[2]

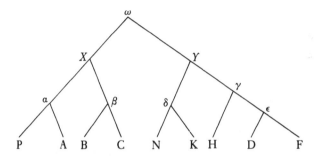

Qua tabula freti fata librorum qui Sallustium nobis
tradiderunt aliquatenus, licet aegre et carptim, sequi possumus; uidemus enim quomodo Catilina et Iugurtha e
tenebris priorum saeculorum in lucem aetatis Carolinae

---

[1] P. Lehmann, *Nordisk tidskrift för bok- och biblioteksväsen*, 22 (1935),
24.

[2] Hoc stemma codicum in paruis tantum differt ab eo quod Ahlberg,
qui quidem fundamenta posuit huius recensionis, anno 1911 promulgauit. Duas illas magnas familias, in quas, florilegio Vaticano excepto,
omnes quot extant libros recte diuisit, eisdem quibus ille usus est litteris
(*X* et *Y*) designaui: alia sigla ab eo usurpata commutaui, ut α β γ δ in
locum *Π Σ Γ*¹ *Z* succedant, eiusque γ meum fiat ε; libros quorum
consensum ille littera δ significauit, Monacensem lat. 4559 et Turi-
censem Car. C. 143a (ab eo M²T, ab aliis MT designatos), ego prorsus
abieci.

emersi[1] per monasteria et ecclesias et quacumque bonae litterae florebant peragrauerint, quomodo codices in quibus nituntur alii ab aliis descripti in illas uarias formas discedant quas stirpes familiasue mos est uocare. Cum autem ad textum constituendum uentum est, tale stemma codicum, quod in multis auctoribus ad lectiones diiudicandas perutile esse potest, in Sallustio minoris est momenti; nam ab ipso initio tantum inter diuersas stirpes singulosque codices interfuit lectionum commercii[2] ut cauere debeamus ne nimio pondere in hoc adminiculo incumbamus.

Libri integri

De libris integris aliter se res habet: textum enim praebent ex tot et tam diuersis stirpibus commixtum atque conflatum ut quomodo uel inter se uel cum mutilis cognati sint raro nobis dispicere contingat. Hos libros, quos editores in toto textu constituendo adhibere soliti sunt, ego tantum ad lacunam Belli Iugurthini explendam utiles duxi. In ceteris textus partibus perraro laudaui, arbitratus eos nihil habere quod in mutilis libris non iam praesto sit sincerius

---

[1] Vetustissimus omnium medii quod uocamus aeui codicum est Parisinus lat. 6256 (s. IX ¾, in Gallia occidentali scriptus) qui ff. 23ᵛ–29ʳ flosculos habet ex Catilina et Iugurtha decerptos. Quamquam hoc florilegium uno loco C. Caesaris uerbis medetur (*Ciu.* 3. 1. 5 *sui fecissent*), nobis non succurrit; ex aliquo codice mutilo—nam nihil habet ultra *I.* 103. 1—atque eis quos habemus simillimo haustum esse uidetur. De hoc libro uide sis E. Hedicke, 'Scholia in Caesarem et Sallustium', *Programm des Gymnasiums in Quedlinburg* (Quedlinburgi, 1879), 9–18, B. Munk Olsen, *Revue d'histoire des textes*, 9 (1979), 111.

[2] Codex A, qui inter uetustissimos stirpis *X* libros numerandus est, nonnullis locis, praesertim in posteriore textus parte, cum stirpe *Y* conflatus fuerat (cf. pp. 49. 23, 76. 10, 77. 28, 79. 2, 81. 10, 119. 6, 122. 1, 10, 15, 17, al.); quandam cum codice C cognationem prae se fert, plerumque in priore parte (e.g. 6. 24, 7. 30, 19. 11, 23. 5, 34. 11, 21, 53. 1); hoc temperamento non contentus librarius alter (A²), alicuius deperditi stirpis *β* codicis auxilio usus, totum librum correxit.

traditum. Non enim intellego quid lucri accedere possit si mutilis integrisque in farraginem commixtis res per se parum lucida nouis tenebris confundatur.

In lacuna supplenda e libris qui *I.* 103. 2 ... 112. 3 praebent siue integris siue suppletis decem elegi: quibus inductus rationibus hos potissimum codices utiles duxerim alibi explicaui.[1]

s Lipsianus Rep. I 2° 4, s. XI, in Germania scriptus et olim sancti Iohannis Magdeburgensis. Continet ff. 43^v–45^r *I.* 103. 2–112. 3.

C Parisinus latinus 6085. Vide supra.

b Albae-Juliensis Batthyanianus III. 79, s. XI, in Gallia scriptus. Continet ff. 53^r–56^r *I.* 103. 2–112. 3.

n Parisinus latinus 6086, s. XI, in Gallia scriptus et olim sancti Petri Resbacensis.[2] Continet ff. 69^v–71^r *I.* 103. 2–108. 2 *consulto se.*

r Remensis 1329, s. XI^2, in ecclesia sanctae Mariae siue cathedrali Remensi ut uidetur scriptus. Continet ff. 101^v–106^r *I.* 103. 2–112. 3.

F Hauniensis Fabricianus 25 2°. Vide supra.

R Vaticanus latinus 3325, s. X, in Gallia septentrionali ut uidetur scriptus et olim monasterii sancti Petri de monte Blandinio. *I.* 103. 2–112. 3 in folio 50^{r-v} suppleuit manus saeculi duodecimi.

H Berolinensis Phillippsianus 1902. Vide supra.

Q Parisinus latinus 5748, s. X ex., originis incertae. *I.* 103. 2–112. 3 suppleuit manus saeculi undecimi (ff. 62^r–63^v).

D Parisinus latinus 10195. Vide supra.

---

[1] 'The Lacuna in Sallust's *Jugurtha*'.

[2] Saint-Pierre, Rebais; cf. L. Delisle, *Le Cabinet des manuscrits de la Bibliothèque Nationale*, ii (Lutetiae, 1874), 397.

Hi omnes libri ab eodem parente orti sunt. Quidam ex eis in familias siue sodalitates coeunt, uelut sCbrn (quorum consensum littera θ significaui) et HQD (= η), necessitudines tamen quae inter hos codices intercedunt adeo fluxae sunt ut subtilius explicari et ad formam stemmatis redigi aegre possint.[1] Codex s omnium integerrimus est.[2]

Florilegium Vaticanum

In orationibus et epistulis quibus Sallustius suam rerum narrationem distinxit accedit testis nouus et insignis:

V Vaticanus latinus 3864, s. IX$\frac{3}{4}$, in monasterio Corbeiensi scriptus. In hoc codice continentur C. Iuli Caesaris De Bello Gallico Commentarius (ff. 1^r–74^r); C. Plinii Secundi Epistularum libri I–IV (78^r–108^r); Orationes et epistulae e Catilina Iugurtha Historiis excerptae (109^r–127^r); Epistulae ad Caesarem senem de re publica (127^r–133^v). Plura de hoc libro infra dicemus.

Itaque in quibusdam textus partibus e duobus fontibus haurire possumus, quorum uterque sua uia ab antiquitate deriuatus est; eorum consensus littera Ω denotatur. Vter purior sit diu et haud scio an nequiquam disputatum est.[3] Nam quotienscumque ω et V dissentiunt, utriusque lectiones eadem cura examinandae sunt: modo hic modo ille uerum praebet.

[1] In hoc frustra sudauit B. Maurenbrecher: *Sallustiana*, 1. Heft: *Die Überlieferung der Jugurthalücke* (Halae, 1903).

[2] Quod iam perspexit uir de Sallustio optime meritus: *C. Sallusti Crispi libri qui est de bello Iugurthino partem extremam (103/112) ad optimos codices denuo collatos recensuit emendauit Joannes Wirz* (Turici, 1897).

[3] Vide tamen Ahlberg, *Prolegomena*, 104–18.

Fragmenta papyracea

Quattuor[1] papyros testes adhibui, quae postrema excepta fere nullius pretii sunt:

Π_1 Londiniensis P. Ant. 154 (*CLA* Suppl. 1712), s. IV/V. Continet fragmenta ex *I.* 93.[2]

Π_2 Berolinensis lat. 4° 914 (*CLA* viii. 1054), s. IV. Continet fragmenta ex *I.* 43. 3, 44. 4, 49. 5–6, 50. 3–4.

Π_3 Florentina Laur. P. S. I. 110 (*CLA* iii. 288), s. V. Continet fragmenta ex *C.* 10. 4–5, 11. 6–7.

Π_4 Oxoniensis Bodl. Lat. class. e. 20 (P) (*CLA* ii. 246), s. V. Continet fragmenta ex *C.* 6. 1–7.

At hoc loco dicet aliquis: 'Haecine summa est? Nonne codices amplius quingenti haec scripta nobis tradiderunt? Quis credere posset omnes reliquos libros, tot et tanto labore exaratos, tam superbe abiciendos esse, praesertim cum nonnulli ex eis particulam haud spernendam Belli Iugurthini uel alia auctoris nostri fragmenta seruauerint? Luce clarius est alterum olim et fortasse puriorem textus fontem alicunde exiluisse: cur nos dubitamus hanc sacram exquirere undam, bibere *Bellerophontei qua fluit umor equi*?' Verum est unum alterumue codicem olim exstitisse qui textum integriorem quam ceteri libri habebat. Nec mirum si nobis uix credibile uidetur hominem quemquam, cum libro tam pretioso potitus esset, tam stolidi fuisse ingenii ut occasionem non arriperet illius libri funditus excutiendi ut suum exemplum quam plurimis locis emendaret. Sed meminerimus aliud esse textum mancum supplere, aliud

---

[1] Quinta tam exiguum fragmentum est ut nihil ad textum recuperandum conferat: Mancuniensis John Rylands I. 42 (*CLA* ii. 223), s. III, nonnulla uerba ex *I.* 31. 7 continens.

[2] *The Antinoopolis Papyri*, iii (Londini, 1962), 54, p. 109; uide W. Morel, *CR*, NS 18 (1968), 23–4.

menda corrigere, neque illis uiris quibus per tot saecula litterarum Latinarum mandabatur hereditas semper occurrebat hoc et illud una opera facere.[1] Veri simile est deperditum illum codicem in hoc tantum usurpatum esse, ut omissa suppleret, ceteraque eius merita, si re uera libris mutilis in aliis praestabat, esse neglecta. Certe nulla alia aut huius aut alterius limpidi fontis uestigia in libris recentioribus indagare potui: quae alii inuenisse se credunt aut corruptelae mihi esse uidentur aut correctiones aetatem redolentes nobis paene quam Sallustio propiorem.[2]

Nullus non deprauatur textus qui identidem describitur, nemo huic malo magis obnoxius est quam Sallustius noster. Quotusquisque se tenere possit, nedum is cui triste delegatur officium inusitata ac nodosa tironibus explicandi, cum in illas incurrat *amputatas sententias et uerba ante expectatum cadentia et obscuram breuitatem*? Addunt, demunt, insolitis solita substituunt; etsi haec non eo animo faciunt ut auctoris uerba corrumpant, cito tamen explicationes et interpretationes quibus libros Sallustianos tam amplissime exornant in ipsum textum inrepunt. Quo fit ut textus cito in peius ruat multaque quae Sallustium ipsum sapere uidentur in paucis uel antiquissimis tantum testibus

[1] Aliquid simile in A. Gellio inuenimus (uide *Texts and Transmission*, 179) aliisque auctoribus; in Terentio alter exitus *Andriae* solum in recentioribus libris conseruatur et Iuuenalis fragmentum Bodleianum uni et alioquin mediocri codici innititur.

[2] Rem longe aliter se habere credebat R. Zimmermann, *Der Sallusttext im Altertum* (Monaci, 1929), qui libros quos 'integros recentiores' nominabat magni aestimabat. Quem secuti sunt inter alios A. Kurfess (Lipsiae, 1957[3]), praef., pp. x sqq.; J. M. Pabón, 'Sobre la tradición del texto de Salustio I–II', *Emerita*, 1 (1933), 78–101, 2 (1934), 1–44 (cf. editionem eiusdem Barcinone annis 1954–6 promulgatam); S. Schierling, 'Rossi 508 and the Text of Sallust', *Manuscripta*, 29 (1985), 67–72; 'New Evidence for Diomedes in Two Passages of Sallust', *Hermes*, 113 (1985), 255–6; 'Bellum Jugurthinum 113. 3: A Restoration of the text', *Manuscripta*, 31 (1987), 3–6.

supersint.[1] Itaque codices recentioris aeui, licet in hoc aut
illud utiles, omnino parui pretii sunt. Omnes quos uidi ex
eisdem stirpibus orti sunt quibus libri iamdudum noti et
pro sincerioribus testibus habendi; pauci ex α oriundi
sunt, plures ex β aut γ, plurimi tamen adeo commixti
sanguinis sunt ut frustra quaeras quae uera eis fuerit origo.
Ei enim quasi riuuli per quos textus Sallustianus diu de-
fluxit in uastam aliquando et inuiam paludem ingurgitan-
tur ubi frustra aliquid solidum uel stabile quaeritur; uiam
in hanc uoraginem satis laboriose molitus[2] prorsus nihil
repperi quod me inuitaret longius progredi.

HISTORIAE

De Historiarum libris nihil habemus hodie nisi fragmenta
et excerpta, quae non omnia eodem modo superfuerunt:
alia codices in bibliothecis Europae conseruati, alia libri
ex harenis Aegyptiis casu nobis redditi, alia scriptores
rhetores grammatici tradiderunt. Quod ad codices attinet,
ex duobus potissimum fontibus haurimus.

(*a*) Codex Vaticanus latinus 3864, ut iam dictum est, orationes et epistulas continet non solum e Bellis sed etiam ex
Historiis excerptas. Hic liber praeclarissimus ex antiquo
florilegio originem ducit. Studiosus enim nescioquis artis
rhetoricae has orationes et epistulas in usum suum diligenter exscripsit; quibus idem uel alius subiecit fictas illas ad
Caesarem scriptas epistulas. Veri simile est hunc excerp-
torem illis uixisse temporibus cum auctores antiqui uel

---

[1] Vide pp. 10. 1, 11. 9, 14. 19, 21. 14, 23. 14, 24. 1, 29. 2, 40. 15, 51. 22,
84. 8, al.

[2] Codices Sallustianos inspexi uel contuli quotiens spes ostendebatur
inde aliquid lucrandi nullosque neque bonos neque malos praeterii si
occasio data est in manus sumendi uel per imagines phototypicas
inuestigandi; omnes tamen uel etiam maiorem partem examinare
immensi operis fuerit et mercedis, ut mihi quidem uidetur, exiguae.

antiquitatem redolentes pro cultu fuerunt, A. Gelli fortasse uel Frontonis aequalem, sed nihil pro certo habemus. Tum, ut Alpheus amnis longis et caecis itineribus sub aequore subterlapsus in Siciliam tandem emersit, sic hic noster libellus, quem nemo quod sciamus per tot lustra conspexerat, circa annum post Christum natum 790 in aulam Caroli Magni deuenit.[1] Dubitari uix potest quin hic rarissimus liber aut pater fuerit aut auus codicis Vaticani.[2]

De fatis huius codicis pauca colligere possumus. Orationes et epistulae, sed e Bellis tantum excerptae, inueniuntur in codice Bernensi 357 (ff. 28^v–32^v). Haec pars est libri permagni et grammaticis rebus plerumque referti[3] qui in monasterio sancti Germani Autissiodorensi saeculo nono exeunte compositus est. Excerpta illa e Vaticano fluxisse uidentur, certe nihil noui conferunt. PCB orationem Bocchi (I. 110) habent. Quae et ipsa a Vaticano deriuanda est, sed inter V et PCB aliquis fons his tribus communis intercesserat; nam PCB in una lectione et Vaticano et Bernensi ignota consentiunt.[4]

Renascente in Italia studio antiquitatis codex noster, momenta et inclinationes temporum secutus, eo demigrauit, doctis Italis paulatim innotuit. Sallusti excerpta nota fuerunt Guillelmo Pastrengico, Francisci Petrarcae aequali.[5] Inter annos 1435 et 1439 Petrus Candidus Decembrius Aloysio Crotto, Philippi Mariae Vicecomitis Mediolanensis secretario, litteras misit de Epistula Pompei,

[1] Huius codicis notitiam debemus laterculo librorum circa annum 790 scripto et ad bibliothecam Caroli Magni ut uidetur pertinenti: cf. B. Bischoff, *Sammelhandschrift Diez. B. Sant. 66: Grammatici Latini et catalogus librorum* (Codices selecti phototypice impressi; Graecii, 1973), 39, 219.

[2] V uestigia habet capitalis rusticae (*I.* 110. 1 *eore* V^1 pro *fore*); nonnulla uerba non recte separantur.

[3] Bernensis 347 + 357 + 330 + Parisinus lat. 7665 + Leidensis Lat. Q. 30, ff. 57–8.   [4] *I.* 110. 4 *uiuis.*

[5] R. Sabbadini, *Le scoperte dei codici latini e greci ne' secoli XIV e XV* (Florentiae, 1905–14, 1967^2), i. 16–17.

quam ab ipso Magno scriptam esse credidit; illam inuene-
rat in codice uetustissimo, ut ei uisum est, qui fuit Fran-
cisci Pizolpassi, archiepiscopi Mediolanensis. Epistulae
Pompei apographon suae subiecit (Flor. Ricc. 827, f. 6ᵛ).[1]
Alterum huius epistulae apographon, sua manu scriptum,
Decembrius in eo libro inclusit in quo solebat talia col-
ligere (Mediolanensi Ambros. R. 88 sup., f. 6oᵛ); postea
Orationes Lepidi et Philippi ibidem (ff. 98ʳ–99ᵛ) exscripsit.
Liquet orationes e Vaticano deriuatas esse: de codice
Pizolpassi, in quo Epistulam inuenerat, nihil nouimus; sed
Vaticano uix alienus fuerit.[2] Anno 1475 Vaticanus iam in
Biblioteca Apostolica fuit; nam hoc anno inde commoda-
tus est Pomponio Laeto.[3] Quinto decimo saeculo uergente
haec excerpta omnes legere poterant in libris cum typis
mandatis—editio princeps anno 1475, curante Arnoldo
Pannartz, Romae prodiit—tum manu scriptis; sed hi
omnes e libris impressis descripti sunt.[4]

(*b*) Extant codicis Floriacensis miserandae reliquiae.
Venerandus hic liber, saeculo quinto scriptus, qui uidetur
totum Historiarum textum olim comprehendisse, in abbatia sancti Benedicti Floriacensi perfugium inuenit et
ibidem, quasi naufragus in portu, pessum datus est. Sep-
timo enim saeculo membratim discerptus est, ut sancti

---

[1] Sabbadini, *Museo italiano di antichità classica*, 3 (1890), coll. 69–74;
SIFC 11 (1903), 267–9.

[2] Sunt qui huic Apographo Decembri aliquam auctoritatem tribuunt:
uide Sabbadini, locis iam citatis, et V. Paladini, *Sallustius: Orationes et
epistulae de Historiarum libris excerptae* (Bononiae, 1967²). Sed mirum in
modum corruptum est nihilque praebet nisi unam correctionem quam
quiuis facile excogitare potuit (p. 182. 16).

[3] M. Bertola, *I due primi Registri di prestito della Biblioteca Apostolica
Vaticana* (Romae, 1942), 3. Editionem suam Laetus anno 1490 Romae
promulgauit.

[4] Vaticanus lat. 3415, Urb. lat. 411, Ottob. lat. 2989, Chantiliacensis
762, Gothoburgensis lat. 24. Parisinus lat. 6093 Epistolas ad Caesarem
continet, excerpta non habet. Vide sis quae de his libris iam dixi, *Texts
and Transmission*, 349–50.

Hieronymi Commentarium in Isaiam reciperet aut humi-
liore officio fungeretur aliis libris tegumenta praebendi.
Octo folia supersunt, quorum quinque Aureliani, duo
Romae, unum Berolini nunc adseruantur.[1]

EPISTVLAE AD CAESAREM

Hae epistulae siue potius suasoriae[2] una cum orationibus
et epistulis de Sallustianis operibus excerptis in codice
Vaticano latino 3864 librisque siue manu scriptis siue
impressis ab eo deriuatis innituntur.[3]

[1] Aurelianensis 192, ff. 15–18, 20 + Vaticanus Reginensis lat. 1283B +
Berolinensis lat. 4° 364 (*CLA* vi. 809 + i, p. 34, viii, p. 10). De hoc codice
uide sis H. Bloch, 'The Structure of Sallust's *Historiae*: the Evidence of
the Fleury Manuscript', *Didascaliae: Studies in Honor of Anselm M. Albareda*,
ed. S. Prete (Noui Eboraci, 1961), 61–76, tabb. 1–2; alia multa ad hunc
librum pertinentia suo quaeque loco in fragmentorum commentario
commodius ponentur.

[2] Epistulas ad Caesarem senem ediderunt A. Kurfess (Lipsiae, 1970[7]),
V. Paladini (Romae, 1952), K. Vretska (Heidelbergae, 1961), A. Ernout
(Lutetiae, 1962), P. Cugusi (Calari, 1968). Sunt etiam nunc qui has lucubrationes uel certe priorem—nam haec minus habet quod suspicionem
moueat—Sallustio adscribant. Ex magna et instar montis chartarum mole
quam haec disputatio excitauit longum erat etiam notabiliora proferre;
uide tamen et editiones supra laudatas et H. M. Last, 'On the Sallustian
Suasoriae', *CQ* 17 (1923), 87–100, 'A Note on the First Sallustian *Suasoria*',
CQ 18 (1924), 83–4; E. Edmar, *Studien zu den Epistulae ad Caesarem senem de re
publica* (Londini Scanorum, 1931); M. Chouet, *Les Lettres de Salluste à César*
(Lutetiae, 1950; rec. E. Fraenkel, *JRS* 41 (1951), 192–4); A. Dihle, '*Zu den
epistolae ad Caesarem senem*', *MH* 11 (1954), 126–30; R. G. M. Nisbet, 'The
Invectiva in Ciceronem and *Epistula secunda* of Pseudo-Sallust', *JRS* 48
(1958), 30–2; R. Syme, *Sallust* (Berkeleiae, 1964), 314–51.

[3] Vide p. xix, adn. 4. Epistulas hic illic feliciter emendauit, ut uidetur,
Gabrielus Faernus. Extat enim in Bibliotheca Bodleiana, sub signo Auct.
2R 5. 7 adseruatum, exemplar editionis Aldinae anno 1521 promulgatae
quod olim fuit uiri docti Johannis Metelli. Cuius inter adnotationes lectiones coniecturas marginibus adscriptas sunt quaedam littera .f. notatae;
cum liqueat Metellum collationem codicis Vaticani aliorumque librorum
a Faerno factam in suum exemplar transcripsisse (uide f. 93[r]), ueri simile
est quasdam coniecturas (1. 4. 1 *intercepit*, 1. 8. 9 *meditata*) Faerno uindi-
candas esse.

INVECTIVAE

Separatim traduntur orationes istae quae Inuectiuae Sallusti in Ciceronem et Ciceronis in Sallustium uulgo uocantur.[1] Hi libelli, qui inde ab decimo saeculo peruulgari coepti sunt, in codicibus amplius ducentis nunc extant, plerumque operibus aut Sallusti aut Ciceronis adiuncti. Codices multos, inter quos omnes saeculo tertio decimo superiores, inspexi uel contuli. Qui enim haec opuscula adhuc ediderunt neque codices satis strenue inuestigasse mihi uidentur neque ex eis optimos semper elegisse.[2] Libri quibus in hac editione usus sum hi sunt:

A Guelferbytanus Gudianus latinus 335, ff. 43^r–54^r, s. xi[1], in Germania scriptus.

F Florentinus Laurentianus 50. 45, ff. 104^v–106^v, s. x, in Germania ut uidetur scriptus.

K Londiniensis Harleianus 2682, ff. 113^r–114^v, s. xi[2], in ecclesia cathedrali Coloniensi quondam adseruatus et in ea regione scriptus.

---

[1] Nuper ediderunt A. Ernout (Lutetiae, 1962) et K. Vretska (Heidelbergae, 1961; hic orationi in Ciceronem tantum operam dedit). Quod ad codicum recensionem attinet, ambo ex editione pendent ab Alphonso Kurfess promulgata (Lipsiae, 1914[1], 1970[5]); quae in prima editione de codicibus disputauerat in posterioribus non iterauit.

[2] Libros FXCDS primus adhibui. Codex Benedictoboranus (Monacensis lat. 4611, = B) a prioribus editoribus usurpatus cum meo libro X arte coniunctus est, sed hic illi praeferendus mihi uidetur. Codices in duas familias (α et β) primus diuisit H. Jordan, *Hermes*, 11 (1876), 305–11. Inter codices uetustiores quibus usus non sum hi numerandi sunt: (stirpis α) Aberystwythius 735 c (s. xi[1]), Florentinus Laur. Strozz. 49 (s. xi/xii), Londiniensis Add. 21242 (s. xii[2]), Vaticanus lat. 3251 (s. xi); (stirpis β) Admontensis 363 (s. xii[2]), Cantabrigiensis Coll. S. Trin. 1381 (o. 8. 6) (s. xii[2]), Florentinus Laur. 45. 2 (s. xii[1]), Londiniensis Harl. 3859 (s. xii[1]), 4927 (s. xii[2]), Mediolanensis Ambros. T 56 sup. (s. xii), Oxoniensis Bodl. Rawl. G. 43 (s. xi/xii), Remensis 1329 (s. xi).

T Monacensis latinus 19472, ff. 1^v–11^r, s. XII, in Germania scriptus et olim coenobii Tegernseensis.

X Sanctae Crucis 228, ff. 124^v–130^v, s. XII^2, in Austria scriptus.

C Parisinus latinus 11127, ff. 58^v–62^r, s. X ex., in monasterio sancti Willibrordi Epternacensi scriptus.[1]

D Oxoniensis Bodleianus Dorvillianus 77, ff. 48^r–52^v, s. X, in Germania meridionali scriptus.[2]

S Edinburgensis Adv. 18. 7. 8, ff. 28^r–33^v, s. XI/XII, in Anglia scriptus rescriptusque et olim abbatiae Thornegiensis.[3]

E Monacensis latinus 14714, ff. 4^r–7^v, s. XII^1, in Germania scriptus et olim coenobii sancti Emmerami Ratisbonensis.

H Londiniensis Harleianus 2716, ff. 24^r–29^r, s. X ex., haud procul ab urbe Colonia scriptus.

M Monacensis latinus 19474, pp. 1–7, s. XII, in Germania scriptus et olim coenobii Tegernseensis.

Necessitudines quibus hi libri inter se cognati sunt satis lucide et dispicere et depingere possumus.

Quas rationes in Catilina et Iugurtha edendis secutus sim paucis uerbis exponere possum; satis enim elucent ex iis quae iam dixi. Omnes quibus usus sum codicibus ipse contuli. Quanta auctoritas cuique codici attribuenda sit

---

[1] Schroeder, *Bibliothek und Schule*, 57–9.

[2] B. Barker-Benfield, *Medieval Learning and Literature. Essays presented to Richard William Hunt*, ed. J. J. G. Alexander et M. T. Gibson (Oxonii, 1976), 160–1.

[3] N. Ker, 'A Palimpsest in the National Library of Scotland. Early fragments of Augustine "De Trinitate", the "Passio S. Laurentii" and other texts', *Edinburgh Bibliographical Society Transactions*, 3 (1957), 169–78 et tabb. III–IV; *CLA*, Suppl. 1689, 1690, 1691.

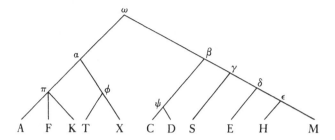

uix licet praescribere; omnes quos adhibui suam quemque uirtutem et utilitatem habere credo, PA tamen ut aetate sic integritate mihi classem ducere uidentur. A seueriore edendi disciplina in hoc desciui, quod in lectionibus secundarum uel posteriorum manuum adferendis hac compendiaria usus sum: omnia secundis curis addita uel commutata signis P² A² uel similibus indicaui. Nam in libris correctionibus et adnotationibus adfatim instructis interdum difficile est, immo saepe prorsus non licet, diiudicare quid manus posterior egerit, utrum pristinam codicis lectionem—quae in Sallustio uel maximi est momenti—corrigere uoluerit an sensum explicare an uariam lectionem referre; quae quidem omnia aeque textum deprauare possunt. In Epistulis et Inuectiuis, ut in Bellis, codices quos adhibui ipse contuli; pleniorem notitiam codicis Vaticani dedi, praecipue ubi textus huic uni innititur. Testimonia antiquorum auctorum ad Sallustium pertinentia Rudolfus Zimmermann commodissime collegit:[1] haec omnia decantare supersedi, in apparatu critico ea tantum citans quae in texto constituendo aliquid ponderis habere uidebantur.

[1] *Der Sallusttext im Altertum.*

In fragmentis Historiarum edendis alienis laboribus saepissime innixus sum. Nam codices grammaticorum aliorumque qui Sallusti uerba tradiderunt ipse non inspexi; neque in palimpsesto legendo conatus sum aequare, nedum superare, diligentiam atque sollertiam eorum qui in hoc pistrino tam diu exercitati sunt. Magnis enim difficultatibus laboramus, quas tempus non minuit. Quo folium Berolinense facilius legere posset, Carolus Pertz uenenis chymicis tam effuse usus est ut scripturam in perpetuum oblitterauerit; hodie uix legi potest. In foliis Aurelianensibus Hauler cautius egit, ad hoc remedium in difficilioribus tantum locis decurrens, effecit tamen ut ubi maxime uelis ibi minimum dispicere possis. Adde quod ut membranae laciniarum est tempore putrescere, ita litterarum pallidiorum euanescere, neque omnibus nostri saeculi artificiis aetatis damna reparantur. Quamuis ego codicem per imagines phototypicas et hic illic coram inspexerim, plerumque alienis oculis, aliena diligentia confisus sum. Mirum quantum nos his uiris debeamus, Edmundo Hauler praecipue, etsi uiam quam ille ad haec fragmenta edenda muniuit interdum et suas habet salebras.[1] In apparatu critico construendo alias aliter, ut in materia impari, egi. Sicubi aestimare licebat quot intercidissent litterae, eas tot punctis uersui suppositis notaui; ubi non licebat, puncta in ipso uersu hac ratione continuaui ut quattuor minorem, octo maiorem lacunam indicarent. Nam imaginem ipsius codicis reddere, quasi in cera expressam, huius editionis naturae repugnauisset; neque uolui textum perpetuum utique extundere, omnia damna coniecturis ad tempus modo excogitatis resarciens.

---

[1] Multa scripsit, multa retractauit, alias aliud legit neque opinionem semper mutauit in melius. Nec mirum est si in re tam incerta aliquando lapsus est: uide quae de eius in Frontonem laboribus in editione sua (Lipsiae, 1988[2]) passim animaduersus est van den Hout.

Fragmenta secundum numerationem a Bertoldo Maurenbrecher institutam citaui.[1]

Omnia Historiarum fragmenta denuo edere mihi propositum non fuit; qui ad hoc immensum opus se accinxerit et altiore quam ego harum rerum scientia egebit et editione huius uoluminis fines longe excedente. Paenitet tam pauca fragmenta ex illo magno thesauro elegisse et spes lectorum hoc aut illud fragmentum desiderantium decipere; operae pretium tamen esse uisum est aliqua ex longioribus uel utilioribus fragmentis studiosis offerre, ut ei qui editionis Maurenbrechianae ubertatem non requirerent hoc insigne Sallustiani ingenii opus aliquo modo delibare atque degustare possent.

De rebus orthographicis pauca dicenda sunt. Inter omnes constat Sallustium id praecipue in scribendo egisse ut operibus suis daret quendam antiquitatis colorem. In hoc conspirant non solum seueritas quasi censoria qua hominum uitia insectatus est et grauis temporum recentiorum reprehensio sed etiam antiqua uerba in usum reuocata et omnia quae priscam dicendi rationem redolent. Quis ergo negabit eum et antiquiores scribendi formas usurpauisse, praesertim cum hoc idem adfectauerint ei qui in Epistulis ad Caesarem componendis orationem Sallustianam tanta diligentia imitati sint? Accedit quod uestigia harum formarum in optimis et antiquissimis codicibus saepe occurrunt. Itaque non dubitaui *optumus gerundus lubet, uorto saeuos quom quoius* et similia ubique reponere.[2] Etsi nullo modo scire possumus quomodo Sallustius unum quodque uerbum scripserit, licet tamen eius scriptis aptum quendam atque idoneum colorem

---

[1] B. Maurenbrecher, *C. Sallusti Crispi Historiarum reliquiae*, fasc. I–II (Lipsiae, 1891–3).

[2] Nisi quod scripturam codicis Floriacensis, quem subtiliter repraesentare uolui, ad normam non redegi. In Epistulis edendis, quae sui generis sunt, Vaticanum plerumque secutus sum.

reddere. Pari ratione *adferre adgredior, conlocare conmemoro, inbecillus inmensus* et similia plerumque scripsi, optimis codicibus fretus sed non ignarus quantum in his rebus ualeat ipsius editoris arbitrium.[1] *plebs plebes, quis quibus, senatus senati* alias aliter scripsi.

Multum debeo omnibus qui Sallustium ante me ediderunt, in quibus praecipue memorandi sunt ei qui proximo saeculo floruerunt, Rudolfus Dietsch, Henricus Jordan, Bertoldus Maurenbrecher, aliique quos in adnotationibus laudaui. Ahlberg codices Sallustianos tanto acumine excussit ut pauca reliquerit aliis suscipienda. Studiorum Sallustianorum abundantia fortem etiam animum inclinauisset nisi A. D. Leeman hanc messem in nostrum usum diligentissime digessisset.[2] Ad laborem tandem conficiendum arcem ac perfugium praestitit Institutio Princetonensis, altiorum studiorum cara atque praeclara nutrix. Longum erat omnes recensere amicos qui mihi libris et consilio, exhortatione etiam et hospitio opitulati sunt. Eis omnibus et in primis T. J. Cadoux, Miriam Griffin, L. A. Holford-Strevens, H. D. Jocelyn, G. M. Paul, G. Perl, P. Petitmengin, M. D. Reeve, M. Winterbottom gratias ago maximas.

L.D.R.

Scribebam Oxonii a. 1990

[1] Quid est cur Sallustius *sumptum* pro *sumptuum* et *nise* pro *nisi*, quae semel occurrunt (pp. 175. 23, 182. 20), non scripserit? Talia tamen scribere ausus non sum; neque omnes quae dissimulatae dicuntur formas probaui, uelut *conrumpere inperium subplicium*, quae codicibus nostris non uindicantur.

[2] *A Systematical Bibliography of Sallust (1879–1964)* (Lugduni Batauorum, 1965²). Omnes codices Sallustianos ante annum 1200 exaratos descripsit et opuscula ad eos pertinentia enumerauit B. Munk Olsen, *L'Étude des auteurs classiques*, ii. 307–63, iii/2. 114–20.

CONSPECTVS EDITIONVM
SECVNDVM QVAS TESTES CITAVI

Adnotationes super Lucanum, ed. I. Endt (Lipsiae, 1909).

Agroecius, *Ars de orthographia*, *Grammatici Latini* (= *GL*), ed. H. Keil (Lipsiae, 1855–78), vii. 113–25.

L. Ampelius, *Liber memorialis*, ed. E. Assmann (Lipsiae, 1935).

Anonymus Bobiensis, *GL* i. 533–65; ed. M. De Nonno (Sussidi eruditi, 36; Romae, 1982).

Arusianus Messius, *Exempla elocutionum*, *GL* vii. 437–514; ed. A. Della Casa (Mediolani, 1977).

Audax, *De Scauri et Palladii libris excerpta*, *GL* vii. 313–62.

Aurelius Augustinus, *De ciuitate dei*, ed. B. Dombart et A. Kalb (Lipsiae, 1981⁵).

— *Epistulæ*, ed. A. Goldbacher, *CSEL* 34, 44, 57–8 (1895–1923).

Aurelius Victor, *Liber de Caesaribus*, ed. F. Pichlmayr (Lipsiae, 1966²).

Breuis expositio Vergilii Georgicorum, ed. Thilo et Hagen in editione Seruiana, iii/2. 191–320.

Charisius, *Ars grammatica*, *GL* i. 1–296; ed. C. Barwick (Lipsiae, 1925).

Cledonius, *Ars grammatica*, *GL* v. 1–79.

Commenta Bernensia = *M. Annaei Lucani Commenta Bernensia*, ed. H. Usener (Lipsiae, 1869).

De ultimis syllabis, *GL* iv. 217–64.

Dictys Cretensis, *Ephemeris Belli Troiani*, ed. W. Eisenhut (Lipsiae, 1973²).

Diomedes, *Ars grammatica*, *GL* i. 297–529.

Aelius Donatus, *Commentum Terenti*, ed. P. Wessner (Lipsiae, 1902–5).

Ti. Claudius Donatus, *Interpretationes Vergilianae*, ed. H. Georgii (Lipsiae, 1905–6).

Dositheus, *Ars grammatica*, *GL* vii. 363–436; ed. J. Tolkiehn (Lipsiae, 1913).

Eugraphius, *Commentum Terenti*, ed. P. Wessner (Lipsiae, 1908).

Eutyches, *Ars de uerbo*, *GL*, v. 442–89.

Festus, *De uerborum significatu*, ed. W. M. Lindsay (Lipsiae, 1913).

Fragmentum Bobiense de nomine et praenomine, *GL* v. 555–66.

Frontinus, *Strategemata*, ed. G. Gundermann (Lipsiae, 1888).

Fronto, *Epistulae*, ed. M. P. J. van den Hout (Lipsiae, 1988²).

A. Gellius, *Noctes Atticae*, ed. P. K. Marshall (Oxonii, 1968).

Gregorius Turonensis, *Libri historiarum X*, ed. B. Krusch et W. Levison, *MGH*, *Scriptores rerum Merouingicarum*, i/1 (Hannouerae, 1951²).

Hegesippus = *Hegisippi qui dicitur Historiae libri*, ed. V. Ussani, *CSEL* 66 (1932–60).

Hieronymus, *Commentarii in Hiezechielem*, *S. Hieronymi Presbyteri Opera*, Pars I. 4, ed. F. Gloria (*Corpus Christianorum*, Series Latina, LXXV; Turnholti, 1964).

— *Epistulae*, ed. I. Hilberg, *CSEL* 54–8 (1910–18).

— *Praefatio in Esdram*, *Biblia Sacra iuxta uulgatam uersionem*, ed. R. Weber OSB (Stutgardiae, 1975²), i. 638–9.

— *Vita S. Hilarionis*, *PL* 23, coll. 30–53.

Isidorus, *Etymologiarum siue originum libri XX*, ed. W. M. Lindsay (Oxonii, 1911).

T. Liuius, *Periochae* = *Abrégés des livres de l'Histoire Romaine de Tite-Live*, ed. P. Jal (Lutetiae, 1984).

Macrobius, *De differentiis et societatibus Graeci Latinique uerbi excerpta*, *GL* v. 595–655.

— *Saturnalia*, ed. J. Willis (Lipsiae, 1970²).

Marius Victorinus, *Explanationes in Ciceronis rhetoricam*, ed. C. Halm, *Rhetores Latini minores* (Lipsiae, 1863), 153–304.

Nonius Marcellus, *De compendiosa doctrina*, ed. W. M. Lindsay (Lipsiae, 1903).

Orosius, *Historiae aduersum paganos*, ed. C. Zangemeister, *CSEL* v (1882).

Placidus, *Glossaria latina*, iv, ed. J. W. Pirie et W. M. Lindsay (Lutetiae, 1930), 12–70.

Pompeius, *Commentum artis Donati*, *GL* v. 81–312.

Porphyrio, *Commentum in Horatium Flaccum*, ed. A. Holder (Aeniponti, 1894).

Priscianus, *Institutiones grammaticae*, *GL* ii–iii.

Probus, *Catholica*, *GL* iv. 3–43.

— *Instituta artium*, *GL* iv. 45–192.

Probiana, *GL* viii (Suppl., ed. H. Hagen), CLI–CLIV.

Pseudacro, *Scholia in Horatium uetustiora*, ed. O. Keller (Lipsiae, 1902–4).

Pseudasconius, ed. T. Stangl, *Ciceronis orationum scholiastae*, ii (Vindobonae et Lipsiae, 1912), 181–264.

Quintilianus, *Institutio oratoria*, ed. M. Winterbottom (Oxonii, 1970).

Iulius Rufinianus, *De numeris oratorum*, *GL* vi. 565–78.

[Iulius Rufinianus], *De schematis dianoeas*, ed. C. Halm, *Rhetores Latini minores*, 59–62.

Sacerdos, *Artes grammaticae*, *GL* vi. 415–546.

Scholia in Iuuenalem uetustiora, ed. P. Wessner (Lipsiae, 1931).

— *in Statium* = *Lactantii Placidi qui dicitur commentarii*, ed. R. Jahnke (Lipsiae, 1898).

— *Bernensia ad Vergilii Bucolica et Georgica*, ed H. Hagen, *Jahrbücher für classische Philologie*, Suppl. iv (1861–7), 673–1014.

Sergius, *De littera, de syllaba, de pedibus, de accentibus, de distinctione commentarius*, *GL* iv. 473–85.

Seruius, *In Vergilium Commentarii*. In libros *Aen.* i–v, editio Harvardiana (1946–65), in ceteros editio a Georgio Thilo et Hermanno Hagen curata (Lipsiae 1881–1902).

Suetonius, Pars I, *De grammaticis et rhetoribus*, ed. G. Brugnoli (Lipsiae, 1960).

Sulpicius Severus, *Chronica*, ed. C. Halm, *CSEL* 1 (1866).

Vegetius, *Epitoma rei militaris*, ed. C. Lang (Lipsiae, 1885).

DE CONIVRATIONE CATILINAE

DE BELLO IVGVRTHINO

SIGLA

X = consensus codicum PABC

  α = consensus codicum PA

    P = Parisinus lat. 16024   s. IX

    A = Parisinus lat. 16025   s. IX

  β = consensus codicum BC

    B = Basileensis AN IV 11   s. XI

    C = Parisinus lat. 6085   s. XI

Y = consensus codicum NKHDF

  δ = consensus codicum NK

    N = Vaticanus Pal. lat. 889   s. X

    K = Vaticanus Pal. lat. 887   s. XI

  γ = consensus codicum HDF

    H = Berolinensis Phillippsianus 1902   s. XI

  ϵ = consensus codicum DF

    D = Parisinus lat. 10195   s. X

    F = Hauniensis Fabricianus 25 2°   s. XI

Paucis locis citaui Parisinum lat. 5748 (s. x = Q, e β deriuatum) et Leidensem Voss. Lat. O. 73 (s. XI/XII = l, ex α deriuatum), sicubi aliquid boni adferre uidentur uel lectiones aliorum codicum confirmare.

ω = codicum horum omnium consensus

In his libris uel omnino deficiunt uel posterius addita sunt *Jug.* 103. 2. *quinque delegit* . . . 112. 3 *et ratam*. In qua particula recensenda e codicibus siue suppletis siue integris adhibentur:

    s = Lipsiensis Rep. 1. 2° 4   s. XI

    C = Parisinus lat. 6085   s. XI

    b = Albae-Juliensis Batthyanianus III. 79   s. XI

n	= Parisinus lat. 6086	s. XI
r	= Remensis 1329	s. XI
F	= Hauniensis Fabricianus 25 2°	s. XI
R	= Vaticanus lat. 3325	s. XII
H	= Berolinensis Phillippsianus 1902	s. XI
Q	= Parisinus lat. 5748	s. X
D	= Parisinus lat. 10195	s. X

θ = consensus codicum sCbnr
η = consensus codicum HQD

ω = omnium horum codicum consensus

Suo quisque loco adhibentur testes antiquiores:

Π_1	= P. Ant. 154	s. IV/V
Π_2	= Berolinensis lat. 4° 914	s. IV
Π_3	= PSI 110	s. V
Π_4	= Bodleianus Lat. class. e. 20(P)	s. V

In orationibus et epistulis accedit

V	= Vaticanus lat. 3864	s. IX

Ω = omnium codicum consensus
ς = lectiones in uno uel pluribus codicibus recentioribus inuentae
$P^1 A^1$ etc. = P A etc. nondum correcti
$P^2 A^2$ etc. = P A etc. a secunda manu correcti

DE CONIVRATIONE CATILINAE

Omnis homines qui sese student praestare ceteris 1
animalibus summa ope niti decet ne uitam silentio trans-
eant, ueluti pecora quae natura prona atque uentri
oboedientia finxit. Sed nostra omnis uis in animo et 2
5 corpore sita est: animi imperio, corporis seruitio magis
utimur; alterum nobis cum dis, alterum cum beluis
commune est. Quo mihi rectius [esse] uidetur ingeni 3
quam uirium opibus gloriam quaerere, et, quoniam uita
ipsa qua fruimur breuis est, memoriam nostri quam
10 maxume longam efficere; nam diuitiarum et formae gloria 4
fluxa atque fragilis est, uirtus clara aeternaque habetur.
      Sed diu magnum inter mortalis certamen fuit uine 5
corporis an uirtute animi res militaris magis procederet.
Nam et prius quam incipias consulto et, ubi consulueris, 6
15 mature facto opus est. Ita utrumque per se indigens 7
alterum alterius auxilio eget. Igitur initio reges—nam in 2
terris nomen imperi id primum fuit—diuorsi pars ingenium, alii corpus exercebant. Etiam tum uita hominum
sine cupiditate agitabatur; sua quoique satis placebant.
20 Postea uero quam in Asia Cyrus, in Graecia Lacedaemonii 2
et Athenienses coepere urbis atque nationes subigere,
lubidinem dominandi causam belli habere, maxumam
gloriam in maxumo imperio putare, tum demum periculo
atque negotiis conpertum est in bello plurumum ingenium

G SALLVSTII CRISPI BELLVM CATVLINARIVM INCIPIT *P*: G CRISPI SALLVSTII BELLVM
CATILINARIVM INCIPIT *B*: INCIPIT LIBER HISTORIARVM SALLVSTII *N*: INCIPIT LIBER
SALLVSTII CRISPI CATILINARIVS *D*: *in ACKHF nulla inscriptio*

   1 omnis *PβNγ, grammatici plerique*: omnes *AK, Eugraph. Ter. Eu. 232*:
omneis *Char. i. 140. 1, sed 149. 17 idem* omnis *commendat*   7 uidetur
ς: esse uidetur α*CN*: uidetur esse *BKγ*   16 auxilii *Pseudacro, Hor.
Ars 411, Schol. Verg. Bern. G. 2. 28*   indiget ε

5

3 posse. Quod si regum atque imperatorum animi uirtus in
pace ita ut in bello ualeret, aequabilius atque constantius
sese res humanae haberent, neque aliud alio ferri neque
4 mutari ac misceri omnia cerneres. Nam imperium facile iis
5 artibus retinetur quibus initio partum est; uerum ubi pro 5
labore desidia, pro continentia et aequitate lubido atque
superbia inuasere, fortuna simul cum moribus inmutatur.
6 Ita imperium semper ad optumum quemque a minus bono
transfertur.
7   Quae homines arant nauigant aedificant, uirtuti omnia 10
8 parent. Sed multi mortales, dediti uentri atque somno,
indocti incultique uitam sicuti peregrinantes transiere;
quibus profecto contra naturam corpus uoluptati, anima
oneri fuit. Eorum ego uitam mortemque iuxta aestumo,
9 quoniam de utraque siletur. Verum enim uero is demum 15
mihi uiuere atque frui anima uidetur qui aliquo negotio
intentus praeclari facinoris aut artis bonae famam quaerit.
   Sed in magna copia rerum aliud alii natura iter ostendit.
3 Pulchrum est bene facere rei publicae, etiam bene dicere
haud absurdum est; uel pace uel bello clarum fieri licet; et 20
qui fecere et qui facta aliorum scripsere multi laudantur.
2 Ac mihi quidem, tametsi haudquaquam par gloria sequitur
scriptorem et auctorem rerum, tamen in primis arduom
uidetur res gestas scribere: primum quod facta dictis
exaequanda sunt, dehinc quia plerique quae delicta repre- 25
henderis maleuolentia et inuidia dicta putant, ubi de
magna uirtute atque gloria bonorum memores, quae sibi

2 aequalius P^1C^1: aequalibus A 6 aequalitate γ
10 homines $N^2\varsigma$: omnes ω 12 transiere N^2K, *Non. 419. 24, Prisc. iii.
433. 32*: transire A^1: transigere N^1, *Don. Ter. Ph. 605 (sed transierunt Don.
cod. O), Seru. auct. G. 1. 3, cf. Tac. Ger. 15. 1*: transegere $PA^2\beta\gamma$
14 ergo HDF^1 22 sequatur $A^2\beta F$ 23 auctorem $P\beta H$, *Gell. 4.
15. 2 codd. VP, Char. i. 215. 28*: actorem $AB^2C^2\delta\epsilon$, *Gell. cod. R (cf. I. 1. 4, H. 2.
43)*)   24 factis dicta A^1C^1 25 exaequanda $PA^2\beta N\epsilon$, *Hier. Vit. Hil. 1. 1.,
Greg. Tur. Hist. Franc. 4. 13, p. 151. 5, cf. Liu. 6. 20. 8, Plin. Ep. 8. 4. 3*: exe-
quenda A^1C^2KH, *codd. Gell. 4. 15. 2*   dehinc] dein *Gell. (cf. I. 5. 1, 19. 6)*

quisque facilia factu putat, aequo animo accipit, supra ea
ueluti ficta pro falsis ducit.

Sed ego adulescentulus initio, sicuti plerique, studio ad 3
rem publicam latus sum, ibique mihi multa aduorsa fuere.
5 Nam pro pudore, pro abstinentia, pro uirtute audacia
largitio auaritia uigebant. Quae tametsi animus asperna- 4
batur insolens malarum artium, tamen inter tanta uitia
inbecilla aetas ambitione corrupta tenebatur; ac me, quom 5
ab relicuorum malis moribus dissentirem, nihilo minus
10 honoris cupido eadem qua ceteros fama atque inuidia
uexabat. Igitur ubi animus ex multis miseriis atque 4
periculis requieuit et mihi relicuam aetatem a re publica
procul habendam decreui, non fuit consilium socordia
atque desidia bonum otium conterere, neque uero agrum
15 colundo aut uenando, seruilibus officiis intentum aetatem
agere; sed a quo incepto studioque me ambitio mala 2
detinuerat, eodem regressus statui res gestas populi
Romani carptim, ut quaeque memoria digna uidebantur,
perscribere, eo magis quod mihi a spe metu partibus rei
20 publicae animus liber erat.

Igitur de Catilinae coniuratione quam uerissume potero 3
paucis absoluam; nam id facinus in primis ego memora- 4
bile existumo sceleris atque periculi nouitate. De quoius 5
hominis moribus pauca prius explananda sunt quam
25 initium narrandi faciam.

L. Catilina, nobili genere natus, fuit magna ui et animi 5
et corporis, sed ingenio malo prauoque. Huic ab adu- 2
lescentia bella intestina caedes rapinae discordia ciuilis
grata fuere, ibique iuuentutem suam exercuit. Corpus 3
30 patiens inediae algoris uigiliae supra quam quoiquam
credibile est. Animus audax subdolus uarius, quoius rei 4
lubet simulator ac dissimulator, alieni adpetens sui

---

10 qua *ς*: quae *ω*   30 cuiquam *eras. A, om. C*: cuique *N*
31–2 cuius rei libet *aN, Non. 439. 25 (cf. E. 2. 1. 4)*: cuius libet rei *A²βKγ*

profusus, ardens in cupiditatibus; satis eloquentiae,
5 sapientiae parum. Vastus animus inmoderata incredibilia
6 nimis alta semper cupiebat. Hunc post dominationem L.
Sullae lubido maxuma inuaserat rei publicae capiundae,
neque id quibus modis adsequeretur, dum sibi regnum 5
7 pararet, quicquam pensi habebat. Agitabatur magis
magisque in dies animus ferox inopia rei familiaris et
conscientia scelerum, quae utraque iis artibus auxerat
8 quas supra memoraui. Incitabant praeterea corrupti ciuitatis mores, quos pessuma ac diuorsa inter se mala, luxuria 10
atque auaritia, uexabant.

9   Res ipsa hortari uidetur, quoniam de moribus ciuitatis
tempus admonuit, supra repetere ac paucis instituta
maiorum domi militiaeque, quo modo rem publicam
habuerint quantamque reliquerint, ut paulatim inmutata 15
ex pulcherruma ⟨atque optuma⟩ pessuma ac flagitiosissuma facta sit, disserere.

6   Vrbem Romam, sicuti ego accepi, condidere atque
habuere initio Troiani qui Aenea duce profugi sedibus
incertis uagabantur, cumque iis Aborigines, genus homi- 20
num agreste, sine legibus, sine imperio, liberum atque
2 solutum. Hi postquam in una moenia conuenere, dispari
genere, dissimili lingua, alius alio more uiuentes, incredibile memoratu est quam facile coaluerint; ita breui multi-
3 tudo diuorsa atque uaga concordia ciuitas facta erat. Sed 25
postquam res eorum ciuibus moribus agris aucta satis
prospera satisque pollens uidebatur, sicuti pleraque
4 mortalium habentur, inuidia ex opulentia orta est. Igitur
reges populique finitumi bello temptare, pauci ex amicis
auxilio esse; nam ceteri metu perculsi a periculis aberant. 30

1 loquentiae *Val. Prob. ap. Gell. 1. 15. 18*   15 et ut β   imminuta
K²ε: mutata *Aug. Ciu. 2. 18*   16 atque optima *suppl. Aug.,* ϛ (*cf. 10. 6*):
om. ω   18 sicut δ*F*   20 cumque] et cum *Seru. A. 7. 678*
21 agrestium ε   23 alius Π₄, *codd. plerique*: alii *B¹N²*
24–5 ita breui . . . facta erat Π₄, *Aug. Ep. 138. 10,* ϛ, *sed* facta est Π₄ *et aliquot*
ϛ: *om.* ω

8

At Romani domi militiaeque intenti festinare parare, alius 5
alium hortari, hostibus obuiam ire, libertatem patriam
parentisque armis tegere. Post ubi pericula uirtute pro-
pulerant, sociis atque amicis auxilia portabant magisque
5 dandis quam accipiundis beneficiis amicitias parabant.
Imperium legitumum, nomen imperi regium habebant. 6
Delecti, quibus corpus annis infirmum, ingenium sapientia ualidum erat, rei publicae consultabant: ii uel aetate
uel curae similitudine patres appellabantur. Post ubi 7
10 regium imperium, quod initio conseruandae libertatis
atque augendae rei publicae fuerat, in superbiam domina-
tionemque se conuortit, inmutato more annua imperia
binosque imperatores sibi fecere: eo modo minume posse
putabant per licentiam insolescere animum humanum.

15   Sed ea tempestate coepere se quisque magis extollere 7
magisque ingenium in promptu habere. Nam regibus boni 2
quam mali suspectiores sunt semperque iis aliena uirtus
formidulosa est. Sed ciuitas incredibile memoratu est 3
adepta libertate quantum breui creuerit: tanta cupido
20 gloriae incesserat. Iam primum iuuentus, simul ac belli 4
patiens erat, in castris per laborem usum militiae discebat,
magisque in decoris armis et militaribus equis quam in
scortis atque conuiuiis lubidinem habebant. Igitur talibus 5
uiris non labor insolitus, non locus ullus asper aut arduos
25 erat, non armatus hostis formidulosus: uirtus omnia
domuerat. Sed gloriae maxumum certamen inter ipsos 6
erat: se quisque hostem ferire, murum ascendere, conspici
dum tale facinus faceret properabat; eas diuitias, eam
bonam famam magnamque nobilitatem putabant. Laudis
30 auidi, pecuniae liberales erant; gloriam ingentem, diuitias

---

7 annis corpus (*sed* annis *s.s. man.*²) Π_4 10 *post* libertatis *add.*
causa δHD 21 usum militiae *ς, Veget. 1. 4 codd.* ΠQ: usu militiae
P^1: usu militiam $P^2A\beta\delta\epsilon$, *Veget. cod.* M: et usu militiam H discebant
B^1, *codd. Veget.*   27 se $\alpha C^1\delta$: sic *s.s.* A^2N^2: sic se BC^2K^2HF: sic D

9

7 honestas uolebant. Memorare possum quibus in locis maxumas hostium copias populus Romanus parua manu fuderit, quas urbis natura munitas pugnando ceperit, ni ea res longius nos ab incepto traheret.

8 Sed profecto fortuna in omni re dominatur; ea res 5 cunctas ex lubidine magis quam ex uero celebrat ob-

2 scuratque. Atheniensium res gestae, sicut ego aestumo, satis amplae magnificaeque fuere, uerum aliquanto

3 minores tamen quam fama feruntur. Sed quia prouenere ibi scriptorum magna ingenia, per terrarum orbem 10

4 Atheniensium facta pro maxumis celebrantur. Ita eorum qui fecere uirtus tanta habetur quantum eam uerbis

5 potuere extollere praeclara ingenia. At populo Romano numquam ea copia fuit, quia prudentissumus quisque maxume negotiosus erat: ingenium nemo sine corpore 15 exercebat; optumus quisque facere quam dicere, sua ab aliis bene facta laudari quam ipse aliorum narrare malebat.

9 Igitur domi militiaeque boni mores colebantur; concordia maxuma, minuma auaritia erat; ius bonumque

2 apud eos non legibus magis quam natura ualebat. Iurgia 20 discordias simultates cum hostibus exercebant, ciues cum ciuibus de uirtute certabant. In suppliciis deorum magni-

3 fici, domi parci, in amicos fideles erant. Duabus his artibus, audacia in bello, ubi pax euenerat aequitate, seque

4 remque publicam curabant. Quarum rerum ego maxuma 25 documenta haec habeo, quod in bello saepius uindicatum est in eos qui contra imperium in hostem pugnauerant quique tardius reuocati proelio excesserant quam qui

5 signa relinquere aut pulsi loco cedere ausi erant; in pace

---

1 possum A^1H, *Seru. A. 12. 230*: possem *rell.*   6 magis *om. ς, del. Wasse*   7 aestimo ego ε   existimo *H, Aug. Ciu. 18. 2*   12 qui *Hier. Vita Hil. 1. 2, Aug. Ciu. 18. 2*: quia ea ω (*in P e facta uel refecta est in ras., a primae manus est*)   eam *F, Hier., Aug., cf. HA 28. 1. 1*: ea *rell.*   16 et sua A^2C 22 deorum *om.* D^1F^1 27 est *om. Diom. i. 365. 3* in hostem *om. Diom., sed cf. 52. 30, Heges. 5. 7. 1*   28 proelio] bello ε

uero quod beneficiis quam metu imperium agitabant et
accepta iniuria ignoscere quam persequi malebant.

Sed ubi labore atque iustitia res publica creuit, reges **10**
magni bello domiti, nationes ferae et populi ingentes ui
5 subacti, Carthago aemula imperi Romani ab stirpe interiit,
cuncta maria terraeque patebant, saeuire fortuna ac
miscere omnia coepit. Qui labores pericula, dubias atque **2**
asperas res facile tolerauerant, iis otium diuitiae, optanda
alias, oneri miseriaeque fuere. Igitur primo pecuniae, **3**
10 deinde imperi cupido creuit: ea quasi materies omnium
malorum fuere. Namque auaritia fidem probitatem ceter- **4**
asque artis bonas subuortit; pro his superbiam, crudeli-
tatem, deos neglegere, omnia uenalia habere edocuit.
Ambitio multos mortalis falsos fieri subegit, aliud clausum **5**
15 in pectore, aliud in lingua promptum habere, amicitias
inimicitiasque non ex re sed ex commodo aestumare,
magisque uoltum quam ingenium bonum habere. Haec **6**
primo paulatim crescere, interdum uindicari; post ubi
contagio quasi pestilentia inuasit, ciuitas inmutata, im-
20 perium ex iustissumo atque optumo crudele intoleran-
dumque factum.

Sed primo magis ambitio quam auaritia animos homi- **11**
num exercebat, quod tamen uitium propius uirtutem erat;
nam gloriam honorem imperium bonus et ignauos aeque **2**
25 sibi exoptant, sed ille uera uia nititur, huic quia bonae
artes desunt, dolis atque fallaciis contendit. Auaritia **3**
pecuniae studium habet, quam nemo sapiens concupiuit:
ea quasi uenenis malis inbuta corpus animumque uirilem
effeminat, semper infinita insatiabilis est, neque copia

1 quam PBD^1: magis quam *rell.*   3–4 magni reges NH
4 ingentes *om. PB*   5 romani imperii ϵ 7 misceri β
8 diuitiaeque $A^2\beta$ optanda $\alpha\delta$: optandae $A^2\beta N^2 K^2\gamma$ 9 alias
P: alia A^1: aliis *rell.*   9–10 imperi . . . pecuniae *Nipperdey* (*conl.* 11. 1)
14 et ambitio δ 15 in promptum Π_3 23 uirtuti $N^2 KHD^2 F^2$
28 malis *om.* $D^1 F^1$ 29 infinita et *Gell.* 3. 1. 2 (*cf.* I. 44. 1, 91. 7)

4 neque inopia minuitur. Sed postquam L. Sulla armis
recepta re publica bonis initiis malos euentus habuit,
rapere omnes, trahere, domum alius, alius agros cupere,
neque modum neque modestiam uictores habere, foeda
5 crudeliaque in ciuis facinora facere. Huc adcedebat quod 5
L. Sulla exercitum quem in Asia ductauerat, quo sibi
fidum faceret, contra morem maiorum luxuriose nimisque
liberaliter habuerat. Loca amoena, uoluptaria facile in otio
6 ferocis militum animos molliuerant: ibi primum insueuit
exercitus populi Romani amare potare, signa tabulas 10
pictas uasa caelata mirari, ea priuatim et publice rapere,
7 delubra spoliare, sacra profanaque omnia polluere. Igitur
ii milites, postquam uictoriam adepti sunt, nihil relicui
uictis fecere. Quippe secundae res sapientium animos
8 fatigant: ne illi corruptis moribus uictoriae temperarent. 15
12 Postquam diuitiae honori esse coepere et eas gloria
imperium potentia sequebatur, hebescere uirtus, paupertas probro haberi, innocentia pro maleuolentia duci
2 coepit. Igitur ex diuitiis iuuentutem luxuria atque auaritia
cum superbia inuasere: rapere consumere, sua parui 20
pendere, aliena cupere, pudorem pudicitiam, diuina atque
humana promiscua, nihil pensi neque moderati habere.
3 Operae pretium est, quom domos atque uillas cognoueris
in urbium modum exaedificatas, uisere templa deorum
quae nostri maiores, religiosissumi mortales, fecere. 25
4 Verum illi delubra deorum pietate, domos suas gloria
decorabant, neque uictis quicquam praeter iniuriae licen-
5 tiam eripiebant: at hi contra, ignauissumi homines, per
summum scelus omnia ea sociis adimere quae fortissumi
uiri uictores reliquerant, proinde quasi iniuriam facere, id 30

13 ii *om.* Π_3 15 ne $X\delta\epsilon$, *Prisc. iii. 100. 1, Sacerd. vi. 469. 9, Dosith.*
vii. 421. 17: nedum $A^2B^2C^2HD^2$, *Prisc. iii. 503. 9*   obtemperarent
$B^2N^2K^2HD^2F^1$: -abant D^1 17 sequebantur F 22 neque
$PB\delta F$: nihilque AC: atque HD 26 deum *Seru. auct. A. 1. 378*
30 reliquerunt ϵ

demum esset imperio uti. Nam quid ea memorem quae **13**
nisi iis qui uidere nemini credibilia sunt, a priuatis compluribus subuorsos montis, maria constrata esse? Quibus **2**
mihi uidentur ludibrio fuisse diuitiae: quippe quas
5 honeste habere licebat, abuti per turpitudinem propera-
bant. Sed lubido stupri ganeae ceterique cultus non minor **3**
incesserat: uiri muliebria pati, mulieres pudicitiam in
propatulo habere; uescendi causa terra marique omnia
exquirere; dormire prius quam somni cupido esset, non
10 famem aut sitim neque frigus neque lassitudinem opperiri,
sed ea omnia luxu antecapere. Haec iuuentutem, ubi **4**
familiares opes defecerant, ad facinora incendebant:
animus inbutus malis artibus haud facile lubidinibus **5**
carebat; eo profusius omnibus modis quaestui atque
15 sumptui deditus erat.

In tanta tamque corrupta ciuitate Catilina, id quod factu **14**
facillumum erat, omnium flagitiorum atque facinorum
circum se tamquam stipatorum cateruas habebat. Nam **2**
quicumque [inpudicus adulter ganeo] manu uentre pene
20 bona patria lacerauerat, quique alienum aes grande con-
flauerat quo flagitium aut facinus redimeret, praeterea **3**
omnes undique parricidae sacrilegi conuicti iudiciis aut
pro factis iudicium timentes, ad hoc quos manus atque
lingua periurio aut sanguine ciuili alebat, postremo omnes
25 quos flagitium egestas conscius animus exagitabat, ii
Catilinae proxumi familiaresque erant. Quod si quis etiam **4**
a culpa uacuos in amicitiam eius inciderat, cotidiano usu

5 pro turpitudine D^1F 7 uiri K^2D^2: uiros ω 9 cupido
somni ϵ 10 aut] non $K\gamma$ 16 tanta tamque $P^2A^1\delta HD^2F, Aug.$
Ciu. 3. 2: tam te tamque P^1: tam itaque A^2: tanta itaque tamque β: tam
namque D^1 17 flagitiosorum atque facinorosorum N^2KH
19 inpudicus adulter ganeo (ganeo *om.* $P^1A^1K^1$) ω: adulter ganeo aleo
Paul (*qui* inpudicus *secl., conl. 14. 7*): inpudicus aleator ganeo *Köchly*:
inpudicus ganeo aleo (*secl.* adulter) *Wölfflin*: inpudicus . . . ganeo *om. Fro.*
145. 18, del. Sauppe (*cf. Catul. 29. 2, Cic. Catil. 2. 23*)   manu] alea manu
AC: manu alea (*lac. 5 litt. post* manu) *B*   pene *om.* P^1

atque inlecebris facile par similisque ceteris efficiebatur.
5 Sed maxume adulescentium familiaritates adpetebat:
eorum animi molles etiam et fluxi dolis haud difficulter
6 capiebantur. Nam ut quoiusque studium ex aetate flagra-
bat, aliis scorta praebere, aliis canes atque equos mercari, 5
postremo neque sumptui neque modestiae suae parcere
7 dum illos obnoxios fidosque sibi faceret. Scio fuisse
nonnullos qui ita existumarent, iuuentutem quae domum
Catilinae frequentabat parum honeste pudicitiam
habuisse; sed ex aliis rebus magis quam quod quoiquam id 1c
conpertum foret haec fama ualebat.

15   Iam primum adulescens Catilina multa nefanda stupra
fecerat, cum uirgine nobili, cum sacerdote Vestae, alia
2 huiusce modi contra ius fasque. Postremo captus amore
Aureliae Orestillae, quoius praeter formam nihil umquam 15
bonus laudauit, quod ea nubere illi dubitabat timens
priuignum adulta aetate, pro certo creditur necato filio
3 uacuam domum scelestis nuptiis fecisse. Quae quidem res
mihi in primis uidetur causa fuisse facinus maturandi;
4 namque animus inpurus, dis hominibusque infestus, 20
neque uigiliis neque quietibus sedari poterat: ita conscien-
5 tia mentem excitam uastabat. Igitur colos exsanguis, foedi
oculi, citus modo, modo tardus incessus: prorsus in facie
uoltuque uecordia inerat.

16   Sed iuuentutem quam, ut supra diximus, inlexerat 25
2 multis modis mala facinora edocebat. Ex illis testis sig-
natoresque falsos commodare; fidem fortunas pericula
uilia habere, post, ubi eorum famam atque pudorem

---

3 etiam et α: aetate et $A^2βH$: et aetate δε   8 aestimarent Kε
9 frequentabant *Non. 433. 20*   10 quod *exp. N, om.* ε
12 primo AC^1: pridem ε   16 quod XH: qui quod δε
17 adulta αB: -tum A^2CY 19 facinus P: -oris *rell.*   22 uexabat D^1F colos *Prob. Cath. iv. 15. 14, 23. 34, Sacerd. vi. 446. 11* (*qui* igitur
colos *tantum citat*): color *ex* colore N: color ei $PβKHD$, *in ras.* A^2 (*cf. Sidon.
Carm. 5. 339*): color eius F   26 edocuit P^1: docebat H
27 -que *om.* A^1N

adtriuerat, maiora alia imperabat. Si causa peccandi in 3
praesens minus suppetebat, nihilo minus insontis sicuti
sontis circumuenire, iugulare: scilicet ne per otium
torpescerent manus aut animus, gratuito potius malus
5 atque crudelis erat.

His amicis sociisque confisus Catilina, simul quod aes 4
alienum per omnis terras ingens erat et quod plerique
Sullani milites, largius suo usi, rapinarum et uictoriae
ueteris memores ciuile bellum exoptabant, opprimundae
10 rei publicae consilium cepit. In Italia nullus exercitus, Cn. 5
Pompeius in extremis terris bellum gerebat; ipsi consulatum petenti magna spes, senatus nihil sane intentus;
tutae tranquillaeque res omnes: sed ea prorsus opportuna
Catilinae.

15 Igitur circiter Kalendas Iunias L. Caesare et C. Figulo **17**
consulibus primo singulos appellare; hortari alios, alios
temptare; opes suas, inparatam rem publicam, magna
praemia coniurationis docere. Vbi satis explorata sunt 2
quae uoluit, in unum omnis conuocat quibus maxuma
20 necessitudo et plurumum audaciae inerat. Eo conuenere 3
senatorii ordinis P. Lentulus Sura, P. Autronius, L. Cassius Longinus, C. Cethegus, P. et Ser. Sullae Ser. filii,
L. Vargunteius, Q. Annius, M. Porcius Laeca, L. Bestia,
Q. Curius; praeterea ex equestri ordine M. Fuluius No- 4
25 bilior, L. Statilius, P. Gabinius Capito, C. Cornelius; ad
hoc multi ex coloniis et municipiis, domi nobiles. Erant 5
praeterea complures paulo occultius consili huiusce participes nobiles, quos magis dominationis spes hortabatur
quam inopia aut alia necessitudo. Ceterum iuuentus 6
30 pleraque, sed maxume nobilium, Catilinae inceptis fauebat: quibus in otio uel magnifice uel molliter uiuere copia
erat, incerta pro certis, bellum quam pacem malebant.

12 petenti *ACK*: -di *rell.*   20 plurimum $N^2D^2F^2$: primum $X\delta\epsilon$:
maximum *H*   22 et *eras. CN, om. BF*   23 laeca $C^1\delta\epsilon$: -cca
PA^2BC^2H: -ta A^1 29 aliqua A^1B^2C

7 Fuere item ea tempestate qui crederent M. Licinium
Crassum non ignarum eius consili fuisse: quia Cn.
Pompeius, inuisus ipsi, magnum exercitum ductabat,
quoiusuis opes uoluisse contra illius potentiam crescerc,
simul confisum, si coniuratio ualuisset, facile apud illos 5
principem se fore.

18   Sed antea item coniurauere pauci contra rem publicam,
2 in quis Catilina fuit; de qua quam uerissume potero dicam.
L. Tullo et M'. Lepido consulibus P. Autronius et P. Sulla,
designati consules, legibus ambitus interrogati poenas 10
3 dederant. Post paulo Catilina pecuniarum repetundarum
reus prohibitus erat consulatum petere, quod intra legi-
4 tumos dies profiteri nequiuerat. Erat eodem tempore Cn.
Piso, adulescens nobilis, summae audaciae, egens factio-
sus, quem ad perturbandam rem publicam inopia atque 15
5 mali mores stimulabant. Cum hoc Catilina et Autronius
circiter Nonas Decembris consilio communicato parabant
in Capitolio Kalendis Ianuariis L. Cottam et L. Tor-
quatum consules interficere, ipsi fascibus conreptis
Pisonem cum exercitu ad obtinendas duas Hispanias mit- 20
6 tere. Ea re cognita rursus in Nonas Februarias consilium
7 caedis transtulerant. Iam tum non consulibus modo, sed
8 plerisque senatoribus perniciem machinabantur. Quod ni
Catilina maturasset pro curia signum sociis dare, eo die
post conditam urbem Romam pessumum facinus patra- 25
tum foret. Quia nondum frequentes armati conuenerant,
ea res consilium diremit.

19   Postea Piso in citeriorem Hispaniam quaestor pro
praetore missus est adnitente Crasso, quod eum infestum
2 inimicum Cn. Pompeio cognouerat. Neque tamen senatus 30

    3 ductabat et ε   4 crescere potentiam ε   8 quis *Diom. i.*
445. 23: quibus ω   breuissime *Diom.*   9 tullio *BC²γ*   M'.
Orelli: m. ω   13 nequiuerat ϛ: -erit ω: -it *Eussner*   tempore
⟨Romae⟩ *Dietsch*   18 cottam *PNε*: coctam *BH*: cotam *A²*, *ut uid.*, *K*:
tortam *A¹C*

prouinciam inuitus dederat, quippe foedum hominem a re
publica procul esse uolebat, simul quia boni complures
praesidium in eo putabant et iam tum potentia Pompei
formidulosa erat. Sed is Piso in prouincia ab equitibus 3
5 Hispanis quos in exercitu ductabat iter faciens occisus est.
Sunt qui ita dicant, imperia eius iniusta superba crudelia 4
barbaros nequiuisse pati; alii autem equites illos, Cn. 5
Pompei ueteres fidosque clientis, uoluntate eius Pisonem
adgressos: numquam Hispanos praeterea tale facinus
10 fecisse, sed imperia saeua multa antea perpessos. Nos eam
rem in medio relinquemus. De superiore coniuratione 6
satis dictum.

Catilina ubi eos quos paulo ante memoraui conuenisse **20**
uidet, tametsi cum singulis multa saepe egerat, tamen in
15 rem fore credens uniuorsos appellare et cohortari, in
abditam partem aedium secedit atque ibi omnibus arbitris
procul amotis orationem huiusce modi habuit:

'Ni uirtus fidesque uostra spectata mihi forent, nequi- 2
quam opportuna res cecidisset; spes magna, dominatio in
20 manibus frustra fuissent, neque ego per ignauiam aut uana
ingenia incerta pro certis captarem. Sed quia multis et 3
magnis tempestatibus uos cognoui fortis fidosque mihi, eo
animus ausus est maxumum atque pulcherrumum facinus
incipere, simul quia uobis eadem quae mihi bona malaque
25 esse intellexi; nam idem uelle atque idem nolle, ea demum 4
firma amicitia est.

'Sed ego quae mente agitaui omnes iam antea diuorsi 5
audistis. Ceterum mihi in dies magis animus adcenditur, 6
quom considero quae condicio uitae futura sit, nisi nosmet
30 ipsi uindicamus in libertatem. Nam postquam res publica 7
in paucorum potentium ius atque dicionem concessit,

3 Cn. Pompei *Pseudacro, Hor. Carm. 2. 17. 18,* ς   4 prouincia *H*:
-iam *rell.*   5 exercitum *ACF*   6 dicant *XN*: dicunt *B²γ*:
dictant *K*   11 superiori ε   18 foret *VP², Seru. G. 1. 260*
23 est ausus *D¹F*   28 magis magisque *V*   30 ipsi *VP²C²*:
ipsos ω (*cf. I. 18. 7, 41. 9, H. 3. 48. 6*)

semper illis reges tetrarchae uectigales esse, populi
nationes stipendia pendere; ceteri omnes, strenui boni,
nobiles atque ignobiles, uolgus fuimus sine gratia, sine
auctoritate, iis obnoxii quibus, si res publica ualeret,
8 formidini essemus. Itaque omnis gratia potentia honos 5
diuitiae apud illos sunt aut ubi illi uolunt: nobis reliquere
pericula repulsas iudicia egestatem.

9 'Quae quo usque tandem patiemini, o fortissumi uiri?
Nonne emori per uirtutem praestat quam uitam miseram
atque inhonestam, ubi alienae superbiae ludibrio fueris, 10
10 per dedecus amittere? Verum enim uero, pro deum atque
hominum fidem, uictoria in manu nobis est: uiget aetas,
animus ualet; contra illis annis atque diuitiis omnia con-
senuerunt. Tantummodo incepto opus est, cetera res
11 expediet. Etenim quis mortalium quoi uirile ingenium est 15
tolerare potest illis diuitias superare quas profundant in
extruendo mari et montibus coaequandis, nobis rem
familiarem etiam ad necessaria deesse? Illos binas aut
amplius domos continuare, nobis larem familiarem nus-
12 quam ullum esse? Quom tabulas signa toreumata emunt, 20
noua diruunt, alia aedificant, postremo omnibus modis
pecuniam trahunt uexant, tamen summa lubidine diuitias
13 suas uincere nequeunt. At nobis est domi inopia, foris aes
alienum, mala res, spes multo asperior: denique quid
relicui habemus praeter miseram animam? 25
14 'Quin igitur expergiscimini? En illa, illa quam saepe
optastis libertas, praeterea diuitiae decus gloria in oculis
15 sita sunt: fortuna omnia ea uictoribus praemia posuit. Res
tempus, pericula egestas, belli spolia magnifica magis quam
16 oratio mea uos hortantur. Vel imperatore uel milite me 30

2–3 boni atque strenui nobiles et ignobiles V 6 relinquere
PB^1C 6–7 pericula reliquere ϵ 8 o *om.* A^1N: o fortissimi
om. P^1 12 nobis $aN\epsilon$, *Prisc. iii. 364. 7* (*ubi* nobis in manu): uobis
$VP^2A^2\beta KH$ 22 summa tamen ϵ 26 en *om* VA^1 illa *semel*
$B^1K^2HDF^1$ 30 hortantur VP^2: -entur ω

utimini: neque animus neque corpus a uobis aberit. Haec 17
ipsa, ut spero, uobiscum una consul agam, nisi forte me animus fallit et uos seruire magis quam imperare parati estis.'
   Postquam accepere ea homines quibus mala abunde 21
5 omnia erant, sed neque res neque spes bona ulla, tametsi
illis quieta mouere magna merces uidebatur, tamen postu-
lauere plerique ut proponeret quae condicio belli foret,
quae praemia armis peterent, quid ubique opis aut spei
haberent. Tum Catilina polliceri tabulas nouas, proscrip- 2
10 tionem locupletium, magistratus sacerdotia rapinas, alia
omnia quae bellum atque lubido uictorum fert. Praeterea 3
esse in Hispania citeriore Pisonem, in Mauretania cum
exercitu P. Sittium Nucerinum, consili sui participes;
petere consulatum C. Antonium, quem sibi conlegam fore
15 speraret, hominem et familiarem et omnibus necessi-
tudinibus circumuentum; cum eo se consulem initium
agundi facturum. Ad hoc maledictis increpabat omnis 4
bonos, suorum unum quemque nominans laudare;
admonebat alium egestatis, alium cupiditatis suae, com-
20 pluris periculi aut ignominiae, multos uictoriae Sullanae,
quibus ea praedae fuerat. Postquam omnium animos 5
alacris uidet, cohortatus ut petitionem suam curae haberent, conuentum dimisit.
   Fuere ea tempestate qui dicerent Catilinam, oratione 22
25 habita, quom ad ius iurandum popularis sceleris sui
adigeret, humani corporis sanguinem uino permixtum in
pateris circumtulisse; inde quom post execrationem 2
omnes degustauissent, sicuti in sollemnibus sacris fieri
consueuit, aperuisse consilium suom [atque eo dictitare
30 fecisse] quo inter se fidi magis forent, alius alii tanti

1 utimini *XNHF²*: utemini *VP²K*ε   11 uictorum libido *AC*
13 sittium *PB*: sitium *A²CNH*: sictum *K*: sicium ε: satium *A¹*   16 se *om.*
PB¹, exp. D   consule *N²K²*ε   26 adigeret *Eugraph. Ter. Ph. 35*: adiceret
ω   29–30 atque eo dictitare (dictum est *in ras. N,* dictare *K¹*) fecisse
ω: atque eo fecisse *Selling*: atque eo se fecisse *Summers*: idque eo dicitur
fecisse *Bergk*: idque eo fecisse *Wirz*: *del. Ritschl*   30 magis fidi *BKγ*

3 facinoris conscii. Nonnulli ficta et haec et multa praeterea existumabant ab iis qui Ciceronis inuidiam, quae postea orta est, leniri credebant atrocitate sceleris eorum qui poenas dederant. Nobis ea res pro magnitudine parum conperta est.

23 Sed in ea coniuratione fuit Q. Curius, natus haud obscuro loco, flagitiis atque facinoribus coopertus, quem

2 censores senatu probri gratia mouerant. Huic homini non minor uanitas inerat quam audacia: neque reticere quae audierat neque suamet ipse scelera occultare, prorsus 10

3 neque dicere neque facere quicquam pensi habebat. Erat ei cum Fuluia, muliere nobili, stupri uetus consuetudo; quoi cum minus gratus esset quia inopia minus largiri poterat, repente glorians maria montisque polliceri coepit et minari interdum ferro, ni sibi obnoxia foret, postremo 15

4 ferocius agitare quam solitus erat. At Fuluia insolentiae Curi causa cognita tale periculum rei publicae haud occultum habuit, sed sublato auctore de Catilinae coniuratione quae quoque modo audierat compluribus narrauit.

5 Ea res in primis studia hominum adcendit ad consu- 20

6 latum mandandum M. Tullio Ciceroni. Namque antea pleraque nobilitas inuidia aestuabat, et quasi pollui consulatum credebant, si eum quamuis egregius homo nouos adeptus foret; sed ubi periculum aduenit, inuidia atque superbia post fuere. 25

24 Igitur comitiis habitis consules declarantur M. Tullius et C. Antonius; quod factum primo popularis coniuratio-

2 nis concusserat. Neque tamen Catilinae furor minuebatur,

---

2 aestimabant ϵ 7 atque *om.* H^1DF^1 8 mouerant A^1C^1:
amou- (amau- *P*) *rell.*   10 sua et $A^2B^2C^1N^2$ ipsa $K\gamma$
15 interdum] etiam *Gell. 6. 17. 7*   ni sibi PBC^2K, *Gell.*: nisi AC^1NHD:
ni *F*   16 insolentiae $N^2\varsigma$: -tia ω 19 quoque modo
$AC^1\delta D^2F^2$: quomodo $P\epsilon$: et quomodo BC^2: *ras. in H*   22 inuidia
PB^2Y: -iam $A\beta$ aestuabat B^2Y: aestimabat X

sed in dies plura agitare, arma per Italiam locis opportunis
parare, pecuniam sua aut amicorum fide sumptam
mutuam Faesulas ad Manlium quendam portare, qui
postea princeps fuit belli faciundi. Ea tempestate pluru- 3
mos quoiusque generis homines adsciuisse sibi dicitur,
mulieres etiam aliquot, quae primo ingentis sumptus
stupro corporis tolerauerant, post, ubi aetas tantummodo
quaestui neque luxuriae modum fecerat, aes alienum
grande conflauerant. Per eas se Catilina credebat posse 4
10 seruitia urbana sollicitare, urbem incendere, uiros earum
uel adiungere sibi uel interficere.

Sed in iis erat Sempronia, quae multa saepe uirilis **25**
audaciae facinora conmiserat. Haec mulier genere atque 2
forma, praeterea uiro liberis satis fortunata fuit; litteris
15 Graecis [et] Latinis docta, psallere [et] saltare elegantius
quam necesse est probae, multa alia quae instrumenta
luxuriae sunt. Sed ei cariora semper omnia quam decus 3
atque pudicitia fuit; pecuniae an famae minus parceret
haud facile discerneres; lubido sic adcensa ut saepius
20 peteret uiros quam peteretur. Sed ea saepe antehac fidem 4
prodiderat, creditum abiurauerat, caedis conscia fuerat:
luxuria atque inopia praeceps abierat. Verum ingenium 5
eius haud absurdum: posse uersus facere, iocum mouere,
sermone uti uel modesto uel molli uel procaci; prorsus
25 multae facetiae multusque lepos inerat.

His rebus conparatis Catilina nihilo minus in proxu- **26**
mum annum consulatum petebat, sperans, si designatus

2 suam δ   6 primum *Arus. vii. 513. 1*   14 uiro *A*¹, *Fro. 100.*
23, Arus. vii. 473. 28, Eugraph. Ter. An. 97: uiro atque *rell. codd., Prisc. iii. 286.*
6   15 graecis *Fro. cod. A*¹: graecis et *XN, Fro. A*², *Arus. vii. 464. 18*:
graecis atque *Kγ*   psallere *Fro., Macr. Sat. 3. 14. 5*: psallere et *ω, Eutych.*
v. 477. 30   saltare *P*²*B*², *marg. A*²*C*² '*teste Seruio*', *Y, Fro., Macr., Seru. A. 4.*
62, G. 1. 350, Eutych.: cantare *XH*²   16 est *ω, Seru., Macr.*: erat
Eutych.: *om. Fro.*   18 fuere *KH*²*D*²   19 libido *αY, Fro. 101. 4,*
Ti. Cl. Don. A. 6. 525: -ine *A*²*βK*²*H*²*D*²*F*²   25 *post* facetiae *add.*
sales ε   -que *om. P*

foret, facile se ex uoluntate Antonio usurum. Neque
interea quietus erat, sed omnibus modis insidias parabat
2 Ciceroni. Neque illi tamen ad cauendum dolus aut
3 astutiae deerant. Namque a principio consulatus sui multa
pollicendo per Fuluiam effecerat ut Q. Curius, de quo 5
4 paulo ante memoraui, consilia Catilinae sibi proderet; ad
hoc conlegam suom Antonium pactione prouinciae per-
pulerat ne contra rem publicam sentiret; circum se
praesidia amicorum atque clientium occulte habebat.
5 Postquam dies comitiorum uenit et Catilinae neque 10
petitio neque insidiae quas consulibus in Campo fecerat
prospere cessere, constituit bellum facere et extrema
omnia experiri, quoniam quae occulte temptauerat aspera
27 foedaque euenerant. Igitur C. Manlium Faesulas atque in
eam partem Etruriae, Septimium quendam Camertem in 15
agrum Picenum, C. Iulium in Apuliam dimisit, praeterea
alium alio, quem ubique opportunum sibi fore credebat.
2   Interea Romae multa simul moliri: consulibus insidias
tendere, parare incendia, opportuna loca armatis hominibus obsidere; ipse cum telo esse, item alios iubere, hortari 20
uti semper intenti paratique essent; dies noctisque festi-
3 nare uigilare, neque insomniis neque labore fatigari. Postremo, ubi multa agitanti nihil procedit, rursus intempesta
nocte coniurationis principes conuocat per M. Porcium
4 Laecam, ibique multa de ignauia eorum questus docet se 25
Manlium praemisisse ad eam multitudinem quam ad
capiunda arma parauerat, item alios in alia loca opportuna
qui initium belli facerent, seque ad exercitum proficisci
cupere, si prius Ciceronem oppressisset: eum suis con-
28 siliis multum officere. Igitur perterritis ac dubitantibus 30

---

3 tamen] tum *HDF*[1]   6 commemoraui *K*ε: commoraui *H*
8 desentiret *A*[2]*BC*[1]   9 clientum *B*[2]*C*[2]*KH*[1]*D*[1]*F*   10 et] ac *γ*
11 petitiones *KH*[1]ε   consuli *A*[2]*β*   in campo *exp. A*[2], *om. β*
16 misit *A*[2]*β*   18 consulibus *del. Dietsch*   21 -que *om. A*[1]*F*
25 legam *A*[1]*N*[1]: leccam *P*[2]*BC*[2]*K*

ceteris C. Cornelius eques Romanus operam suam pollicitus et cum eo L. Vargunteius senator constituere ea
nocte paulo post cum armatis hominibus sicuti salutatum
introire ad Ciceronem ac de inproviso domi suae inpara-
5 tum confodere. Curius ubi intellegit quantum periculum 2
consuli inpendeat, propere per Fuluiam Ciceroni dolum
qui parabatur enuntiat. Ita illi ianua prohibiti tantum 3
facinus frustra susceperant.

  Interea Manlius in Etruria plebem sollicitare, egestate 4
10 simul ac dolore iniuriae nouarum rerum cupidam, quod
Sullae dominatione agros bonaque omnia amiserat, praeterea latrones quoiusque generis, quorum in ea regione
magna copia erat, nonnullos ex Sullanis coloniis quibus
lubido atque luxuria ex magnis rapinis nihil relicui fecerat.

15   Ea cum Ciceroni nuntiarentur, ancipiti malo permotus, **29**
quod neque urbem ab insidiis priuato consilio longius
tueri poterat neque exercitus Manli quantus aut quo consilio foret satis conpertum habebat, rem ad senatum refert,
iam antea uolgi rumoribus exagitatam. Itaque, quod 2
20 plerumque in atroci negotio solet, senatus decreuit, darent
operam consules ne quid res publica detrimenti caperet.
Ea potestas per senatum more Romano magistratui 3
maxuma permittitur: exercitum parare, bellum gerere,
coercere omnibus modis socios atque ciuis, domi mili-
25 tiaeque imperium atque iudicium summum habere; aliter
sine populi iussu nullius earum rerum consuli ius est.

  Post paucos dies L. Saenius senator in senatu litteras **30**
recitauit quas Faesulis adlatas sibi dicebat, in quibus
scriptum erat C. Manlium arma cepisse cum magna multi-
30 tudine ante diem VI Kalendas Novembris. Simul, id quod 2
in tali re solet, alii portenta atque prodigia nuntiabant, alii
conuentus fieri, arma portari, Capuae atque in Apulia

3 seruile bellum moueri. Igitur senati decreto Q. Marcius
Rex Faesulas, Q. Metellus Creticus in Apuliam circumque
4 ea loca missi—ii utrique ad urbem imperatores erant,
inpediti ne triumpharent calumnia paucorum quibus
5 omnia honesta atque inhonesta uendere mos erat—sed 5
praetores Q. Pompeius Rufus Capuam, Q. Metellus Celer
in agrum Picenum, iisque permissum uti pro tempore
6 atque periculo exercitum conpararent. Ad hoc, si quis
indicauisset de coniuratione quae contra rem publicam
facta erat, praemium seruo libertatem et sestertia centum, 10
libero inpunitatem eius rei et sestertia ducenta [milia];
7 itemque decreuere uti gladiatoriae familiae Capuam et in
cetera municipia distribuerentur pro quoiusque opibus,
Romae per totam urbem uigiliae haberentur iisque
minores magistratus praeessent. 15

31 Quis rebus permota ciuitas atque inmutata urbis facies
erat. Ex summa laetitia atque lasciuia, quae diuturna quies
2 pepererat, repente omnis tristitia inuasit: festinare trepidare, neque loco neque homini quoiquam satis credere,
neque bellum gerere neque pacem habere, suo quisque 20
3 metu pericula metiri. Ad hoc mulieres, quibus rei publicae
magnitudine belli timor insolitus incesserat, adflictare
sese, manus supplices ad caelum tendere, miserari paruos
liberos, rogitare omnia, ⟨omni rumore⟩ pauere, ⟨adripere
omnia⟩ superbia atque deliciis omissis, sibi patriaeque 25
diffidere.
4 At Catilinae crudelis animus eadem illa mouebat,

1 senati P, Non. 484. 16: -tus rell. (cf. 36. 5, 53. 1, I. 25. 11, 40. 1, H. 1. 72)
3 ii eras. A, om. β   6 ruffus αC¹   7 permissum est δD²
10 post praemium (praemia F) add. decreuere ε   et sestertia centum
om. C¹KF¹: et sestertiorum centum D in ras., marg. F²   11 sestertia
ducenta B, H in ras. maiore: s̄ ter ducenta PA²CN: sestertiorum ter
ducenta K¹: sestertiorum ducenta K²D: ter ducenta cc (ducenta cc in ras.
F²) F   milia del. Carrio   12 Capua [et] Vretska dub.   16 quis
Fro. 101. 6: quibus ω   17 laetitia lasciuiaque (-que fort. deletum) Fro.
24-5 omni rumore et adripere omnia Fro. 101. 13 (cf. I. 72. 2): om. ω

tametsi praesidia parabantur et ipse lege Plautia inter-
rogatus erat ab L. Paullo. Postremo dissimulandi causa aut 5
sui expurgandi, sicut iurgio lacessitus foret, in senatum
uenit. Tum M. Tullius consul, siue praesentiam eius 6
5 timens siue ira conmotus, orationem habuit luculentam
atque utilem rei publicae, quam postea scriptam edidit.
Sed ubi ille adsedit, Catilina, ut erat paratus ad dissimu- 7
landa omnia, demisso uoltu, uoce supplici postulare a
patribus coepit ne quid de se temere crederent: ea familia
10 ortum, ita se ab adulescentia uitam instituisse ut omnia
bona in spe haberet; ne existumarent sibi, patricio homini,
quoius ipsius atque maiorum pluruma beneficia in plebem
Romanam essent, perdita re publica opus esse, quom eam
seruaret M. Tullius, inquilinus ciuis urbis Romae. Ad hoc 8
15 maledicta alia quom adderet, obstrepere omnes, hostem
atque parricidam uocare. Tum ille furibundus 'quoniam 9
quidem circumuentus' inquit 'ab inimicis praeceps agor,
incendium meum ruina restinguam.'
Deinde se ex curia domum proripuit. Ibi multa ipse **32**
20 secum uoluens, quod neque insidiae consuli procedebant
et ab incendio intellegebat urbem uigiliis munitam, optumum factu credens exercitum augere ac, prius quam
legiones scriberentur, multa antecapere quae bello usui
forent, nocte intempesta cum paucis in Manliana castra
25 profectus est. Sed Cethego atque Lentulo ceterisque 2
quorum cognouerat promptam audaciam mandat, quibus
rebus possent, opes factionis confirment, insidias consuli
maturent, caedem incendia aliaque belli facinora parent:

1 plauscia P: plautitia $A^2\beta H^2$ 2 paulo ω aut $A^1\beta$: ut PA^2: et
ut $\delta\epsilon$: et HF^2 3 sicut] si A^1, ut coni. Jordan: sit ex sint P: si cuius
J. F. Gronovius: sicubi Linker   8 a Q: om. rell.   11 existimarent
ς: aestum- (uel aestim-) ω 12–13 populum Romanum Gruter: rem
publicam Cortius   15 strepere γ 18 restinguam (ex -gam P)
PN^1D^2: restringam $ACKH^2$: extinguam $BN^2\gamma$ (cf. Cic. Mur. 51, Flor. 2. 12.
7, V. Max. 9. 11. 3)   21 esse munitam δ 23 multo N^2KHDF^1
praeuenire antecapere $H^1\epsilon$ quae X: ea quae Y

sese propediem cum magno exercitu ad urbem adcessurum.

3   Dum haec Romae geruntur, C. Manlius ex suo numero legatos ad Marcium Regem mittit cum mandatis huiusce modi:

33 'Deos hominesque testamur, imperator, nos arma neque contra patriam cepisse neque quo periculum aliis faceremus, sed uti corpora nostra ab iniuria tuta forent, qui miseri egentes, uiolentia atque crudelitate faeneratorum plerique patriae, sed omnes fama atque fortunis expertes sumus. Neque quoiquam nostrum licuit more maiorum lege uti neque amisso patrimonio liberum corpus habere: tanta saeuitia faeneratorum atque praetoris

2 fuit. Saepe maiores uostrum, miseriti plebis Romanae, decretis suis inopiae eius opitulati sunt, ac nouissume memoria nostra propter magnitudinem aeris alieni uolen-

3 tibus omnibus bonis argentum aere solutum est. Saepe ipsa plebs, aut dominandi studio permota aut superbia

4 magistratuum, armata a patribus secessit. At nos non imperium neque diuitias petimus, quarum rerum causa bella atque certamina omnia inter mortalis sunt, sed liber-

5 tatem, quam nemo bonus nisi cum anima simul amittit. Te atque senatum obtestamur, consulatis miseris ciuibus, legis praesidium quod iniquitas praetoris eripuit restituatis, neue nobis eam necessitudinem inponatis ut quaeramus quonam modo maxume ulti sanguinem nostrum pereamus.'

34 Ad haec Q. Marcius respondit, si quid ab senatu petere uellent, ab armis discedant, Romam supplices proficiscantur: ea mansuetudine atque misericordia senatum

---

26

populi Romani semper fuisse ut nemo umquam ab eo
frustra auxilium petiuerit.

At Catilina ex itinere plerisque consularibus, praeterea 2
optumo quoique litteras mittit: se falsis criminibus cir-
5 cumuentum, quoniam factioni inimicorum resistere
nequiuerit, fortunae cedere, Massiliam in exilium proficisci, non quo sibi tanti sceleris conscius esset, sed uti res
publica quieta foret neue ex sua contentione seditio
oreretur. Ab his longe diuorsas litteras Q. Catulus in 3
10 senatu recitauit, quas sibi nomine Catilinae redditas
dicebat. Earum exemplum infra scriptum est.

'L. Catilina Q. Catulo. Egregia tua fides, re cognita, **35**
grata mihi magnis in meis periculis, fiduciam commenda-
tioni meae tribuit. Quam ob rem defensionem in nouo 2
15 consilio non statui parare: satisfactionem ex nulla conscientia de culpa proponere decreui, quam me dius fidius
ueram licet cognoscas. Iniuriis contumeliisque concitatus, 3
quod fructu laboris industriaeque meae priuatus statum
dignitatis non obtinebam, publicam miserorum causam
20 pro mea consuetudine suscepi, non quin aes alienum meis
nominibus ex possessionibus soluere possem—et alienis
nominibus liberalitas Orestillae suis filiaeque copiis per-
solueret—sed quod non dignos homines honore hones-
tatos uidebam meque falsa suspicione alienatum esse
25 sentiebam. Hoc nomine satis honestas pro meo casu spes 4
relicuae dignitatis conseruandae sum secutus. Plura quom 5
scribere uellem, nuntiatum est uim mihi parari. Nunc 6

---

9 oreretur *PN*[1]: orir- *rell.*   10 senatu *Y*: -tum *X*   12 q.
catulo *P*[1]*B*: suo q. catulo *A*[2]*C*: suo catulo *A*[1]: salutem q. catulo
*N*ϵ: q. catulo salutem *KH*: salutem dicit q. catulo *VP*[2]   13 in
magnis *V*   20 quin *VXK*[1]*D*[1]: quia *B*[2]*C*[2]*N*[1]*K*[2]*HD*[2]*F*: qui
N[2]   21 possem *A*[1]*B*[2]*CD*[1]*F*[1]: non possem *VPA*[2]*B*[1]δ*HD*[2]*F*[2]   et
VPD[1]: sed *A*[1]: sed et *A*[2]β*N*: cum *D*[2], *in ras. F*[2]: et cum *K*: cum et
A[3]*H*   22 orestiliae *V*

27

Orestillam commendo tuaeque fidei trado; eam ab iniuria
defendas, per liberos tuos rogatus. Haueto.'
36 Sed ipse paucos dies conmoratus apud C. Flaminium in
agro Arretino, dum uicinitatem antea sollicitatam armis
exornat, cum fascibus atque aliis imperi insignibus in 5
2 castra ad Manlium contendit. Haec ubi Romae conperta
sunt, senatus Catilinam et Manlium hostis iudicat, ceterae
multitudini diem statuit ante quam sine fraude liceret ab
armis discedere, praeter rerum capitalium condemnatis.
3 Praeterea decernit uti consules dilectum habeant, An- 10
tonius cum exercitu Catilinam persequi maturet, Cicero
urbi praesidio sit.
4 Ea tempestate mihi imperium populi Romani multo
maxume miserabile uisum est. Quoi quom ad occasum ab
ortu solis omnia domita armis parerent, domi otium atque 15
diuitiae, quae prima mortales putant, adfluerent, fuere
tamen ciues qui seque remque publicam obstinatis animis
5 perditum irent. Namque duobus senati decretis ex tanta
multitudine neque praemio inductus coniurationem pate-
fecerat neque ex castris Catilinae quisquam omnium 20
discesserat: tanta uis morbi atque uti tabes plerosque
37 ciuium animos inuaserat. Neque solum illis aliena mens
erat qui conscii coniurationis fuerant, sed omnino cuncta
plebes nouarum rerum studio Catilinae incepta probabat.
2
3 Id adeo more suo uidebatur facere. Nam semper in 25
ciuitate quibus opes nullae sunt bonis inuident, malos
extollunt, uetera odere, noua exoptant, odio suarum rerum
mutari omnia student, turba atque seditionibus sine cura
4 aluntur, quoniam egestas facile habetur sine damno. Sed
urbana plebes, ea uero praeceps erat de multis causis. 30

1 Orestillam] orestillam tibi *V*   2 (h)aueto $A^2B^2C^2K^2H$:
(h)abeto *rell.*   4 arretino A^1: reatino (*ex* -inio *P*) *rell.*   8 sine
fraude *post* discedere (*u. 9*) *transp.* ε   10 dilectum A^1P^2: de- *rell.*
18 senati αN^1, *Char. i. 22. 18, Anon. Bob. i. 539. 12, Frg. Bob. v. 555. 6*: -tus A^2
rell. (*cf. p. 24. 1 adn.*)   21 atque uti] ac ueluti *Haupt*

Primum omnium qui ubique probro atque petulantia 5
maxume praestabant, item alii per dedecora patrimoniis
amissis, postremo omnes quos flagitium aut facinus domo
expulerat, ii Romam sicut in sentinam confluxerant.
5 Deinde multi memores Sullanae uictoriae, quod ex 6
gregariis militibus alios senatores uidebant, alios ita
diuites ut regio uictu atque cultu aetatem agerent, sibi
quisque, si in armis foret, ex uictoria talia sperabat.
Praeterea iuuentus quae in agris manuum mercede ino- 7
10 piam tolerauerat, priuatis atque publicis largitionibus
excita, urbanum otium ingrato labori praetulerat. Eos
atque alios omnis malum publicum alebat. Quo minus 8
mirandum est homines egentis, malis moribus, maxuma
spe, rei publicae iuxta ac sibi consuluisse. Praeterea 9
15 quorum uictoria Sullae parentes proscripti, bona erepta,
ius libertatis inminutum erat, haud sane alio animo belli
euentum expectabant. Ad hoc quicumque aliarum atque 10
senatus partium erant conturbari rem publicam quam
minus ualere ipsi malebant. Id adeo malum multos post 11
20 annos in ciuitatem reuorterat. Nam postquam Cn. Pom- **38**
peio et M. Crasso consulibus tribunicia postestas restituta
est, homines adulescentes summam potestatem nacti,
quibus aetas animusque ferox erat, coepere senatum
criminando plebem exagitare, dein largiundo atque pol-
25 licitando magis incendere: ita ipsi clari potentesque fieri.
Contra eos summa ope nitebatur pleraque nobilitas senatus 2
specie pro sua magnitudine. Namque, uti paucis uerum 3
absoluam, post illa tempora quicumque rem publicam
agitauere honestis nominibus, alii sicuti populi iura de-
30 fenderent, pars quo senatus auctoritas maxuma foret,
bonum publicum simulantes pro sua quisque potentia
certabant. Neque illis modestia neque modus contentionis 4

2 praestabant $A^2\beta\gamma$, *Arus. 498. 29*: -tabat $\alpha\delta$ alii A^1, *Sacerd. vi. 446. 4*:
alii qui *rell.*   9 merce $N^1K^1H^1D^1$ 17 atque] quam δ, *s.s.*
$A^2B^2C^2H^2$ 18 erat $P^1B^1H^1$ 19 id adeo ς: ideo (id H) ω

29

39 erat: utrique uictoriam crudeliter exercebant. Sed postquam Cn. Pompeius ad bellum maritumum atque Mithri-
daticum missus est, plebis opes inminutae, paucorum
2 potentia creuit. Ii magistratus, prouincias aliaque omnia
tenere; ipsi innoxii, florentes, sine metu aetatem agere, 5
ceteros iudiciis terrere, quo plebem in magistratu placidius
3 tractarent. Sed ubi primum dubiis rebus nouandi spes
4 oblata est, uetus certamen animos eorum adrexit. Quod si
primo proelio Catilina superior aut aequa manu discessis-
set, profecto magna clades atque calamitas rem publicam 10
oppressisset, neque illis qui uictoriam adepti forent
diutius ea uti licuisset quin defessis et exsanguibus qui
5 plus posset imperium atque libertatem extorqueret. Fuere
tamen extra coniurationem complures qui ad Catilinam
initio profecti sunt: in iis erat Fuluius, senatoris filius, 15
quem retractum ex itinere parens necari iussit.
6   Isdem temporibus Romae Lentulus, sicuti Catilina
praeceperat, quoscumque moribus aut fortuna nouis rebus
idoneos credebat aut per se aut per alios sollicitabat,
neque solum ciuis, sed quoiusque modi genus hominum, 20
40 quod modo bello usui foret. Igitur P. Vmbreno quoidam
negotium dat uti legatos Allobrogum requirat eosque, si
possit, inpellat ad societatem belli, existumans publice
priuatimque aere alieno oppressos, praeterea quod natura
gens Gallica bellicosa esset, facile eos ad tale consilium 25
2 adduci posse. Vmbrenus, quod in Gallia negotiatus erat,
plerisque principibus ciuitatium notus erat atque eos
nouerat. Itaque sine mora, ubi primum legatos in foro con-
spexit, percontatus pauca de statu ciuitatis et quasi dolens
eius casum requirere coepit quem exitum tantis malis 30
3 sperarent. Postquam illos uidet queri de auaritia magis-

5 noxii $A^1C^1NF^2$ 6 ceteros A (cf. 51. 30): ceterosque *rell.*
magistratum *KHF*   7 nouandi Q^1: -dis *rell.*   15 in initio ϵ
21 usui foret bello $K\gamma$ 27 ciuitatium αBN^1: -tum *rell.*
31 uidit $A^1K\epsilon$

tratuum, accusare senatum quod in eo auxili nihil esset,
miseriis suis remedium mortem expectare, 'At ego' inquit
'uobis, si modo uiri esse uoltis, rationem ostendam qua
tanta ista mala effugiatis'. Haec ubi dixit, Allobroges in 4
5 maxumam spem adducti Vmbrenum orare ut sui misere-
retur: nihil tam asperum neque tam difficile esse quod non
cupidissume facturi essent, dum ea res ciuitatem aere
alieno liberaret. Ille eos in domum D. Bruti perducit, quod 5
foro propinqua erat neque aliena consili propter Sem-
10 proniam; nam tum Brutus ⟨ab⟩ Roma aberat. Praeterea 6
Gabinium arcessit, quo maior auctoritas sermoni inesset.
Eo praesente coniurationem aperit, nominat socios,
praeterea multos quoiusque generis innoxios, quo legatis
animus amplior esset. Deinde eos pollicitos operam suam
15 domum dimittit. Sed Allobroges diu in incerto habuere 41
quidnam consili caperent. In altera parte erat aes alienum, 2
studium belli, magna merces in spe uictoriae; at in altera
maiores opes, tuta consilia, pro incerta spe certa praemia.
Haec illis uoluentibus tandem uicit fortuna rei publicae. 3
20 Itaque Q. Fabio Sangae, quoius patrocinio ciuitas pluru- 4
mum utebatur, rem omnem uti cognouerant aperiunt.
Cicero per Sangam consilio cognito legatis praecepit ut 5
studium coniurationis uehementer simulent, ceteros
adeant, bene polliceantur dentque operam uti eos quam
25 maxume manufestos habeant.

Isdem fere temporibus in Gallia citeriore atque ulteri- 42
ore, item in agro Piceno Bruttio Apulia motus erat.
Namque illi quos ante Catilina dimiserat inconsulte ac 2
ueluti per dementiam cuncta simul agebant: nocturnis
30 consiliis, armorum atque telorum portationibus, festinando
agitando omnia plus timoris quam periculi effecerant. Ex 3

---

10 ab B^2D^2, *Prob. Inst. iv. 150. 21, 26, Serg. iv. 511. 30, Prisc. iii. 66. 15, Aud.
vii. 355. 8: om.* ω   romae *P*   14 inesset γ   20 ita ε
22 praecipit *Linker, fort. recte (cf. I. 13. 6, 28. 1)*   27 brutia D^1F
28 ante *PBKH*: antea *ACN*: paulo ante ε

eo numero compluris Q. Metellus Celer praetor, ex
senatus consulto causa cognita, in uincula coniecerat, item
in citeriore Gallia C. Murena, qui ei prouinciae legatus
praeerat.

43 At Romae Lentulus cum ceteris qui principes coniura- 5
tionis erant, paratis ut uidebatur magnis copiis constituerant uti, quom Catilina in agrum †faesulanum† cum
exercitu uenisset, L. Bestia tribunus plebis contione
habita quereretur de actionibus Ciceronis bellique grauis-
sumi invidiam optumo consuli inponeret; eo signo 10
proxuma nocte cetera multitudo coniurationis suom
2 quisque negotium exequeretur. Sed ea diuisa hoc modo
dicebantur: Statilius et Gabinius uti cum magna manu
duodecim simul opportuna loca urbis incenderent, quo
tumultu facilior aditus ad consulem ceterosque quibus 15
insidiae parabantur fieret; Cethegus Ciceronis ianuam
obsideret eumque ui adgrederetur; alius autem alium, sed
filii familiarum, quorum ex nobilitate maxuma pars erat,
parentis interficerent; simul caede et incendio perculsis
3 omnibus ad Catilinam erumperent. Inter haec parata 20
atque decreta Cethegus semper querebatur de ignauia
sociorum: illos dubitando et dies prolatando magnas
opportunitates corrumpere; facto, non consulto in tali
periculo opus esse, seque, si pauci adiuuarent, languenti-
4 bus aliis impetum in curiam facturum. Natura ferox, uehe- 25
mens, manu promptus erat; maxumum bonum in
celeritate putabat.

44 Sed Allobroges ex praecepto Ciceronis per Gabinium

---

3 ulteriore *Cortius* (*conl. Cic. Mur. 89*) 6 constituerant
$aN^1K^2\gamma$: -at $A^2\beta N^2K^1H^2$ 7 faesulanum ω (*cf. App. BC. 2. 3, Flor. 1.
5. 8*), *non recte*: Aefulanum *Rauchenstein*: Faliscum *Gertz*: ex (ab *Pareti*)
agro Faesulano *Meiser* 8 uenissent γ 12 quisque ς:
quaeque $PA^2\beta N^2K\gamma$: quoque A^1: quemque N^1: quodque *Ryba*
13 et α: *del.* A^2, *om. rell.* 14 incenderent aB^2NH: -et $A^2\beta K\epsilon$
18 magna ε 23 consulto $A^2\beta N^2KH^2D^2F$: -tando $aN^1H^1D^1$

ceteros conueniunt. Ab Lentulo, Cethego, Statilio, item
Cassio postulant ius iurandum quod signatum ad ciuis
perferant: aliter haud facile eos ad tantum negotium
inpelli posse. Ceteri nihil suspicantes dant; Cassius semet 2
5 eo breui uenturum pollicetur ac paulo ante legatos ex urbe
proficiscitur. Lentulus cum iis T. Volturcium quendam 3
Crotoniensem mittit ut Allobroges, prius quam domum
pergerent, cum Catilina data atque accepta fide societatem
confirmarent. Ipse Volturcio litteras ad Catilinam dat, 4
10 quarum exemplum infra scriptum est:
      'Qui sim ex eo quem ad te misi cognosces. Fac cogites in 5
quanta calamitate sis, et memineris te uirum esse. Con-
sideres quid tuae rationes postulent: auxilium petas ab
omnibus, etiam ab infumis.'
15   Ad hoc mandata uerbis dat: quom ab senatu hostis 6
iudicatus sit, quo consilio seruitia repudiet? In urbe parata
esse quae iusserit; ne cunctetur ipse propius adcedere.
      His rebus ita actis, constituta nocte qua proficisceren- **45**
tur, Cicero per legatos cuncta edoctus L. Valerio Flacco et
20 C. Pomptino praetoribus imperat ut in ponte Muluio per
insidias Allobrogum comitatus deprehendant. Rem
omnem aperit quoius gratia mittebantur; cetera uti facto
opus sit ita agant permittit. Illi, homines militares, sine 2
tumultu praesidiis conlocatis, sicuti praeceptum erat,
25 occulte pontem obsidunt. Postquam ad id loci legati cum 3
Volturcio uenerunt et simul utrimque clamor exortus est,
Galli cito cognito consilio sine mora praetoribus se
tradunt; Volturcius primo cohortatus ceteros gladio se a 4
multitudine defendit, deinde, ubi a legatis desertus est,
30 multa prius de salute sua Pomptinum obtestatus, quod ei

---

1 ab] at AC^1B: a C^2 2 postulandum D^1F^1H 11 quis N
(*cf. Cic. Catil. 3. 12*)   13 petis $A^2\beta$ 20 pomptino αC^1ND^1:
promp- *rell.*   21 comitatum *Wesenberg*   23 illi $P^2A^1K^1F^2$:
illis *rell.*   30 pomptinum αC^1N: promp- *rell.*

notus erat, postremo timidus ac uitae diffidens uelut hostibus sese praetoribus dedit.

46 Quibus rebus confectis omnia propere per nuntios con-
2 suli declarantur. At illum ingens cura atque laetitia simul
occupauere. Nam laetabatur intellegens coniuratione 5
patefacta ciuitatem periculis ereptam esse; porro autem
anxius erat, dubitans in maxumo scelere tantis ciuibus
deprehensis quid facto opus esset: poenam illorum sibi
oneri, inpunitatem perdundae rei publicae fore credebat.
3 Igitur confirmato animo uocari ad sese iubet Lentulum, 10
Cethegum, Statilium, Gabinium itemque Caeparium
Tarracinensem, qui in Apuliam ad concitanda seruitia
4 proficisci parabat. Ceteri sine mora ueniunt; Caeparius,
paulo ante domo egressus, cognito indicio ex urbe pro-
5 fugerat. Consul Lentulum, quod praetor erat, ipse manu 15
tenens in senatum perducit, relicuos cum custodibus in
6 aedem Concordiae uenire iubet. Eo senatum aduocat
magnaque frequentia eius ordinis Volturcium cum legatis
introducit; Flaccum praetorem scrinium cum litteris quas
47 a legatis acceperat eodem adferre iubet. Volturcius inter- 20
rogatus de itinere, de litteris, postremo quid aut qua de
causa consili habuisset, primo fingere alia, dissimulare de
coniuratione; post, ubi fide publica dicere iussus est,
omnia uti gesta erant aperit docetque se paucis ante
diebus a Gabinio et Caepario socium adscitum nihil 25
amplius scire quam legatos, tantummodo audire solitum
ex Gabinio P. Autronium, Ser. Sullam, L. Vargunteium,
2 multos praeterea in ea coniuratione esse. Eadem Galli
fatentur ac Lentulum dissimulantem coarguunt praeter
litteras sermonibus quos ille habere solitus erat: ex libris 30
Sibyllinis regnum Romae tribus Corneliis portendi; Cin-

---

11 itemque] item quendam AC^1 12 tarracinensem ς: tartac-
AC^1: terrac- *rell.*   21 qua de] de qua AC 23 fide p(ublica)
dicere $PC^2N^2KD^2F^2$: fidei p(ublicae) dicere $A^2\beta N^1\gamma$: fide praedicere A^1
27 Ser. *om.* δ

nam atque Sullam antea, se tertium esse quoi fatum foret
urbis potiri; praeterea ab incenso Capitolio illum esse
uigesumum annum, quem saepe ex prodigiis haruspices
respondissent bello ciuili cruentum fore. Igitur perlectis 3
5 litteris, quom prius omnes signa sua cognouissent, senatus
decernit uti abdicato magistratu Lentulus itemque ceteri
in liberis custodiis habeantur. Itaque Lentulus P. Lentulo 4
Spintheri, qui tum aedilis erat, Cethegus Q. Cornificio,
Statilius C. Caesari, Gabinius M. Crasso, Caeparius—
10 nam is paulo ante ex fuga retractus erat—Cn. Terentio
senatori traduntur.

   Interea plebs coniuratione patefacta, quae primo cupida 48
rerum nouarum nimis bello fauebat, mutata mente Catilinae consilia execrari, Ciceronem ad caelum tollere:
15 ueluti ex seruitute erepta gaudium atque laetitiam agitabat. Namque alia belli facinora praedae magis quam 2
detrimento fore, incendium uero crudele, inmoderatum
ac sibi maxume calamitosum putabat, quippe quoi omnes
copiae in usu cotidiano et cultu corporis erant.

20   Post eum diem quidam L. Tarquinius ad senatum 3
adductus erat, quem ad Catilinam proficiscentem ex
itinere retractum aiebant. Is quom se diceret indicaturum 4
de coniuratione si fides publica data esset, iussus a consule quae sciret edicere, eadem fere quae Volturcius de
25 paratis incendiis, de caede bonorum, de itinere hostium
senatum docet; praeterea se missum a M. Crasso qui
Catilinae nuntiaret ne eum Lentulus et Cethegus aliique
ex coniuratione deprehensi terrerent, eoque magis pro-
peraret ad urbem adcedere, quo et ceterorum animos
30 reficeret et illi facilius e periculo eriperentur. Sed ubi 5
Tarquinius Crassum nominauit, hominem nobilem, maxumis diuitiis, summa potentia, alii rem incredibilem rati,

   7 habeantur αBC²H: -erentur C¹δD: tenerentur F   10 ex om.
ND¹   21 deductus ε   22–3 de coniuratione indicaturum ε
24 dicere N¹K

pars tametsi uerum existumabant, tamen quia in tali tempore tanta uis hominis magis leniunda quam exagitanda
uidebatur, plerique Crasso ex negotiis priuatis obnoxii,
conclamant indicem falsum esse, deque ea re postulant uti
6 referatur. Itaque consulente Cicerone frequens senatus 5
decernit Tarquini indicium falsum uideri eumque in
uinculis retinendum neque amplius potestatem faciun-
dam, nisi de eo indicaret quoius consilio tantam rem esset
7 mentitus. Erant eo tempore qui existumarent indicium
illud a P. Autronio machinatum quo facilius, appellato 10
Crasso, per societatem periculi relicuos illius potentia
8 tegeret; alii Tarquinium a Cicerone inmissum aiebant, ne
Crassus more suo suscepto malorum patrocinio rem
9 publicam conturbaret. Ipsum Crassum ego postea praedi-
cantem audiui tantam illam contumeliam sibi a Cicerone 15
inpositam.

49 Sed isdem temporibus Q. Catulus et C. Piso neque
precibus neque gratia neque pretio Ciceronem inpellere
potuere uti per Allobroges aut alium indicem C. Caesar
2 falso nominaretur. Nam uterque cum illo grauis inimici- 20
tias exercebant: Piso oppugnatus in iudicio pecuniarum
repetundarum propter quoiusdam Transpadani supplicium iniustum, Catulus ex petitione pontificatus odio
incensus quod extrema aetate, maxumis honoribus usus,
3 ab adulescentulo Caesare uictus discesserat. Res autem 25
opportuna uidebatur quod is priuatim egregia liberalitate,
publice maxumis muneribus grandem pecuniam debebat.
4 Sed ubi consulem ad tantum facinus inpellere nequeunt,

2 magis *om.* F𝔰   4 iudicem *PA¹C¹*   9 aestimarent *Kγ*
10 machinatum] nominatum *D¹F¹*   14 post *γ*   17–18 neque
precibus neque gratia neque pretio *Xδ*: neque precibus neque pretio
neque gratia ε: neque gratia neque precibus neque pretio *H*: neque
pretio neque gratia *Prisc. ii. 539. 20* (*cf. 52. 23, I. 16. 1, 29. 3, Dict. 1. 18*)
18–19 inpellere potuere] impelli quiuit *Prisc.*: inpellere quiuere *Putschius*
19 alium] per alium *A²Bδ*   21 exercebant *P¹Q*: -at *rell.*
26 liberalitate *ACND²*: libertate *rell.*

ipsi singillatim circumeundo atque ementiundo quae se ex
Volturcio aut Allobrogibus audisse dicerent magnam illi
inuidiam conflauerant, usque eo ut nonnulli equites
Romani, qui praesidi causa cum telis erant circum aedem
5 Concordiae, seu periculi magnitudine seu animi mobilitate
inpulsi, quo studium suom in rem publicam clarius esset
egredienti ex senatu Caesari gladio minitarentur.

Dum haec in senatu aguntur et dum legatis Allobrogum **50**
et T. Volturcio, conprobato eorum indicio, praemia decer-
10 nuntur, liberti et pauci ex clientibus Lentuli diuorsis
itineribus opifices atque seruitia in uicis ad eum eri-
piundum sollicitabant; partim exquirebant duces multi-
tudinum, qui pretio rem publicam uexare soliti erant.
Cethegus autem per nuntios familiam atque libertos suos, 2
15 lectos et exercitatos, orabat in audaciam, ut grege facto
cum telis ad sese inrumperent.

Consul ubi ea parari cognouit, dispositis praesidiis ut 3
res atque tempus monebat, conuocato senatu refert quid
de iis fieri placeat qui in custodiam traditi erant. Sed eos
20 paulo ante frequens senatus iudicauerat contra rem publicam fecisse. Tum D. Iunius Silanus, primus sententiam 4
rogatus quod eo tempore consul designatus erat, de iis qui
in custodiis tenebantur, et praeterea de L. Cassio, P.
Furio, P. Vmbreno, Q. Annio, si deprehensi forent, suppli-
25 cium sumundum decreuerat; isque postea permotus
oratione C. Caesaris pedibus in sententiam Ti. Neronis
iturum se dixit, qui de ea re praesidiis additis referundum
censuerat. Sed Caesar, ubi ad eum uentum est, rogatus 5
sententiam a consule huiusce modi uerba locutus est:

30   'Omnis homines, patres conscripti, qui de rebus dubiis **51**

---

1 singulatim $P^2\gamma$ mentiendo $P^2K\gamma$ 3 adeo γ 4 circa
$K\gamma$ 5 nobilitate $B^1K^2HD^2$ 15 electos δ in audaciam *del.*
Dietsch, post exercitatos *transp.* ς 19 custodia ACH 21 silanus αN: sill- $A^2\beta KF$: syll- HD 23 custodia γ 27 dixit *Buss-*
mann et Roscher: -erat ω qui AF^2: quod *rell.*   additis $B^2\varsigma$: abditis ω

consultant, ab odio amicitia, ira atque misericordia uacuos
2 esse decet. Haud facile animus uerum prouidet ubi illa
officiunt, neque quisquam omnium lubidini simul et usui
3 paruit. Vbi intenderis ingenium, ualet; si lubido possidet,
4 ea dominatur, animus nihil ualet. Magna mihi copia est 5
memorandi, patres conscripti, quae reges atque populi ira
aut misericordia inpulsi male consuluerint; sed ea malo
dicere quae maiores nostri contra lubidinem animi sui
5 recte atque ordine fecere. Bello Macedonico, quod cum
rege Perse gessimus, Rhodiorum ciuitas magna atque 10
magnifica, quae populi Romani opibus creuerat, infida
atque aduorsa nobis fuit; sed postquam bello confecto de
Rhodiis consultum est, maiores nostri, ne quis diuitiarum
magis quam iniuriae causa bellum inceptum diceret,
6 inpunitos eos dimisere. Item bellis Punicis omnibus, 15
quom saepe Carthaginienses et in pace et per indutias
multa nefaria facinora fecissent, numquam ipsi per occasionem talia fecere: magis quid se dignum foret quam quid
7 in illos iure fieri posset quaerebant. Hoc item uobis
prouidendum est, patres conscripti, ne plus apud uos 20
ualeat P. Lentuli et ceterorum scelus quam uostra dig-
8 nitas, neu magis irae uostrae quam famae consulatis. Nam
si digna poena pro factis eorum reperitur, nouom consilium adprobo; sin magnitudo sceleris omnium ingenia
exsuperat, iis utendum censeo quae legibus conparata 25
sunt.
9   'Plerique eorum qui ante me sententias dixerunt conposite atque magnifice casum rei publicae miserati sunt.

2 nam animus haud facile *Seru. G. 2. 499*   3 omnium] *expectares*
hominum, *sed cf. e.g. I. 102. 7*   6 p.c. *Vβγ, s.s. in PAN: om.* αδ   quae
VP²C²δHD, Arus. vii. 459. 29: qui *XK²F*   7 consuluerunt *V*
12 atque *PC²Ql*: et *rell.*   fuit nobis ε   15 dimiserunt *A¹C*
16 et¹ *om. AC¹*   18 quid²] quod γ   22 neue *VA²C¹*
24 ingenium *P*   27 sententiam *V*

Quae belli saeuitia esset, quae uictis adciderent enumera-
uere: rapi uirgines pueros, diuelli liberos a parentum
conplexu, matres familiarum pati quae uictoribus con-
lubuissent, fana atque domos spoliari, caedem incendia
5 fieri, postremo armis cadaueribus, cruore atque luctu
omnia conpleri. Sed, per deos inmortalis, quo illa oratio 10
pertinuit? An uti uos infestos coniurationi faceret? Scilicet
quem res tanta et tam atrox non permouit, eum oratio
adcendet! Non ita est, neque quoiquam mortalium iniuriae 11
10 suae paruae uidentur: multi eas grauius aequo habuere.
Sed alia aliis licentia est, patres conscripti. Qui demissi in 12
obscuro uitam habent, si quid iracundia deliquere, pauci
sciunt; fama atque fortuna eorum pares sunt. Qui magno
imperio praediti in excelso aetatem agunt, eorum facta
15 cuncti mortales nouere. Ita in maxuma fortuna minuma 13
licentia est: neque studere neque odisse, sed minume
irasci decet; quae apud alios iracundia dicitur, ea in 14
imperio superbia atque crudelitas appellatur. Equidem 15
ego sic existumo, patres conscripti, omnis cruciatus
20 minores quam facinora illorum esse. Sed plerique mortales postrema meminere, et in hominibus inpiis sceleris
eorum obliti de poena disserunt, si ea paulo seuerior fuit.
    'D. Silanum, uirum fortem atque strenuom, certo scio 16
quae dixerit studio rei publicae dixisse, neque illum in
25 tanta re gratiam aut inimicitias exercere: eos mores
eamque modestiam uiri cognoui. Verum sententia eius 17
mihi non crudelis—quid enim in talis homines crudele
fieri potest?—sed aliena a re publica nostra uidetur. Nam 18
profecto aut metus aut iniuria te subegit, Silane, consulem

1 accederent *P*: acciderint *A*[1]*C*[1]   3 collibuisset *P*[2], *Aug. Ciu. 1. 5*
7 coniuratione *PNK*[1]   facerent *A*[1]δ   8 permouet *VA*[2]
9 accendit *VA*[2]*C*[1]   12 habent α*C*[1]δ, *s.s.* *B*[2]: agunt *VB*[1]γ, *P*[2] *marg.*,
s.s. *A*[2]*C*[2]*N*[2]*K*[2]   13 eorum *om.* *D*[1]*F*   22 seuerior *VAC*[1]*N*:
saeuior *rell.*   23 silanum *V*α*N*: sill- *rell.*   certe *BK*γ
27 crudelis est δ   29 silane *VA*[1]*N*: sill- *A*[2]β*K*: syll- ε: silenae *P*

19 designatum genus poenae nouom decernere. De timore
superuacuaneum est disserere, quom praesertim diligen-
20 tia clarissumi uiri consulis tanta praesidia sint in armis. De
poena possum equidem dicere, id quod res habet, in luctu
atque miseriis mortem aerumnarum requiem, non cruci- 5
atum esse, eam cuncta mortalium mala dissoluere, ultra
21 neque curae neque gaudio locum esse. Sed, per deos
inmortalis, quam ob rem in sententiam non addidisti uti
22 prius uerberibus in eos animaduorteretur? An quia lex
Porcia uetat? At aliae leges item condemnatis ciuibus non 10
23 animam eripi, sed exilium permitti iubent. An quia grauius
est uerberari quam necari? Quid autem acerbum aut nimis
24 graue est in homines tanti facinoris conuictos? Sin quia
leuius est, qui conuenit in minore negotio legem timere,
quom eam in maiore neglegeris? 15
25 'At enim quis reprehendet quod in parricidas rei publicae decretum erit? Tempus dies fortuna, quoius lubido
26 gentibus moderatur. Illis merito adcidet quicquid euenerit; ceterum uos, patres conscripti, quid in alios statuatis
27 considerate. Omnia mala exempla ex rebus bonis orta 20
sunt. Sed ubi imperium ad ignaros eius aut minus bonos
peruenit, nouom illud exemplum ab dignis et idoneis ad
28 indignos et non idoneos transfertur. Lacedaemonii deuictis
Atheniensibus triginta uiros inposuere qui rem publicam
29 eorum tractarent. Ii primo coepere pessumum quemque et 25
omnibus inuisum indemnatum necare: ea populus laetari
30 et merito dicere fieri. Post, ubi paulatim licentia creuit,
iuxta bonos et malos lubidinose interficere, ceteros metu

---

2 superuacuaneum $Va C^1 K$: -uacaneum $BC^2 N\epsilon$: -uacuum H (cf. 58. 11,
E. 2. 9. 4, 2. 10. 6)   3 in armis sint V 4 possumus δ   equidem possum ϵ 8 sententia VC^1 9 in eos uerberibus V
10 at] aut $A^2\beta F$ de condemnatis V 11 animam] uitam $K\gamma$
14 qui] quid P^1BF^2, s.s. A^2D^2 15 neglegeris P: neglexeris rell. (cf. I.
40. 1)   18 accidit ϵ 20 bonis] domesticis N^1K, s.s. A^2D^2
21 eius VaN^2K: ciues $A^2\beta\gamma$: om. N^1, del. P aut] uel H: et ϵ 22 a V

terrere: ita ciuitas seruitute oppressa stultae laetitiae 31
grauis poenas dedit. Nostra memoria uictor Sulla quom 32
Damasippum et alios eius modi, qui malo rei publicae
creuerant, iugulari iussit, quis non factum eius laudabat?
5 homines scelestos et factiosos, qui seditionibus rem publicam exagitauerant, merito necatos aiebant. Sed ea res 33
magnae initium cladis fuit. Nam uti quisque domum aut
uillam, postremo uas aut uestimentum aliquoius con-
cupiuerat, dabat operam ut is in proscriptorum numero
10 esset. Ita illi quibus Damasippi mors laetitiae fuerat paulo 34
post ipsi trahebantur, neque prius finis iugulandi fuit
quam Sulla omnis suos diuitiis expleuit. Atque ego haec 35
non in M. Tullio neque his temporibus uereor, sed in
magna ciuitate multa et uaria ingenia sunt. Potest alio 36
15 tempore, alio consule, quoi item exercitus in manu sit,
falsum aliquid pro uero credi. Vbi hoc exemplo per
senatus decretum consul gladium eduxerit, quis illi finem
statuet aut quis moderabitur?

'Maiores nostri, patres conscripti, neque consili neque 37
20 audaciae umquam eguere; neque illis superbia obstabat
quominus aliena instituta, si modo proba erant, imitaren-
tur. Arma atque tela militaria ab Samnitibus, insignia 38
magistratuum ab Tuscis pleraque sumpserunt; postremo,
quod ubique apud socios aut hostis idoneum uidebatur,
25 cum summo studio domi exequebantur: imitari quam
inuidere bonis malebant. Sed eodem illo tempore Grae- 39
ciae morem imitati uerberibus animaduortebant in ciuis,
de condemnatis summum supplicium sumebant. Post- 40
quam res publica adoleuit et multitudine ciuium factiones
30 ualuere, circumueniri innocentes, alia huiusce modi fieri

---

3 huiusmodi *Bγ*   7 initium magnae *V*   8 uas *om. DF*[1]
9 ut is *VP*[2]*A*[2]*βK*: uti is *N*[2]*γ*: uti *N*[1]: ut *α*   10 fuit *V*   12 haec
ego *V*   15 manu *VP*[2]*Y*: manus *X*   23 ab *XN*: a *VKγ*
28 condemnatis summum] condemnatissimo *H*[1]*D*[1]*F*[1]   30 circumueniri *V*: -ire *ω*   huius *γ*

coepere, tum lex Porcia aliaeque leges paratae sunt,
41 quibus legibus exilium damnatis permissum est. Hanc ego
causam, patres conscripti, quominus nouom consilium
42 capiamus in primis magnam puto. Profecto uirtus atque
sapientia maior illis fuit, qui ex paruis opibus tantum 5
imperium fecere, quam in nobis, qui ea bene parta uix
retinemus.
43   'Placet igitur eos dimitti et augeri exercitum Catilinae?
Minume. Sed ita censeo: publicandas eorum pecunias,
ipsos in uinculis habendos per municipia quae maxume 10
opibus ualent, neu quis de iis postea ad senatum referat
neue cum populo agat; qui aliter fecerit, senatum existumare eum contra rem publicam et salutem omnium facturum.'
52   Postquam Caesar dicundi finem fecit, ceteri uerbo alius 15
alii uarie adsentiebantur. At M. Porcius Cato rogatus
sententiam huiusce modi orationem habuit:
2   'Longe mihi alia mens est, patres conscripti, quom res
atque pericula nostra considero et quom sententias non-
3 nullorum ipse mecum reputo. Illi mihi disseruisse 20
uidentur de poena eorum qui patriae parentibus, aris atque
focis suis bellum parauere; res autem monet cauere ab illis
4 magis quam quid in illos statuamus consultare. Nam cetera
maleficia tum persequare ubi facta sunt; hoc nisi prouideris
ne adcidat, ubi euenit, frustra iudicia inplores: capta urbe 25
5 nihil fit relicui uictis. Sed, per deos inmortalis, uos ego
appello, qui semper domos uillas, signa tabulas uostras
pluris quam rem publicam fecistis: si ista, quoiuscumque
modi sunt quae amplexamini, retinere, si uoluptatibus
uostris otium praebere uoltis, expergiscimini aliquando et 30

2 hanc ego αCN: hanc ergo K: ego hanc VBγ   5 illis VP: in illis
rell.   11 neu] ne VP²KD   18 alia mihi V, Seru. A. 1. 13   est
alia mens ε   20 mecum ipse ε   24 maleficia VPA²BC²H:
-facta A¹C¹NK²D: -dicta K¹: mala F   tunc Pε   persequere
A²C¹B¹   28 ista] ita V   29 sint HD¹F

capessite rem publicam. Non agitur de uectigalibus neque 6
de sociorum iniuriis: libertas et anima nostra in dubio est.

'Saepenumero, patres conscripti, multa uerba in hoc 7
ordine feci, saepe de luxuria atque auaritia nostrorum
5 ciuium questus sum, multosque mortalis ea causa aduorsos habeo. Qui mihi atque animo meo nullius umquam 8
delicti gratiam fecissem, haud facile alterius lubidini male
facta condonabam. Sed ea tametsi uos parui pendebatis, 9
tamen res publica firma erat, opulentia neglegentiam
10 tolerabat. Nunc uero non id agitur, bonisne an malis 10
moribus uiuamus, neque quantum aut quam magnificum
imperium populi Romani sit, sed haec, quoiuscumque
modi uidentur, nostra an nobiscum una hostium futura
sint. Hic mihi quisquam mansuetudinem et misericor- 11
15 diam nominat? Iam pridem equidem nos uera uocabula
rerum amisimus: quia bona aliena largiri liberalitas,
malarum rerum audacia fortitudo uocatur, eo res publica
in extremo sita est. Sint sane, quoniam ita se mores 12
habent, liberales ex sociorum fortunis, sint misericordes in
20 furibus aerari: ne illi sanguinem nostrum largiantur et,
dum paucis sceleratis parcunt, bonos omnis perditum
eant.

'Bene et conposite C. Caesar paulo ante in hoc ordine 13
de uita et morte disseruit, credo falsa existumans ea quae
25 de inferis memorantur, diuorso itinere malos a bonis loca
taetra inculta, foeda atque formidulosa habere. Itaque 14
censuit pecunias eorum publicandas, ipsos per municipia
in custodiis habendos, uidelicet timens ne, si Romae sint,
aut a popularibus coniurationis aut a multitudine con-
30 ducta per uim eripiantur; quasi uero mali atque scelesti 15
tantummodo in urbe et non per totam Italiam sint, aut non
ibi plus possit audacia ubi ad defendundum opes minores

1 neque] non ε   3 hoc *om. H*[1]ε   8 penderatis *V*: pendatis
ND[1]   17 uocatur *om. D*[1]*F*[1]   20 illi *VX*: illis *Y*
21 scelestis *VP*[2]   24 falso *D*[1]*F*   29 aut[1]] ut aut δ

16 sunt. Quare uanum equidem hoc consilium est, si periculum ex illis metuit; si in tanto omnium metu solus non

17 timet, eo magis refert me mihi atque uobis timere. Quare quom de P. Lentulo ceterisque statuetis, pro certo habetote uos simul de exercitu Catilinae et de omnibus 5

18 coniuratis decernere. Quanto uos adtentius ea agetis, tanto illis animus infirmior erit; si paululum modo uos languere uiderint, iam omnes feroces aderunt.

19 'Nolite existumare maiores nostros armis rem publicam

20 ex parua magnam fecisse. Si ita esset, multo pulcherrumam eam nos haberemus, quippe sociorum atque ciuium, praeterea armorum atque equorum maior copia nobis 10

21 quam illis est. Sed alia fuere quae illos magnos fecere, quae nobis nulla sunt: domi industria, foris iustum imperium, animus in consulendo liber, neque delicto neque 15

22 lubidini obnoxius. Pro his nos habemus luxuriam atque auaritiam, publice egestatem, priuatim opulentiam; laudamus diuitias, sequimur inertiam; inter bonos et malos discrimen nullum; omnia uirtutis praemia ambitio possidet.

23 Neque mirum: ubi uos separatim sibi quisque consilium 20 capitis, ubi domi uoluptatibus, hic pecuniae aut gratiae seruitis, eo fit ut impetus fiat in uacuam rem publicam.

24 'Sed ego haec omitto. Coniurauere nobilissumi ciues patriam incendere, Gallorum gentem infestissumam nomini Romano ad bellum arcessunt, dux hostium cum 25

25 exercitu supra caput est: uos cunctamini etiam nunc et dubitatis quid intra moenia deprensis hostibus faciatis?

26 Misereamini censeo—deliquere homines adulescentuli

27 per ambitionem—atque etiam armatos dimittatis: ne ista uobis mansuetudo et misericordia, si illi arma ceperint, in 30

6 intentius VP^2 7 paulum VAC 10 ita A^1K^2, *Aug. Ciu. 5.*
12: ita res *rell.*   11 nos eam ϵ 12 atque] et *Aug.*: *del. Nitzschner*   26 etiamnum V 26–7 et dubitatis *om.* HD^1F^1, *del.* K
27 deprensis $VPKH$: depreh- $B\epsilon$: adpreh- ACN 28 miseremini
VA^2B^2 *et* (*ex* misereremini) C^2 29 etiam *om.* ND^1F^1

miseriam conuortat. Scilicet res ipsa aspera est, sed uos 28
non timetis eam. Immo uero maxume; sed inertia et
mollitia animi alius alium expectantes cunctamini, uidelicet dis inmortalibus confisi, qui hanc rem publicam
5 saepe in maxumis periculis seruauere. Non uotis neque 29
suppliciis muliebribus auxilia deorum parantur: uigilando,
agundo, bene consulendo prospere omnia cedunt. Vbi
socordiae tete atque ignauiae tradideris, nequiquam deos
inplores: irati infestique sunt.
10 'Apud maiores nostros A. Manlius Torquatus bello 30
Gallico filium suom, quod is contra imperium in hostem
pugnauerat, necari iussit, atque ille egregius adulescens 31
inmoderatae fortitudinis morte poenas dedit: uos de
crudelissumis parricidis quid statuatis cunctamini? Vide- 32
15 licet cetera uita eorum huic sceleri obstat. Verum parcite
dignitati Lentuli, si ipse pudicitiae, si famae suae, si dis aut
hominibus umquam ullis pepercit; ignoscite Cethegi 33
adulescentiae, nisi iterum patriae bellum fecit. Nam quid 34
ego de Statilio, Gabinio, Caepario loquar? quibus si quic-
20 quam umquam pensi fuisset, non ea consilia de re publica
habuissent. Postremo, patres conscripti, si mehercule 35
peccato locus esset, facile paterer uos ipsa re corrigi,
quoniam uerba contemnitis. Sed undique circumuenti
sumus; Catilina cum exercitu faucibus urget; alii intra
25 moenia atque in sinu urbis sunt hostes, neque parari
neque consuli quicquam potest occulte: quo magis pro-
perandum est.

---

1 conuertat *Va*: -atur *A²βKD²*: uertat *NH¹*: -tur ϵ: -tantur *H²*
5 neque] atque *P¹D¹F*   6 supplicis *V*   deorum auxilia com-
parantur *Seru. G. 3. 456*   7 omnia prospere (-era *D*) ϵ   prospere
VAF, Seru.: -ra *rell.*   8 tete *Seru.*: te *Ω*   15 uita cetera ϵ
uero *VPA¹*   16 aut] atque *VP²B*   18 iterum *VPBC²KH*:
iterum iam *rell.*   19 statilio gabinio *V* (*cf. 17. 4, 43. 2, 46. 3, 47. 4, 55.*
6): gabinio statilio ω   25 urbis *om. V*   26 occulte potest *V*

36 'Quare ego ita censeo: quom nefario consilio scelera-
torum ciuium res publica in maxuma pericula uenerit,
iique indicio T. Volturci et legatorum Allobrogum
conuicti confessique sint caedem, incendia aliaque se
foeda atque crudelia facinora in ciuis patriamque para- 5
uisse, de confessis, sicuti de manufestis rerum capitalium,
more maiorum supplicium sumundum.'

53 Postquam Cato adsedit, consulares omnes itemque
senatus magna pars sententiam eius laudant, uirtutem
animi ad caelum ferunt, alii alios increpantes timidos 10
uocant. Cato clarus atque magnus habetur; senati decretum fit sicuti ille censuerat.

2 Sed mihi multa legenti, multa audienti quae populus
Romanus domi militiaeque, mari atque terra praeclara
facinora fecit, forte lubuit adtendere quae res maxume 15
3 tanta negotia sustinuisset. Sciebam saepenumero parua
manu cum magnis legionibus hostium contendisse; cog-
noueram paruis copiis bella gesta cum opulentis regibus,
ad hoc saepe fortunae uiolentiam tolerauisse, facundia
4 Graecos, gloria belli Gallos ante Romanos fuisse. Ac mihi 20
multa agitanti constabat paucorum ciuium egregiam
uirtutem cuncta patrauisse, eoque factum uti diuitias
5 paupertas, multitudinem paucitas superaret. Sed postquam luxu atque desidia ciuitas corrupta est, rursus res
publica magnitudine sui imperatorum atque magistra- 25
tuum uitia sustentabat ac, sicuti †effeta parentum†, multis
tempestatibus haud sane quisquam Romae uirtute magnus
6 fuit. Sed memoria mea ingenti uirtute, diuorsis moribus

---

1 ego ita censeo VPB^2: ego ita censeo ego B^1: ita censeo ego *rell.*: ego
*del. Selling, fort. recte (cf. 51. 43, H. 1. 77. 22; quo referatur Eugraph. Ter. Eu.
1072* quare ita censeo *incertum*) 2 maxuma] summa V
11 senati PA^1N^1D, *Don. Ter. Hec. 356, Char. i. 143. 14, Prisc. ii. 258. 6*: -tus
rell. 12 sicuti δ: sicut *rell.* 25 sui *Aug. Ciu. 5. 12*: sua ω
26 effeta parente ç: ⟨esset⟩ effeta [parentum] *Wirz*: effeta parentum ⟨ui⟩
Ritschl: effeta ⟨esset⟩ pariundo (partu *Kurfess*) *Kunze*

fuere uiri duo, M. Cato et C. Caesar. Quos quoniam res
obtulerat, silentio praeterire non fuit consilium, quin
utriusque naturam et mores, quantum ingenio possum,
aperirem.

5 Igitur iis genus aetas eloquentia prope aequalia fuere, **54**
magnitudo animi par, item gloria, sed alia alii. Caesar 2
beneficiis ac munificentia magnus habebatur, integritate
uitae Cato. Ille mansuetudine et misericordia clarus
factus, huic seueritas dignitatem addiderat. Caesar dando 3
10 subleuando ignoscundo, Cato nihil largiundo gloriam
adeptus est. In altero miseris perfugium erat, in altero
malis pernicies. Illius facilitas, huius constantia lauda-
batur. Postremo Caesar in animum induxerat laborare, 4
uigilare; negotiis amicorum intentus sua neglegere, nihil
15 denegare quod dono dignum esset; sibi magnum imperium, exercitum, bellum nouom exoptabat ubi uirtus
enitescere posset. At Catoni studium modestiae, decoris, 5
sed maxume seueritatis erat; non diuitiis cum diuite neque 6
factione cum factioso, sed cum strenuo uirtute, cum
20 modesto pudore, cum innocente abstinentia certabat; esse
quam uideri bonus malebat: ita, quo minus petebat
gloriam, eo magis illum sequebatur.

Postquam, ut dixi, senatus in Catonis sententiam **55**
discessit, consul optumum factu ratus noctem quae insta-
25 bat antecapere, ne quid eo spatio nouaretur, triumuiros
quae [ad] supplicium postulabat parare iubet. Ipse praesi- 2
diis dispositis Lentulum in carcerem deducit; idem fit
ceteris per praetores. Est in carcere locus, quod Tul- 3
lianum appellatur, ubi paululum ascenderis ad laeuam,
30 circiter duodecim pedes humi depressus; eum muniunt 4
undique parietes atque insuper camera lapideis fornicibus

---

3 possum *PD*[1]*l*: possem *rell.*   11 erat *om. H*[1]*DF*[1]
15 dono] bono *A*[1]*NK*[1]   22 illum magis *Aug.*   illum α*δF*[2]: illam
A[2]*βγ*   sequebatur *s, Aug.*: adsequebatur ω   23 sententiam
Catonis *δF*   26 ad *eras. BK*   29 descenderis *s*

47

iuncta; sed incultu tenebris odore foeda atque terribilis
5 eius facies est. In eum locum postquam demissus est
Lentulus, uindices rerum capitalium, quibus praeceptum
6 erat, laqueo gulam fregere. Ita ille, patricius ex gente
clarissuma Corneliorum, qui consulare imperium Romae 5
habuerat, dignum moribus factisque suis exitum [uitae]
inuenit. De Cethego, Statilio, Gabinio, Caepario eodem
modo supplicium sumptum est.

56   Dum ea Romae geruntur, Catilina ex omni copia quam
et ipse adduxerat et Manlius habuerat, duas legiones insti- 10
2 tuit, cohortis pro numero militum conplet. Deinde, ut
quisque uoluntarius aut ex sociis in castra uenerat,
aequaliter distribuerat, ac breui spatio legiones numero
hominum expleuerat, quom initio non amplius duobus
3 milibus habuisset. Sed ex omni copia circiter pars quarta 15
erat militaribus armis instructa: ceteri, ut quemque casus
armauerat, sparos aut lanceas, alii praeacutas sudis
4 portare. Sed postquam Antonius cum exercitu aduentabat,
Catilina per montis iter facere, modo ad urbem, modo
Galliam uorsus castra mouere, hostibus occasionem pug- 20
nandi non dare: sperabat propediem magnas copias sese
5 habiturum, si Romae socii incepta patrauissent. Interea
seruitia repudiabat, quoius initio ad eum magnae copiae
concurrebant, opibus coniurationis fretus, simul alienum
suis rationibus existumans uideri causam ciuium cum 25
seruis fugitiuis communicauisse.

57   Sed postquam in castra nuntius peruenit Romae con-

---

1 incultu *PNF*²: -ta *rell.*   odere *P*: opere *A*¹   3 uindices *ex
corr. H*: et indices *PK*¹, *fort. C*¹: ei indices *A*: indices *BC*²*F*: per indices
*K*²*D*: et per indices *ex corr. N*   6 exitum [uitae] *Zimmermann* (*cf.
Aug. Ep. 16. 2, Vell. 2. 112. 7, HA 25. 5. 3, 30. 13. 2, Sulp. Seu. Chron. 1. 51. 2*):
exitium uitae ω: exitum uitae *F*²ς (*cf. Heges. 4. 20. 18, Dict. 6. 15*): exitium
[uitae] *Nitzschner dub.*   10 et¹ *om.* δ*H*¹*F*   18 portare *Seru. A.
11. 682*: portabant ω, *Non. 554. 13*   20 galliam *XHD*: in galliam δ,
Prisc. iii. 514. 23: ad galliam *F*   23 repudiabat seruitia ε
24 simul *om. NK*¹

iurationem patefactam, de Lentulo et Cethego ceterisque
quos supra memoraui supplicium sumptum, plerique,
quos ad bellum spes rapinarum aut nouarum rerum
studium inlexerat, dilabuntur; relicuos Catilina per mon-
5 tis asperos magnis itineribus in agrum Pistoriensem
abducit, eo consilio uti per tramites occulte perfugeret in
Galliam Transalpinam. At Q. Metellus Celer cum tribus 2
legionibus in agro Piceno praesidebat, ex difficultate
rerum eadem illa existumans quae supra diximus Cati-
10 linam agitare. Igitur, ubi iter eius ex perfugis cognouit, 3
castra propere mouit ac sub ipsis radicibus montium
consedit, qua illi descensus erat in Galliam properanti.
Neque tamen Antonius procul aberat, utpote qui magno 4
exercitu locis aequioribus expeditos in fuga sequeretur.
15 Sed Catilina, postquam uidet montibus atque copiis 5
hostium sese clausum, in urbe res aduorsas, neque fugae
neque praesidi ullam spem, optumum factu ratus in tali re
fortunam belli temptare, statuit cum Antonio quam primum confligere. Itaque contione aduocata huiusce modi 6
20 orationem habuit:

'Conpertum ego habeo, milites, uerba uirtutem non **58**
addere, neque ex ignauo strenuom neque fortem ex timido
exercitum oratione imperatoris fieri. Quanta quoiusque 2
animo audacia natura aut moribus inest, tanta in bello
25 patere solet. Quem neque gloria neque pericula excitant,
nequiquam hortere: timor animi auribus officit. Sed ego 3
uos quo pauca monerem aduocaui, simul uti causam mei
consili aperirem.

'Scitis equidem, milites, socordia atque ignauia Lentuli 4
30 quantam ipsi nobisque cladem adtulerit, quoque modo,
dum ex urbe praesidia opperior, in Galliam proficisci
nequiuerim. Nunc uero quo loco res nostrae sint 5

---

6 perfugerent γ 7 at q. PB^2HF: atque $A^1B^1\delta D$: at $A^2C^2N^2K^2$:
at uinctus C^1 11 mouet A^1N 23 cuiusque $VPA^2\beta$: cuique
A^1Y 32 loco VPB: in loco *rell.*

6 iuxta mecum omnes intellegitis. Exercitus hostium duo,
  unus ab urbe, alter a Gallia obstant; diutius in his locis
  esse, si maxume animus ferat, frumenti atque aliarum
7 rerum egestas prohibet. Quocumque ire placet, ferro iter
8 aperiundum est. Quapropter uos moneo uti forti atque 5
  parato animo sitis et, quom proelium inibitis, memineritis
  uos diuitias decus gloriam, praeterea libertatem atque
9 patriam in dextris uostris portare. Si uincimus, omnia
  nobis tuta erunt: conmeatus abunde, municipia atque
  coloniae patebunt. Si metu cesserimus, eadem illa aduorsa 10
10 fient: neque locus neque amicus quisquam teget quem
11 arma non texerint. Praeterea, milites, non eadem nobis et
  illis necessitudo inpendet: nos pro patria, pro libertate,
  pro uita certamus, illis superuacuaneum est pugnare pro
12 potentia paucorum. Quo audacius adgredimini memores 15
13 pristinae uirtutis. Licuit uobis cum summa turpitudine in
  exilio aetatem agere, potuistis nonnulli Romae amissis
14 bonis alienas opes expectare: quia illa foeda atque in-
15 toleranda uiris uidebantur, haec sequi decreuistis. Si haec
  relinquere uoltis, audacia opus est: nemo nisi uictor pace 20
16 bellum mutauit. Nam in fuga salutem sperare, quom arma
  quibus corpus tegitur ab hostibus auorteris, ea uero
17 dementia est. Semper in proelio iis maxumum est periculum qui maxume timent: audacia pro muro habetur.
18   'Quom uos considero, milites, et quom facta uostra 25
19 aestumo, magna me spes uictoriae tenet. Animus aetas
  uirtus uostra me hortantur, praeterea necessitudo, quae
20 etiam timidos fortis facit. Nam multitudo hostium ne
21 circumuenire queat prohibent angustiae loci. Quod si
  uirtuti uostrae fortuna inuiderit, cauete inulti animam 30

10 sin *Kritz*   11 tegit *V*   14 superuacuaneum α*C*²: -uaca-
neum *rell.* (*cf. p. 40.2 adn.*)   14–15 pugnare pro potentia paucorum
*VAC*¹δ: pro potentia paucorum pugnare *PBC*²γ   15 aggredimini
V: -iamini ω   16 uobis *VP*²*BC*²*HD*¹: nobis *rell.*   22 uera δ
23 iis *om. Bγ*   30 uirtute *V*¹*P*¹   cauete *PA*²β*NHD*: cauete ne
*VA*¹*KF*

amittatis, neu capti potius sicuti pecora trucidemini quam
uirorum more pugnantes cruentam atque luctuosam
uictoriam hostibus relinquatis.'

Haec ubi dixit, paululum conmoratus signa canere **59**
5 iubet atque instructos ordines in locum aequom deducit.
Dein, remotis omnium equis quo militibus exaequato
periculo animus amplior esset, ipse pedes exercitum pro
loco atque copiis instruit. Nam, uti planities erat inter 2
sinistros montis et ab dextra rupe aspera, octo cohortis in
10 fronte constituit, relicuarum signa in subsidio artius conlocat. Ab iis centuriones omnis [lectos] et euocatos, prae- 3
terea ex gregariis militibus optumum quemque armatum
in primam aciem subducit. C. Manlium in dextra, Faesulanum quendam in sinistra parte curare iubet; ipse cum
15 libertis et colonis propter aquilam adsistit quam bello
Cimbrico C. Marius in exercitu habuisse dicebatur. At ex 4
altera parte C. Antonius, pedibus aeger quod proelio
adesse nequibat, M. Petreio legato exercitum permittit.
Ille cohortis ueteranas, quas tumulti causa conscripserat, 5
20 in fronte, post eas ceterum exercitum in subsidiis locat.
Ipse equo circumiens unum quemque nominans appellat,
hortatur, rogat ut meminerint se contra latrones inermos
pro patria, pro liberis, pro aris atque focis suis certare.
Homo militaris, quod amplius annos triginta tribunus aut 6
25 praefectus aut legatus aut praetor cum magna gloria in
exercitu fuerat, plerosque ipsos factaque eorum fortia
nouerat: ea conmemorando militum animos adcendebat.

Sed ubi omnibus rebus exploratis Petreius tuba signum **60**

---

9 rupem asperam *ς*   10 reliquarum *XF*: -quorum *δD*: -qua *H*
11 centuriones omnis lectos et euocatos *ω*, lectos *del. Nitzschner*: omnes
euocatos et centuriones *Seru. A. 2. 157*   12 armatum *om. Agroec. vii.
120. 1*   13 subduxit *Agroec.*   15 colonis *C²γ*: coloniis *A²βK*:
colonibus *αN*: calonibus *Putschius e Cuiacii cod.*   19 tumulti *Non.
489. 35*: -tus *ω*   20 frontem *Non.*   subsidio *Non.*   22 in-
hermos *P*: inermis *rell.*

dat, cohortis paulatim incedere iubet; idem facit hostium
2 exercitus. Postquam eo uentum est unde a ferentariis
proelium conmitti posset, maxumo clamore cum infestis
signis concurrunt; pila omittunt, gladiis res geritur.
3 Veterani pristinae uirtutis memores comminus acriter 5
instare; illi haud timidi resistunt: maxuma ui certatur.
4 Interea Catilina cum expeditis in prima acie uorsari,
laborantibus succurrere, integros pro sauciis arcessere,
omnia prouidere, multum ipse pugnare, saepe hostem
ferire: strenui militis et boni imperatoris officia simul 10
5 exequebatur. Petreius ubi uidet Catilinam, contra ac ratus
erat, magna ui tendere, cohortem praetoriam in medios
hostis inducit eosque perturbatos atque alios alibi
resistentis interficit; deinde utrimque ex lateribus ceteros
6 adgreditur. Manlius et Faesulanus in primis pugnantes 15
7 cadunt. ⟨Catilina⟩, postquam fusas copias seque cum
paucis relicuom uidet, memor generis atque pristinae suae
dignitatis in confertissumos hostis incurrit ibique pugnans
confoditur.

61 Sed confecto proelio, tum uero cerneres quanta audacia 20
2 quantaque animi uis fuisset in exercitu Catilinae. Nam
fere quem quisque uiuos pugnando locum ceperat, eum
3 amissa anima corpore tegebat. Pauci autem, quos medios
cohors praetoria disiecerat, paulo diuorsius, sed omnes
4 tamen aduorsis uolneribus conciderant. Catilina uero 25
longe a suis inter hostium cadauera repertus est, paululum

---

2 a $A^2\delta HD^2F$, *Non. 554. 27*: *om. XD*^{1} 3 possit P^1A, *ex* possito *C*
cum] cuncti *Steuding*: *del. Dietsch*   4 geritur] agitur $K\epsilon$
16 Catilina *hoc loco suppl.* ς: *super* uidet *scr.* $A^2C^2K^2$, *post* postquam B^2
17 reliquum P^1: relictum *rell.*   22 uiuus (*post* locum *posuit F*) ω,
Adnot. super Lucanum 6. 132: *om. Lucani Comm. Bern. 6. 132* (*cf. Flor. 2. 12. 12*),
del. Wasse   24 *post* diuorsius (*sed is* diuersi) *suppl. Popma* alis alibi
stantes *ex Char. i. 159. 31, Diom. i. 333. 31–2, Anon. Bob. i. 561. 15*, *ubi
traditum* alis alibi stantes ceciderunt, omnes tamen aduorsis uulneribus
conciderunt (conciderunt *om. Anon. Bob.*)   26 paulum δ

etiam spirans ferociamque animi quam habuerat uiuos in
uoltu retinens. Postremo ex omni copia neque in proelio 5
neque in fuga quisquam ciuis ingenuos captus est: ita 6
cuncti suae hostiumque uitae iuxta pepercerant. Neque 7
tamen exercitus populi Romani laetam aut incruentam
uictoriam adeptus erat; nam strenuissumus quisque aut
occiderat in proelio aut grauiter uolneratus discesserat.
Multi autem, qui e castris uisundi aut spoliandi gratia 8
processerant, uoluentes hostilia cadauera amicum alii,
pars hospitem aut cognatum reperiebant; fuere item qui
inimicos suos cognoscerent. Ita uarie per omnem exerci- 9
tum laetitia maeror, luctus atque gaudia agitabantur.

1 uiuens AC^1 8 e X: de Y 11 recognoscerent $A^2\beta$

C. SALLVSTII CRISPI BELLVM CATILINAE EXPLICIT. INCIPIT BELLVM IVGVRTHINVM P:
CATILINARII BELLI (ex CATILINARIVM BELLVM) EXPLICIT LIBER PRIMVS. IVGVR-
TINVM (BELLVM s.s. man.[2]) INCIPIT II A: EXPLICIT BELLVM CATILINARIVM. INCIPIT
IVGVRTINVM B: G. (S)AL(V)S(T)I BE CATIL EXP. C: BELLVM CATILINAE EXPLICIT.
INCIPIT IVGVRTHINVM K: EXPLICIT LIBER CATILINARIVS SALVSTII. INCIPIT LIBER
IVGVRTHINVS SALVSTII D: EXPLICIT LIBER PRIMVS SALVSTII CRISPI. INCIPIT
SECVNDVS QVI IVGVRTHINVS DICITVR F: om. NH

DE BELLO IVGVRTHINO

1 FALSO queritur de natura sua genus humanum, quod
inbecilla atque aeui breuis forte potius quam uirtute
2 regatur. Nam contra reputando neque maius aliud neque
praestabilius inuenias magisque naturae industriam homi-
3 num quam uim aut tempus deesse. Sed dux atque impera- 5
tor uitae mortalium animus est; qui, ubi ad gloriam uirtutis
uia grassatur, abunde pollens potensque et clarus est
neque fortuna eget, quippe quae probitatem, industriam
aliasque artis bonas neque dare neque eripere quoiquam
4 potest. Sin captus prauis cupidinibus ad inertiam et 10
uoluptates corporis pessum datus est, perniciosa lubidine
paulisper usus, ubi per socordiam uires tempus ingenium
diffluxere, naturae infirmitas accusatur: suam quisque cul-
5 pam auctores ad negotia transferunt. Quod si hominibus
bonarum rerum tanta cura esset quanto studio aliena ac 15
nihil profutura multaque etiam periculosa ⟨ac perniciosa⟩
petunt, neque regerentur magis quam regerent casus et eo
magnitudinis procederent ubi pro mortalibus gloria
aeterni fierent.
2 Nam uti genus hominum conpositum ex corpore et 20
anima est, ita res cunctae studiaque omnia nostra corporis
2 alia, alia animi naturam secuntur. Igitur praeclara facies,
magnae diuitiae, ad hoc uis corporis et alia omnia huiusce
modi breui dilabuntur; at ingeni egregia facinora sicuti
3 anima inmortalia sunt. Postremo corporis et fortunae 25
bonorum ut initium sic finis est, omniaque orta occidunt et
aucta senescunt: animus incorruptus, aeternus, rector

---

8 quippe quae δ*H²D, Don. Ter. Eu. 241*: quippe *PA²βK²H¹F*: quippe
qui *A¹*   13 defluxere *KHD*   quisque *A¹D¹*: quique *rell.*
14 auctores *BH¹*: act- *rell.*   16 ac perniciosa *Aug. Ep. 153. 22: om. ω*

54

humani generis agit atque habet cuncta neque ipse
habetur. Quo magis prauitas eorum admiranda est qui 4
dediti corporis gaudiis per luxum et ignauiam aetatem
agunt, ceterum ingenium, quo neque melius neque
5 amplius aliud in natura mortalium est, incultu atque
socordia torpescere sinunt, quom praesertim tam multae
uariaeque sint artes animi quibus summa claritudo para-
tur.

Verum ex iis magistratus et imperia, postremo omnis 3
10 cura rerum publicarum minume mihi hac tempestate
cupiunda uidentur, quoniam neque uirtuti honos datur
neque illi quibus per fraudem [iis] fuit [uti] tuti aut eo
magis honesti sunt. Nam ui quidem regere patriam aut 2
parentis, quamquam et possis et delicta corrigas, tamen
15 inportunum est, quom praesertim omnes rerum muta-
tiones caedem, fugam aliaque hostilia portendant. Frustra 3
autem niti neque aliud se fatigando nisi odium quaerere
extremae dementiae est; nisi forte quem inhonesta et per- 4
niciosa lubido tenet potentiae paucorum decus atque
20 libertatem suam gratificari.

Ceterum ex aliis negotiis quae ingenio exercentur in 4
primis magno usui est memoria rerum gestarum. Quoius 2
de uirtute quia multi dixere, praetereundum puto, simul
ne per insolentiam quis existumet memet studium meum
25 laudando extollere. Atque ego credo fore qui, quia decreui 3
procul a re publica aetatem agere, tanto tamque utili labori
meo nomen inertiae inponant, certe quibus maxuma
industria uidetur salutare plebem et conuiuiis gratiam
quaerere. Qui si reputauerint et quibus ego temporibus 4
30 magistratus adeptus sum [et] quales uiri idem adsequi
nequiuerint et postea quae genera hominum in senatum

---

12 iis fuit uti *P*: his fuit uti *A*¹: ius (*uel* uis) fuit utique *A*²*βγ*: is fuit *δ*:
ius fuit *N*²*K*²: iis *del. Dietsch*, uti *del. Jordan*   17 se *om. AC*¹, *Hier.*
Praef. Esdr. et Neem.   30 magistratus *P*¹*K*: -um *rell.*   sum *γ*: sim
rell.   et *om. ς, del. Elberling*

peruenerint, profecto existumabunt me magis merito
quam ignauia iudicium animi mei mutauisse maiusque
commodum ex otio meo quam ex aliorum negotiis rei
5 publicae uenturum. Nam saepe ego audiui Q. Maxumum,
P. Scipionem, ⟨alios⟩ praeterea ciuitatis nostrae praeclaros 5
uiros solitos ita dicere, quom maiorum imagines intueren-
tur, uehementissume sibi animum ad uirtutem adcendi.
6 Scilicet non ceram illam neque figuram tantam uim in sese
habere, sed memoria rerum gestarum eam flammam
egregiis uiris in pectore crescere neque prius sedari quam 10
7 uirtus eorum famam atque gloriam adaequauerit. At
contra quis est omnium, his moribus, quin diuitiis et
sumptibus, non probitate neque industria cum maioribus
suis contendat? Etiam homines noui, qui antea per
uirtutem soliti erant nobilitatem anteuenire, furtim et per 15
latrocinia potius quam bonis artibus ad imperia et honores
8 nituntur; proinde quasi praetura et consulatus atque alia
omnia huiusce modi per se ipsa clara et magnifica sint ac
non perinde habeantur ut eorum qui ea sustinent uirtus
est. 20
9   Verum ego liberius altiusque processi, dum me ciuitatis
morum piget taedetque. Nunc ad inceptum redeo.
5   Bellum scripturus sum quod populus Romanus cum
Iugurtha rege Numidarum gessit, primum quia magnum
et atrox uariaque uictoria fuit, dehinc quia tunc primum 25
2 superbiae nobilitatis obuiam itum est; quae contentio
diuina et humana cuncta permiscuit eoque uecordiae processit ut studiis ciuilibus bellum atque uastitas Italiae
3 finem faceret. Sed prius quam huiusce modi rei initium

---

5 alios (*uel* multos) *suppl. Halbertsma*   11 adaequarit A^1F
15 et] aut *Syme*   17 proinde $A^1\delta H^2$: perinde $PA^2\beta K^2\gamma$ (*cf. C. 12. 5,
I. 31. 10*)   19 perinde $PA^2\beta K\gamma$ (*cf. E. 2. 8. 3*): proinde A^1NH^2
25 dehinc aC^1: dein $P^2BC^2\delta HD$: deinde F (*cf. C. 3. 2, I. 19. 6*)   primum
tunc AC 26 obuiam itum $P^2ANK^2D^2$: obuiatum $P^1\beta K^1\gamma$
condicio H^1F, *in ras.* D

expedio, pauca supra repetam, quo ad cognoscendum
omnia inlustria magis magisque in aperto sint.

Bello Punico secundo, quo dux Carthaginiensium Han- 4
nibal post magnitudinem nominis Romani Italiae opes
5 maxume adtriuerat, Masinissa rex Numidarum in amicitiam receptus a P. Scipione, quoi postea Africano cog-
nomen ex uirtute fuit, multa et praeclara rei militaris
facinora fecerat. Ob quae uictis Carthaginiensibus et
capto Syphace, quoius in Africa magnum atque late
10 imperium ualuit, populus Romanus quascumque urbis et
agros manu ceperat regi dono dedit. Igitur amicitia 5
Masinissae bona atque honesta nobis permansit; sed
imperi uitaeque eius finis idem fuit.

Dein Micipsa filius regnum solus obtinuit, Mastanabale 6
15 et Gulussa fratribus morbo absumptis. Is Adherbalem et 7
Hiempsalem ex sese genuit Iugurthamque filium Mastanabalis fratris, quem Masinissa, quod ortus ex concubina erat, priuatum dereliquerat, eodem cultu quo liberos
suos domi habuit.

20 Qui ubi primum adoleuit, pollens uiribus, decora facie, 6
sed multo maxume ingenio ualidus, non se luxu neque
inertiae corrumpendum dedit, sed, uti mos gentis illius
est, equitare iaculari, cursu cum aequalibus certare, et
quom omnis gloria anteiret, omnibus tamen carus esse; ad
25 hoc pleraque tempora in uenando agere, leonem atque
alias feras primus aut in primis ferire; plurumum facere,
[et] minumum ipse de se loqui. Quibus rebus Micipsa 2
tametsi initio laetus fuerat, existumans uirtutem Iugurthae

1 expediam $A^2\beta K^2H^2D^2F^2$ 3 carthaginensium ϵ
18 reliquerat $AC^1\delta$: deliquerat H 20 qui ω, Fro. 98. 1, Macr. Diff. v.
645. 32: hic Prob. viii. CLI, Macr. 624. 24, Diom. i. 341. 5, cf. Dict. 1. 14
21 luxu A^1Y, Fro., Diom.: luxui $PA^2\beta N^2D^2F^2$, Prob., Macr. v. 645. 33: luxuriae Macr. 624. 25   23 equitare iaculari ω, Fro., Seru. A. 2. 132, Macr.
v. 645. 35, cf. Hdt. 1. 136: iaculari equitare Prob., Diom., Macr. 624. 26
24 esse $B^2N^2KHDF^2$, testes antiqui: esset XN^1F^1 26-7 facere Fro.,
Macr. 624. 29: facere et ω 27 quis A^1

regno suo gloriae fore, tamen, postquam hominem adulescentem exacta sua aetate et paruis liberis magis magisque
crescere intellegit, uehementer eo negotio permotus multa
3 cum animo suo uoluebat. Terrebat eum natura mortalium
auida imperi et praeceps ad explendam animi cupidinem, 5
praeterea opportunitas suae liberorumque aetatis, quae
etiam mediocris uiros spe praedae transuorsos agit, ad hoc
studia Numidarum in Iugurtham adcensa, ex quibus, si
talem uirum dolis interfecisset, ne qua seditio aut bellum
oriretur anxius erat.   10

7 His difficultatibus circumuentus, ubi uidet neque per
uim neque insidiis opprimi posse hominem tam acceptum
popularibus, quod erat Iugurtha manu promptus et adpetens gloriae militaris, statuit eum obiectare periculis et
2 eo modo fortunam temptare. Igitur bello Numantino 15
Micipsa, quom populo Romano equitum atque peditum
auxilia mitteret, sperans uel ostentando uirtutem uel
hostium saeuitia facile eum occasurum, praefecit Numidis
3 quos in Hispaniam mittebat. Sed ea res longe aliter ac
4 ratus erat euenit. Nam Iugurtha, ut erat inpigro atque acri 20
ingenio, ubi naturam P. Scipionis, qui tum Romanis
imperator erat, et morem hostium cognouit, multo labore
multaque cura, praeterea modestissume parendo et saepe
obuiam eundo periculis in tantam claritudinem breui
peruenerat ut nostris uehementer carus, Numantinis 25
5 maxumo terrori esset. Ac sane, quod difficillumum in
primis est, et proelio strenuos erat et bonus consilio,
quorum alterum ex prouidentia timorem, alterum ex
6 audacia temeritatem adferre plerumque solet. Igitur
imperator omnis fere res asperas per Iugurtham agere, in 30
amicis habere, magis magisque eum in dies amplecti,
quippe quoius neque consilium neque inceptum ullum
7 frustra erat. Huc adcedebat munificentia animi et ingeni

5 cupiditatem $K^2\epsilon$ 21 P. *om. γ*   33 huc] hoc *Fro. 98. 17.*
et] atque *cod. Fro. man.*[1]

sollertia, quis rebus sibi multos ex Romanis familiari
amicitia coniunxerat.

Ea tempestate in exercitu nostro fuere complures noui **8**
atque nobiles quibus diuitiae bono honestoque potiores
5 erant, factiosi domi, potentes apud socios, clari magis
quam honesti, qui Iugurthae non mediocrem animum
pollicitando adcendebant: si Micipsa rex occidisset, fore
uti solus imperi Numidiae potiretur; in ipso maxumam
uirtutem, Romae omnia uenalia esse. Sed postquam **2**
10 Numantia deleta P. Scipio dimittere auxilia et ipse reuorti
domum decreuit, donatum atque laudatum magnifice pro
contione Iugurtham in praetorium abduxit ibique secreto
monuit ut potius publice quam priuatim amicitiam populi
Romani coleret neu quibus largiri insuesceret: periculose
15 a paucis emi quod multorum esset. Si permanere uellet in
suis artibus, ultro illi et gloriam et regnum uenturum; sin
properantius pergeret, suamet ipsum pecunia praecipitem
casurum. Sic locutus cum litteris eum, quas Micipsae red- **9**
deret, dimisit. Earum sententia haec erat:

20 'Iugurthae tui bello Numantino longe maxuma uirtus **2**
fuit, quam rem tibi certo scio gaudio esse. Nobis ob merita
sua carus est; ut idem senatui et populo Romano sit
summa ope nitemur. Tibi quidem pro nostra amicitia
gratulor. Habes uirum dignum te atque auo suo Masi-
25 nissa.'

Igitur rex, ubi ea quae fama acceperat ex litteris impera- **3**
toris ita esse cognouit, quom uirtute tum gratia uiri
permotus flexit animum suom et Iugurtham beneficiis
uincere adgressus est statimque eum adoptauit et testa-
30 mento pariter cum filiis heredem instituit. Sed ipse paucos **4**

1 quibus *BF, s.s. A²C²ND², Fro.* 8 imperii *PKHD¹, s.s. N:* -io
AβN¹F, s.s. D² 12 abduxit *ACF²:* add- *rell.* 17 suamet *AδD:*
suam et *PβHF* pecunia *N²:* -iam *ω* 18 litterulis *ε* 20 in
bello *AC¹* 21 certe *Kε* 22 et populo] populoque *ACN*
24 habes *VPA¹C¹, Symm. Ep. 1. 25:* en habes *rell.* 30 cum filiis
pariter *γ*

post annos morbo atque aetate confectus, quom sibi finem
uitae adesse intellegeret, coram amicis et cognatis itemque
Adherbale et Hiempsale filiis dicitur huiusce modi uerba
cum Iurgurtha habuisse:

10   'Paruom ego te, Iugurtha, amisso patre, sine spe, sine 5
opibus in meum regnum accepi, existumans non minus
me tibi quam [liberis] si genuissem ob beneficia carum
2 fore; neque ea res falsum me habuit. Nam, ut alia magna et
egregia tua omittam, nouissume rediens Numantia meque
regnumque meum gloria honorauisti tuaque uirtute nobis 10
Romanos ex amicis amicissumos fecisti. In Hispania
nomen familiae renouatum est. Postremo, quod difficillumum inter mortalis est, gloria inuidiam uicisti.

3   'Nunc, quoniam mihi natura finem uitae facit, per hanc
dexteram, per regni fidem moneo obtestorque te uti hos, 15
qui tibi genere propinqui, beneficio meo fratres sunt, caros
habeas neu malis alienos adiungere quam sanguine con-
4 iunctos retinere. Non exercitus neque thesauri praesidia
regni sunt, uerum amici, quos neque armis cogere neque
5 auro parare queas: officio et fide pariuntur. Quis autem 20
amicior quam frater fratri? Aut quem alienum fidum
6 inuenies, si tuis hostis fueris? Equidem ego uobis regnum
trado firmum, si boni eritis, sin mali, inbecillum. Nam
concordia paruae res crescunt, discordia maxumae dilabuntur. 25

7   'Ceterum ante hos te, Iugurtha, qui aetate et sapientia
prior es, ne aliter quid eueniat prouidere decet; nam in
omni certamine qui opulentior est, etiam si accipit in-
8 iuriam, tamen, quia plus potest, facere uidetur. Vos autem,

---

5 te iugurtha *VNF, Don. Ter. An. 35, Eugraph. ibid.*: iugurtha te *XKHD*
6 meum regnum *AβY, Eugraph.*: regnum meum *VP*   7 liberis *del.*
Palmerius   8 falsum me *Ω, Quint. 9. 3. 12*: me falsum *Non. 110. 7*
10 (h)onerauisti *VA²N¹D¹*   14 uitae finem *V*   15 dextram
Kγ   uti *VB*: ut *rell.*   20 parantur *AC¹F²*   21 amicior
VₐB²N: amicitior *P²A²βKγ*   26 qui *VP²A¹βN*: quia *P¹A²C²Kγ*

Adherbal et Hiempsal, colite, obseruate talem hunc
uirum, imitamini uirtutem et enitimini ne ego meliores
liberos sumpsisse uidear quam genuisse.'

    Ad ea Iugurtha, tametsi regem ficta locutum intellege- **11**
5 bat et ipse longe aliter animo agitabat, tamen pro tempore
benigne respondit.

    Micipsa paucis post diebus moritur. Postquam illi more 2
regio iusta magnifice fecerant, reguli in unum conuenere,
ut inter se de cunctis negotiis disceptarent. Sed Hiempsal, 3
10 qui minumus ex illis erat, natura ferox et iam antea ignobilitatem Iurgurthae, quia materno genere inpar erat,
despiciens, dextra Adherbalem adsedit, ne medius ex
tribus, quod apud Numidas honori ducitur, Iugurtha foret.
Dein tamen, ut aetati concederet fatigatus a fratre, uix in 4
15 partem alteram transductus est. Ibi quom multa de 5
administrando imperio dissererent, Iugurtha inter alias
res iacit oportere quinquenni consulta et decreta omnia
rescindi; nam per ea tempora confectum annis Micipsam
parum animo ualuisse. Tum idem Hiempsal placere sibi 6
20 respondit; nam ipsum illum tribus proxumis annis adopta-
tione in regnum peruenisse. Quod uerbum in pectus 7
Iugurthae altius quam quisquam ratus erat descendit.
Itaque ex eo tempore ira et metu anxius moliri, parare 8
atque ea modo cum animo habere quibus Hiempsal per
25 dolum caperetur. Quae ubi tardius procedunt neque 9
lenitur animus ferox, statuit quouis modo inceptum per-
ficere.

    Primo conuentu, quem ab regulis factum supra memo- **12**
raui, propter dissensionem placuerat diuidi thesauros
30 finisque imperi singulis constitui. Itaque tempus ad 2

---

1 colite et C^1F, *Prisc. iii. 455. 33*   8 conuenere ς *et codd. plurimi*
Prisc. ii. 101. 18–19 (-ire *PK*, -iere *L*): -erunt ω 10 ante $A^2\beta$
11 impari PN^1 17 iacit XN^1, *s.s.* D^2, *Schol. Stat. Theb. 1. 411*: ait
$N^2K\gamma$, *s.s.* A^2C^2 20 his tribus $A^2\beta$ 30 tempus *post* rem
(*p. 62.1*) *transp.* ϵ

utramque rem decernitur, sed maturius ad pecuniam dis-
tribuendam. Reguli interea in loca propinqua thesauris
3 alius alio concessere. Sed Hiempsal in oppido Thirmida
forte eius domo utebatur qui, proxumus lictor Iugurthae,
carus acceptusque ei semper fuerat. Quem ille casu 5
ministrum oblatum promissis onerat inpellitque uti tamquam sua uisens domum eat, portarum clauis adulterinas
paret—nam uerae ad Hiempsalem referebantur—ceterum,
ubi res postularet, se ipsum cum magna manu uenturum.
4 Numida mandata breui conficit atque, uti doctus erat, 10
5 noctu Iugurthae milites introducit. Qui postquam in aedis
inrupere, diuorsi regem quaerere, dormientis alios, alios
occursantis interficere, scrutari loca abdita, clausa effrin-
gere, strepitu et tumultu omnia miscere, quom interim
Hiempsal reperitur occultans se tugurio mulieris ancillae, 15
6 quo initio pauidus et ignarus loci perfugerat. Numidae
caput eius, uti iussi erant, ad Iugurtham referunt.

13 Ceterum fama tanti facinoris per omnem Africam breui
diuolgatur. Adherbalem omnisque qui sub imperio Micipsae fuerant metus inuadit. In duas partis discedunt 20
Numidae: plures Adherbalem secuntur, sed illum alterum
2 bello meliores. Igitur Iugurtha quam maxumas potest
copias armat, urbis partim ui, alias uoluntate imperio suo
3 adiungit, omni Numidiae imperare parat. Adherbal,
tametsi Romam legatos miserat qui senatum docerent de 25
caede fratris et fortunis suis, tamen fretus multitudine
4 militum parabat armis contendere. Sed ubi res ad certamen uenit, uictus ex proelio profugit in prouinciam ac

3 Thirmida *oppidum aliunde ignotum*: Thimida *Gsell dub.*　　7 sua
Gruter: suam (*om. D*) ω　　10 conficit *XH*: confecit *N*: perficit *F*:
perfecit *in ras. K*², *D*　　11 in *om. AC*¹　　12 inrumpere *PB*¹*N*:
errupere *K*²　　15 sese ∈　　tugurio ω, *Don. Ter. An. 828*: in *s.s.*
*A*²*B*²*C*², in tugurio *Don. Ter. Ph. 292, Seru. A. 1. 409, 8. 337*
18 omnem] totam *AC*¹　　19 diuulgatur *PBC*²: de- *AC*¹: diuulga-
batur *Kγ*: de- *N*　　28 fugit *Non. 260. 18*

deinde Romam contendit. Tum Iugurtha, patratis con- 5
siliis postquam omnis Numidiae potiebatur, in otio facinus suom cum animo reputans timere populum Romanum
neque aduorsus iram eius usquam nisi in auaritia nobili-
5 tatis et pecunia sua spem habere. Itaque paucis diebus 6
cum auro et argento multo Romam legatos mittit, quis
praecipit primum uti ueteres amicos muneribus expleant,
deinde nouos adquirant, postremo quaecumque possint
largiundo parare ne cunctentur. Sed ubi Romam legati 7
10 uenere et ex praecepto regis hospitibus aliisque quorum ea
tempestate in senatu auctoritas pollebat magna munera
misere, tanta conmutatio incessit ut ex maxuma inuidia in
gratiam et fauorem nobilitatis Iugurtha ueniret. Quorum 8
pars spe, alii praemio inducti singulos ex senatu ambiundo
15 nitebantur ne grauius in eum consuleretur. Igitur ubi 9
legati satis confidunt, die constituto senatus utrisque
datur. Tum Adherbalem hoc modo locutum accepimus:
‘Patres conscripti, Micipsa pater meus moriens mihi 14
praecepit uti regni Numidiae tantummodo procurationem
20 existumarem meam, ceterum ius et imperium eius penes
uos esse; simul eniterer domi militiaeque quam maxumo
usui esse populo Romano; uos mihi cognatorum, uos
adfinium loco ducerem: si ea fecissem, in uostra amicitia
exercitum diuitias munimenta regni me habiturum. Quae 2
25 quom praecepta parentis mei agitarem, Iugurtha, homo
omnium quos terra sustinet sceleratissumus, contempto
imperio uostro Masinissae me nepotem et iam ab stirpe
socium atque amicum populi Romani regno fortunisque
omnibus expulit.
30 ‘Atque ego, patres conscripti, quoniam eo miseriarum 3

1 tunc ε   2 omnis P^1B: omni *rell.*   numidiae $P^1B^2C^2$: numidia $P^2AC^1N\gamma$: numidae B^1K 7 praecipit $A^2\beta N$: -cepit $\alpha K\gamma$
uti primum γ 8 possent ε   23 adfinium loco V: adfinium
locum A^1: in adfinium loco D^2F: in adfinium locum *rell.*   ducere ε
24 exercitus V

uenturus eram, uellem potius ob mea quam ob maiorum
meorum beneficia posse me a uobis auxilium petere, ac
maxume deberi mihi beneficia a populo Romano quibus
non egerem, secundum ea, si desideranda erant, uti debitis
4 uterer. Sed quoniam parum tuta per se ipsa probitas est 5
neque mihi in manu fuit Iugurtha qualis foret, ad uos
confugi, patres conscripti, quibus, quod mihi miserrumum
5 est, cogor prius oneri quam usui esse. Ceteri reges aut
bello uicti in amicitiam a uobis recepti sunt aut in suis
dubiis rebus societatem uostram adpetiuerunt: familia 10
nostra cum populo Romano bello Carthaginiensi amicitiam instituit, quo tempore magis fides eius quam fortuna
6 petunda erat. Quorum progeniem uos, patres conscripti,
nolite pati [me nepotem Masinissae] frustra a uobis
auxilium petere. 15
7 'Si ad inpetrandum nihil causae haberem praeter
miserandam fortunam, quod paulo ante rex genere fama
atque copiis potens, nunc deformatus aerumnis, inops
alienas opes expecto, tamen erat maiestatis populi Romani
prohibere iniuriam neque pati quoiusquam regnum per 20
8 scelus crescere. Verum ego iis finibus eiectus sum quos
maioribus meis populus Romanus dedit, unde pater et
auos meus una uobiscum expulere Syphacem et Carthaginiensis: uostra beneficia mihi erepta sunt, patres con-
9 scripti, uos in mea iniuria despecti estis. Eheu, me 25
miserum! Hucine, Micipsa pater, beneficia tua euasere,
ut quem tu parem cum liberis tuis regnique participem
fecisti, is potissumum stirpis tuae extinctor sit? Num-
quamne ergo familia nostra quieta erit? Semperne in

2 posse me a] possem ea N: possem a A¹: posse a V   4 secun-
dum] sed C²N²K¹γ   9 sunt a uobis recepti HD: sunt recepti a
uobis F   11–12 instituit amicitiam γ   14 secl. Bongarsius (cf.
14. 2)   16 si] sed si γ   17–18 genere atque fama copiis A¹:
genere atque fama et copiis A²C   19 expeto A²β   25 heu
A²CN²H, Incert. de ult. syll. iv. 256. 4   26 huccine B²γ   27 tuis
om. V   28 is] id V   28 numquam VP¹

sanguine ferro fuga uorsabitur? Dum Carthaginienses 10
incolumes fuere, iure omnia saeua patiebamur: hostes ab
latere, uos amici procul, spes omnis in armis erat. Postquam illa pestis ex Africa eiecta est, laeti pacem agita-
5 bamus, quippe quis hostis nullus erat, nisi forte quem uos
iussissetis. Ecce autem ex inprouiso Iugurtha, intoleranda 11
audacia scelere atque superbia sese ecferens, fratre meo
atque eodem propinquo suo interfecto primum regnum
eius sceleris sui praedam fecit; post, ubi me isdem dolis
10 nequit capere, nihil minus quam uim aut bellum expectan-
tem in imperio uostro, sicuti uidetis extorrem patria domo,
inopem et coopertum miseriis effecit ut ubiuis tutius quam
in meo regno essem.
   'Ego sic existumabam, patres conscripti, uti praedi- 12
15 cantem audiueram patrem meum, qui uostram amicitiam
diligenter colerent, eos multum laborem suscipere,
ceterum ex omnibus maxume tutos esse. Quod in familia 13
nostra fuit, praestitit uti in omnibus bellis adesset uobis:
nos uti per otium tuti simus, in uostra manu est, patres
20 conscripti. Pater nos duos fratres reliquit, tertium Iugur- 14
tham beneficiis suis ratus est coniunctum nobis fore. Alter
eorum necatus est, alterius ipse ego manus inpias uix
effugi. Quid agam? Aut quo potissumum infelix adcedam? 15
Generis praesidia omnia extincta sunt. Pater, uti necesse
25 erat, naturae concessit; fratri, quem minume decuit, propinquos per scelus uitam eripuit; adfinis amicos propinquos ceteros meos alium alia clades oppressit: capti ab
Iugurtha pars in crucem acti, pars bestiis obiecti sunt,
pauci, quibus relicta est anima, clausi in tenebris cum
30 maerore et luctu morte grauiorem uitam exigunt.

1 uersabitur *VPA²BC²D²*: -abimur *A¹δHF, fort. C¹*: -amur *D¹*
7 atque] et *V*   sese] se *VBC²*: *om. P*   10 non quit *VP²*
11 sicuti *Nγ*: sicut *XK*   12 ut] et *V*   13 meo regno *αCδ*:
regno meo *VBγ*   14 ut *γ*   16 laboris *V*   19 ut *γ*
sumus *V*   21 suis *om. AC*   25 fratri *om. N¹K¹*   27 meos
om. V   29 anima est *V*   30 et] atque *V*

16 'Si omnia quae aut amisi aut ex necessariis aduorsa facta
sunt incolumia manerent, tamen, si quid ex inprouiso mali
adcidisset, uos inplorarem, patres conscripti, quibus pro
magnitudine imperi ius et iniurias omnis curae esse decet.
17 Nunc uero exul patria domo, solus atque omnium hones- 5
tarum rerum egens, quo adcedam aut quos appellem?
Nationesne an reges, qui omnes familiae nostrae ob uostram amicitiam infesti sunt? An quoquam mihi adire licet
ubi non maiorum meorum hostilia monumenta pluruma
sint? Aut quisquam nostri misereri potest, qui aliquando 10
18 uobis hostis fuit? Postremo Masinissa nos ita instituit,
patres conscripti, ne quem coleremus nisi populum
Romanum, ne societates, ne foedera noua acciperemus:
abunde magna praesidia nobis in uostra amicitia fore; si
huic imperio fortuna mutaretur, una occidundum nobis 15
19 esse. Virtute ac dis uolentibus magni estis et opulenti,
omnia secunda et oboedientia sunt: quo facilius sociorum
iniurias curare licet.
20   'Tantum illud uereor, ne quos priuata amicitia Iugurthae parum cognita transuorsos agat. Quos ego audio 20
maxuma ope niti, ambire, fatigare uos singulos ne quid de
absente incognita causa statuatis: fingere me uerba et
21 fugam simulare, quoi licuerit in regno manere. Quod
utinam illum, quoius inpio facinore in has miserias
proiectus sum, eadem haec simulantem uideam, et ali- 25
quando aut apud uos aut apud deos inmortalis rerum
humanarum cura oriatur: ne ille qui nunc sceleribus suis
ferox atque praeclarus est, omnibus malis excruciatus
inpietatis in parentem nostrum, fratris mei necis mearum-
22 que miseriarum grauis poenas reddat. Iam iam, frater 30
animo meo carissume, quamquam tibi inmaturo et unde
minume decuit uita erepta est, tamen laetandum magis

6 accidam *Don. Ter. Hec. 378*   7 an] aut ϵ 9 monimenta
hostilia *HD*: hostilia *F*   13 ne²] neu *V*   27 ne *VaN*¹: ut *P²βγ*,
s.s. *A²N²*   30 iam *semel γ*

quam dolendum puto casum tuom; non enim regnum, sed 23
fugam exilium egestatem et omnis has quae me premunt
aerumnas cum anima simul amisisti. At ego infelix, in
tanta mala praecipitatus ex patrio regno, rerum huma-
5 narum spectaculum praebeo, incertus quid agam, tuasne
iniurias persequar ipse auxili egens an regno consulam,
quoius uitae necisque potestas ex opibus alienis pendet.
Vtinam emori fortunis meis honestus exitus esset neu iure 24
contemptus uiderer, si defessus malis iniuriae conces-
10 sissem. Nunc neque uiuere lubet neque mori licet sine
dedecore.

'Patres conscripti, per uos, per liberos atque parentis 25
uostros, per maiestatem populi Romani, subuenite mihi
misero, ite obuiam iniuriae, nolite pati regnum Numidiae,
15 quod uostrum est, per scelus et sanguinem familiae
nostrae tabescere.'

Postquam rex finem loquendi fecit, legati Iugurthae, **15**
largitione magis quam causa freti, paucis respondent:
Hiempsalem ob saeuitiam suam ab Numidis interfectum,
20 Adherbalem ultro bellum inferentem, postquam superatus
sit, queri quod iniuriam facere nequiuisset; Iugurtham ab
senatu petere ne se alium putarent ac Numantiae cognitus
esset, neu uerba inimici ante facta sua ponerent. Deinde
utrique curia egrediuntur. Senatus statim consulitur. 2
25 Fautores legatorum, praeterea senatus magna pars gratia
deprauata Adherbalis dicta contemnere, Iugurthae uirtutem extollere laudibus; gratia, uoce, denique omnibus
modis pro alieno scelere et flagitio, sua quasi pro gloria,
nitebantur. At contra pauci, quibus bonum et aequom diui- 3
30 tiis carius erat, subueniundum Adherbali et Hiempsalis
mortem seuere uindicandam censebant, sed ex omnibus 4

2 has omnes γ   8 neu iure *Vl et fort. P*[1]: ne iure *B*[1]: ne uiuere *rell.*
10 emori *V*   12–13 per uos ... Romani *om. V*   13–14 mihi misero
mihi *A*[1]: misero mihi *V*ε   19 ab] a γ   25 senatus *om. A*[1]*N*
magna senatus pars *D*[1]: magna pars senatus *D*[2]*F*   28 suo *AC*[1]

maxume Aemilius Scaurus, homo nobilis inpiger factio-
sus, auidus potentiae honoris diuitiarum, ceterum uitia
5 sua callide occultans. Is postquam uidet regis largitionem
famosam inpudentemque, ueritus, quod in tali re solet, ne
†polluta† licentia inuidiam adcenderet, animum a con- 5
16 sueta lubidine continuit. Vicit tamen in senatu pars illa
2 quae uero pretium aut gratiam anteferebat. Decretum fit
uti decem legati regnum quod Micipsa obtinuerat inter
Iugurtham et Adherbalem diuiderent. Quoius legationis
princeps fuit L. Opimius, homo clarus et tum in senatu 10
potens, quia consul C. Graccho et M. Fuluio Flacco interfectis acerrume uictoriam nobilitatis in plebem exercuerat.
3 Eum Iugurtha, tametsi Romae in inimicis habuerat, tamen
adcuratissume recepit, dando et pollicendo multa perfecit
uti fama, fide, postremo omnibus suis rebus commodum 15
4 regis anteferret. Relicuos legatos eadem uia adgressus
5 plerosque capit, paucis carior fides quam pecunia fuit. In
diuisione quae pars Numidiae Mauretaniam adtingit, agro
uirisque opulentior, Iugurthae traditur; illam alteram
specie quam usu potiorem, quae portuosior et aedificiis 20
magis exornata erat, Adherbal possedit.
17 Res postulare uidetur Africae situm paucis exponere et
eas gentis quibuscum nobis bellum aut amicitia fuit adtin-
2 gere. Sed quae loca et nationes ob calorem aut asperitatem, item solitudines minus frequentata sunt, de iis haud 25
facile conpertum narrauerim; cetera quam paucissumis
absoluam.
3 In diuisione orbis terrae plerique in parte tertia Africam
posuere, pauci tantummodo Asiam et Europam esse, sed
4 Africam in Europa. Ea finis habet ab occidente fretum 30
nostri maris et Oceani, ab ortu solis decliuem latitudinem,

uidit A^2C 4 solet fieri A^2B^2C 5 polluta *suspectum*:
prouoluta *Shackleton Bailey*: *an* prompta, prolata, aperta *uel sim.?*
8 decem *om.* B, *del.* C   13 inimicis *Beroaldus*: amicis ω
14 pollicitando ε   15 famae ς   20 usui A^1N^1

quem locum Catabathmon incolae appellant. Mare 5
saeuom, inportuosum; ager frugum fertilis, bonus pecori,
arbori infecundus; caelo terraque penuria aquarum.
Genus hominum salubri corpore, uelox, patiens laborum; 6
5 plerosque senectus dissoluit, nisi qui ferro aut bestiis
interiere, nam morbus haud saepe quemquam superat. Ad
hoc malefici generis pluruma animalia.

Sed qui mortales initio Africam habuerint quique 7
postea adcesserint aut quo modo inter se permixti sint,
o quamquam ab ea fama quae plerosque obtinet diuorsum
est, tamen uti ex libris Punicis qui regis Hiempsalis dicebantur interpretatum nobis est, utique rem sese habere
cultores eius terrae putant, quam paucissumis dicam.
Ceterum fides eius rei penes auctores erit.

5 Africam initio habuere Gaetuli et Libyes, asperi incul- 18
tique, quis cibus erat caro ferina atque humi pabulum uti
pecoribus. Ii neque moribus neque lege aut imperio 2
quoiusquam regebantur: uagi, palantes, quas nox coege-
rat sedes habebant. Sed postquam in Hispania Hercules, 3
20 sicuti Afri putant, interiit, exercitus eius, conpositus ex
uariis gentibus, amisso duce ac passim multis sibi
quisque imperium petentibus, breui dilabitur. Ex eo 4
numero Medi, Persae et Armenii nauibus in Africam
transuecti proxumos nostro mari locos occupauere, sed 5
25 Persae intra Oceanum magis, iique alueos nauium in-
uorsos pro tuguriis habuere, quia neque materia in agris
neque ab Hispanis emundi aut mutandi copia erat: mare 6
magnum et ignara lingua conmercio prohibebant. Ii 7
paulatim per conubia Gaetulos secum miscuere et, quia
30 saepe temptantes agros alia, deinde alia loca petiuerant,

3 arbori ω, *Fro. 98. 24*: arbore *Arus. vii. 473. 19*   5 ac plerosque
Fro.   6 interire ε   quem *A*[1] *in fine pag., Fro.*   9 sint γ: sunt
rell.   17 aut] neque ε   23 armenii *H*: -meni *rell.*
28 commercio α*C*[1], *fort. N*[1]: -ia *A*[2]*BC*[2]*N*[2]γ   30 dein deinde *AC*
loca *om. A*[1]*C*[1]

8 semet ipsi Nomadas appellauere. Ceterum adhuc aedificia
Numidarum agrestium, quae mapalia illi uocant, oblonga,
9 incuruis lateribus tecta, quasi nauium carinae sunt. Medis
autem et Armeniis adcessere Libyes—nam ii propius mare
Africum agitabant, Gaetuli sub sole magis, haud procul ab 5
ardoribus—iique mature oppida habuere; nam freto diuisi
10 ab Hispania mutare res inter se instituerant. Nomen
eorum paulatim Libyes corrupere, barbara lingua Mauros
11 pro Medis appellantes. Sed res Persarum breui adoleuit,
ac postea nomine Numidae, propter multitudinem a 10
parentibus digressi, possedere ea loca quae proxuma
12 Carthaginem Numidia appellatur. Deinde utrique alteris
freti finitumos armis aut metu sub imperium suom
coegere, nomen gloriamque sibi addidere, magis ii qui ad
nostrum mare processerant, quia Libyes quam Gaetuli 15
minus bellicosi. Denique Africae pars inferior pleraque ab
Numidis possessa est, uicti omnes in gentem nomenque
imperantium concessere.

19 Postea Phoenices, alii multitudinis domi minuendae
gratia, pars imperi cupidine, sollicitata plebe et aliis 20
nouarum rerum auidis, Hipponem Hadrumetum Leptim
aliasque urbis in ora marituma condidere, eaeque breui
multum auctae, pars originibus suis praesidio, aliae decori
2 fuere. Nam de Carthagine silere melius puto quam parum
dicere, quoniam alio properare tempus monet. 25
3 Igitur ad Catabathmon, qui locus Aegyptum ab Africa
diuidit, secundo mari prima Cyrene est, colonia Ther-
aeon, ac deinceps duae Syrtes interque eas Leptis, deinde

1 ipsos P^2: ipsis H nomadas α: numidas P^2A^2 *rell.*   2 illi
mappalia ε   mapalia *PB*: mapp- *rell.*   3 tecta $A^2\beta ND^2F^2$: -to
αγ   4 armeniis $A^2C^1NH^2\epsilon$: -nis $\alpha BC^2H^1D^2$ 5 africam $A^2\beta$
10 numidae D^2F^2: -iae ω   11 proxima *Arus. vii. 498. 17, Diom. i. 410.*
9: -ime ω   12 Carthagine *Arus.*: -ini *Diom.* (cf. 19. 4)   21 Lep-
tim] *scil.* Leptim Minorem *uel* Lepti Minus   28 Leptis] *scil.* Leptis
(*uel potius* Lepcis) Magna

Philaenon arae, quem locum Aegyptum uorsus finem
imperi habuere Carthaginienses, post aliae Punicae urbes.
Cetera loca usque ad Mauretaniam Numidae tenent, 4
proxumi Hispanias Mauri sunt. Super Numidiam Gaetu- 5
5 los accepimus partim in tuguriis, alios incultius uagos
agitare, post eos Aethiopas esse, dehinc loca exusta solis 6
ardoribus.

Igitur bello Iugurthino pleraque ex Punicis oppida et 7
finis Carthaginiensium quos nouissume habuerant popu-
10 lus Romanus per magistratus administrabat; Gaetulorum
magna pars et Numidae usque ad flumen Muluccham sub
Iugurtha erant; Mauris omnibus rex Bocchus imperitabat,
praeter nomen cetera ignarus populi Romani itemque
nobis neque bello neque pace antea cognitus. De Africa et 8
15 eius incolis ad necessitudinem rei satis dictum.

Postquam diuiso regno legati Africa decessere et **20**
Iugurtha contra timorem animi praemia sceleris adeptum
sese uidet, certum esse ratus quod ex amicis apud Numantiam acceperat, omnia Romae uenalia esse, simul et
20 illorum pollicitationibus adcensus quos paulo ante muneribus expleuerat, in regnum Adherbalis animum intendit.
Ipse acer, bellicosus; at is quem petebat quietus, inbellis, 2
placido ingenio, opportunus iniuriae, metuens magis
quam metuendus. Igitur ex inprouiso finis eius cum 3
25 magna manu inuadit, multos mortalis cum pecore atque
alia praeda capit, aedificia incendit, pleraque loca hostiliter cum equitatu adcedit; deinde cum omni multitudine 4
in regnum suom conuortit, existumans Adherbalem
dolore permotum iniurias suas manu uindicaturum
30 eamque rem belli causam fore. At ille, quod neque se 5

---

4 proximi *Pl, Arus.*: -ime *rell.*   hispanias *Pl*: hispaniam *rell.*: hispania *Arus., cf. Isid. Orig. 9. 2. 122 (cf. 18. 11)*   6 dehinc *PB*: dein *rell.*
(cf. C. 3. 2, I. 5. 1)   11 numidae *P²ABN¹H*: -iae *rell.*   ad *om. γ*
muluccham *PBC²*: -ucham *rell.*   26-7 hostiliter loca *γ*
28-9 dolore permotum adherbalem *γ*

parem armis existumabat et amicitia populi Romani magis
quam Numidis fretus erat, legatos ad Iugurtham de iniuriis questum misit. Qui tametsi contumeliosa dicta retule-
rant, prius tamen omnia pati decreuit quam bellum
6 sumere, quia temptatum antea secus cesserat. Neque eo 5
magis cupido Iugurthae minuebatur, quippe qui totum
7 eius regnum animo iam inuaserat. Itaque non uti antea
cum praedatoria manu, sed magno exercitu conparato
bellum gerere coepit et aperte totius Numidiae imperium
8 petere. Ceterum qua pergebat urbis agros uastare, praedas 10
agere, suis animum hostibus terrorem augere.

21 Adherbal ubi intellegit eo processum uti regnum aut
relinquendum esset aut armis retinendum, necessario
2 copias parat et Iugurthae obuius procedit. Interim haud
longe a mari prope Cirtam oppidum utriusque exercitus 15
consedit et, quia diei extremum erat, proelium non inceptum. Sed ubi plerumque noctis processit, obscuro etiam
tum lumine milites Iugurthini signo dato castra hostium
inuadunt, semisomnos partim, alios arma sumentis fugant
funduntque. Adherbal cum paucis equitibus Cirtam pro- 20
fugit, et ni multitudo togatorum fuisset, quae Numidas
insequentis moenibus prohibuit, uno die inter duos reges
3 coeptum atque patratum bellum foret. Igitur Iugurtha
oppidum circumsedit, uineis turribusque et machinis
omnium generum expugnare adgreditur, maxume festi- 25
nans tempus legatorum antecapere, quos ante proelium
factum ab Adherbale Romam missos audiuerat.

4 Sed postquam senatus de bello eorum accepit, tres
adulescentes in Africam legantur qui ambos reges adeant,
senatus populique Romani uerbis nuntient uelle et cen- 30
sere eos ab armis discedere, de controuorsiis suis iure
potius quam bello disceptare: ita seque illisque dignum
22 esse. Legati in Africam maturantes ueniunt, eo magis

quod Romae, dum proficisci parant, de proelio facto et
oppugnatione Cirtae audiebatur; sed is rumor clemens
erat. Quorum Iugurtha accepta oratione respondit sibi 2
neque maius quicquam neque carius auctoritate senatus
5 esse; ab adulescentia ita se enisum ut ab optumo quoque
probaretur; uirtute, non malitia P. Scipioni, summo uiro,
placuisse; ob easdem artis a Micipsa, non penuria liberorum in regnum adoptatum esse. Ceterum, quo plura 3
bene atque strenue fecisset, eo animum suom iniuriam
10 minus tolerare. Adherbalem dolis uitae suae insidiatum; 4
quod ubi conperisset, sceleri eius obuiam isse: populum
Romanum neque recte neque pro bono facturum, si ab
iure gentium sese prohibuerit. Postremo de omnibus
rebus legatos Romam breui missurum. Ita utrique digredi- 5
15 untur. Adherbalis appellandi copia non fuit.

Iugurtha ubi eos Africa decessisse ratus est neque **23**
propter loci naturam Cirtam armis expugnare potest, uallo
atque fossa moenia circumdat, turris extruit easque
praesidiis firmat; praeterea dies noctisque aut per uim aut
20 dolis temptare, defensoribus moenium praemia modo,
modo formidinem ostentare; suos hortando ad uirtutem
adrigere; prorsus intentus cuncta parare. Adherbal ubi 2
intellegit omnis suas fortunas in extremo sitas, hostem
infestum, auxili spem nullam, penuria rerum necessari-
25 arum bellum trahi non posse, ex iis qui una Cirtam profugerant duos maxume inpigros delegit; eos multa
pollicendo ac miserando casum suom confirmat uti per
hostium munitiones noctu ad proxumum mare, dein
Romam pergerent.

30 Numidae paucis diebus iussa efficiunt. Litterae Adher- **24**
balis in senatu recitatae, quarum sententia haec fuit:

'Non mea culpa saepe ad uos oratum mitto, patres 2

4–5 esse auctoritate senatus γ 8 quo A^1: quod *rell.*
22 arrigere X: erigere Y 23 fortunas suas γ 31 fuit haec ϵ
32 ad *om. V*

conscripti, sed uis Iugurthae subigit, quem tanta lubido
extinguendi me inuasit ut neque uos neque deos inmortalis in animo habeat, sanguinem meum quam omnia malit.
3 Itaque quintum iam mensem socius et amicus populi
Romani armis obsessus teneor, neque mihi Micipsae 5
patris mei beneficia neque uostra decreta auxiliantur;
ferro an fame acrius urgear incertus sum.
4 'Plura de Iugurtha scribere dehortatur me fortuna mea,
5 et iam antea expertus sum parum fidei miseris esse; nisi
tamen intellego illum supra quam ego sum petere neque 10
simul amicitiam uostram et regnum meum sperare: utrum
6 grauius existumet nemini occultum est. Nam initio occidit
Hiempsalem fratrem meum, deinde patrio regno me
expulit. Quae sane fuerint nostrae iniuriae, nihil ad uos;
7 uerum nunc uostrum regnum armis tenet; me, quem uos 15
imperatorem Numidis posuistis, clausum obsidet; lega-
8 torum uerba quanti fecerit pericula mea declarant. Quid
9 est relicuom nisi uis uostra quo moueri possit? Nam ego
quidem uellem et haec quae scribo et illa quae antea in
senatu questus sum uana forent potius quam miseria mea 20
fidem uerbis faceret.
10 'Sed quoniam eo natus sum ut Iugurthae scelerum
ostentui essem, non iam mortem neque aerumnas, tantummodo inimici imperium et cruciatus corporis deprecor.
Regno Numidiae, quod uostrum est, uti lubet consulite; 25
me manibus inpiis eripite, per maiestatem imperi, per
amicitiae fidem, si ulla apud uos memoria remanet aui mei
Masinissae.'

25   His litteris recitatis fuere qui exercitum in Africam

1 subiit *P*: subicit *A*¹: subegit *H*   2 me extinguendi γ   4 iam
quintum ϵ   6 mei *om.* *V*   7 incertum est *VP*²   9 ni ϵ
13 fratrem meum hiempsalem ϵ   dein *VF*   14 expuli *V*   15 regnum uestrum *Cϵ*   16 obsidet] tenet atque obsidet ϵ   18 uestra
uis *V*   quo moueri] commoueri *V*   quo *N*²γ: a quo *A*¹*N*¹: qua *A*²β:
a qua *PD*², *olim* *N*²   19 scripsi *V*   24 cruciatum *V*
post deprecor *add.* ut euadam *H*²ϵ   26 manibus *VPB*: ex manibus *rell.*

mittundum censerent et quam primum Adherbali subueniundum; de Iugurtha interim uti consuleretur, quoniam legatis non paruisset. Sed ab isdem illis regis 2
fautoribus summa ope enisum ne tale decretum fieret. Ita 3
5 bonum publicum, ut in plerisque negotiis solet, priuata
gratia deuictum. Legantur tamen in Africam maiores natu 4
nobiles, amplis honoribus usi. In quis fuit M. Scaurus, de
quo supra memorauimus, consularis et tum senatus princeps. Ii, quod res in inuidia erat, simul et ab Numidis 5
o obsecrati, triduo nauem ascendere; dein breui Vticam
adpulsi litteras ad Iugurtham mittunt: quam ocissume ad
prouinciam adcedat, seque ad eum ab senatu missos. Ille 6
ubi accepit homines claros, quorum auctoritatem Romae
pollere audiuerat, contra inceptum suom uenisse, primo
5 conmotus metu atque lubidine diuorsus agitabatur: time- 7
bat iram senatus, ni paruisset legatis; porro animus cupidine caecus ad inceptum scelus rapiebat. Vicit tamen in 8
auido ingenio prauom consilium. Igitur exercitu circum- 9
dato summa ui Cirtam inrumpere nititur, maxume sperans
o diducta manu hostium aut ui aut dolis sese casum
uictoriae inuenturum. Quod ubi secus procedit neque 10
quod intenderat efficere potest, ut prius quam legatos con-
ueniret Adherbalis potiretur, ne amplius morando Scaurum, quem plurumum metuebat, incenderet, cum paucis
5 equitibus in prouinciam uenit. Ac tametsi senati uerbis 11
graves minae nuntiabantur quod ab oppugnatione non
desisteret, multa tamen oratione consumpta legati frustra
discessere.

 Ea postquam Cirtae audita sunt, Italici, quorum uirtute **26**

4 enisum αN^1: enisum est $A^2βN^2γ$ 6 deuictum est $A^2γ$
7 usi *om.* $H^1D^1F^1$ 8 senatus] in senatu $A^2β$ 9 ab B^2Q (*cf. 15.
1, 18. 12, 48. 3, 66. 4, 95. 3, 96. 2*): a *rell.*   10 nauem αCN^1: nauim *rell.*
17 rapiebat *PN*: -batur $Aβε$: pariebat H in *om.* D^1F 20 diducta
$N^1ε$: ducta X: de- H: con- N^2 25 senati αN: -tus $A^2βγ$
27 legati *om.* A^1C^1 29 itali $γ$

moenia defensabantur, confisi deditione facta propter
magnitudinem populi Romani inuiolatos sese fore, Adherbali suadent uti seque et oppidum Iugurthae tradat,
tantum ab eo uitam paciscatur; de ceteris senatui curae
2 fore. At ille, tametsi omnia potiora fide Iugurthae rebatur, 5
tamen quia penes eosdem, si aduorsaretur, cogendi
potestas erat, ita uti censuerant Italici deditionem facit.
3 Iugurtha in primis Adherbalem excruciatum necat, deinde
omnis puberes Numidas atque negotiatores promiscue,
uti quisque armatus obuius fuerat, interficit.   10

27 Quod postquam Romae cognitum est et res in senatu
agitari coepta, idem illi ministri regis interpellando ac
saepe gratia, interdum iurgiis trahundo tempus atroci-
2 tatem facti leniebant. Ac ni C. Memmius tribunus plebis
designatus, uir acer et infestus potentiae nobilitatis, popu- 15
lum Romanum edocuisset id agi ut per paucos factiosos
Iugurthae scelus condonaretur, profecto omnis inuidia
prolatandis consultationibus dilapsa foret: tanta uis
3 gratiae atque pecuniae regis erat. Sed ubi senatus delicti
conscientia populum timet, lege Sempronia prouinciae 20
4 futuris consulibus Numidia atque Italia decretae; consules
declarati P. Scipio Nasica, L. Bestia Calpurnius; Calpur-
5 nio Numidia, Scipioni Italia obuenit. Deinde exercitus qui
in Africam portaretur scribitur, stipendium aliaque quae
bello usui forent decernuntur.   25

28 At Iugurtha contra spem nuntio accepto, quippe quoi
Romae omnia uenire in animo haeserat, filium et cum eo
duos familiaris ad senatum legatos mittit iisque uti illis

5 fore] foret N: esse ε   fidei AC   7 facit XF¹: fecit NHDF²
10 armatus PA²β: -tis A¹Y   interficit X: -fecit Y   12 illi idem ε
14 post plebis add. legatus AC   22 L. bestia calpurnius C²HF: L.
bestia C. B: L. bestia calpurnius L. bestiae A¹C¹: L. bestia calpurnius L.
bestia C. A²: L. calpurnius bestia ND²: L. bestia PD¹   27 uenire
aN¹F¹D: uenum ire A²βH: uenalia N²F²   inhaeserat A²β

quos Hiempsale interfecto miserat praecipit omnis mortalis pecunia adgrediantur. Qui postquam Romam aduen- 2
tabant, senatus a Bestia consultus est, placeretne legatos
Iugurthae recipi moenibus, iique decreuere, nisi regnum
5 ipsumque deditum uenissent, uti in diebus proxumis
decem Italia decederent. Consul Numidis ex senatus 3
decreto nuntiari iubet; ita infectis rebus illi domum
discedunt.

    Interim Calpurnius parato exercitu legat sibi homines 4
10 nobilis factiosos, quorum auctoritate quae deliquisset
munita fore sperabat. In quis fuit Scaurus, quoius de
natura et habitu supra memorauimus. Nam in consule 5
nostro multae bonaeque artes ⟨et⟩ animi et corporis erant,
quas omnis auaritia praepediebat: patiens laborum, acri
15 ingenio, satis prouidens, belli haud ignarus, firmissumus
contra pericula et inuidias. Sed legiones per Italiam 6
Regium atque inde Siciliam, porro ex Sicilia in Africam
transuectae. Igitur Calpurnius initio paratis conmeatibus 7
acriter Numidiam ingressus est, multosque mortalis et
20 urbis aliquot pugnando cepit.

    Sed ubi Iugurtha per legatos pecunia temptare bellique **29**
quod administrabat asperitatem ostendere coepit, animus
aeger auaritia facile conuorsus est. Ceterum socius et 2
administer omnium consiliorum adsumitur Scaurus, qui
25 tametsi a principio plerisque ex factione eius corruptis
acerrume regem inpugnauerat, tamen magnitudine pecuniae a bono honestoque in prauom abstractus est. Sed 3
Iugurtha primo tantummodo belli moram redimebat,
existumans sese aliquid interim Romae pretio aut gratia

1 praecipit X: -cepit Y *post* omnes *add.* ut ϵ 2 romae ϵ
6 senati *Dietsch*   7 illi ... ita ϵ 8 discedunt] reuersi sunt ϵ
10 auctoritate $A^2B^2C^2N^2H^2D^2F$: -tas $\alpha B^1N^1H^1D^1$: -tates C^1 13 et^1
Fro. 99. 6: *om.* ω 16 inuidias αN, *Fro.*: insidias $A^2\beta\gamma$
17 regium $A^1C^1NH^1D^2F$: rhegium PA^2: hegium BC^2H^2: regnum D^1
18 transuectae sunt γ 28 primo A^1Y: primum $PA^2\beta$ 29 se γ

effecturum. Postea uero quam participem negoti Scaurum accepit, in maxumam spem adductus recuperandae pacis statuit cum iis de omnibus pactionibus praesens agere.

4 Ceterum interea fidei causa mittitur a consule Sextius quaestor in oppidum Iugurthae Vagam. Quoius rei species 5 erat acceptio frumenti quod Calpurnius palam legatis imperauerat, quoniam deditionis mora indutiae agitaban-

5 tur. Igitur rex, uti constituerat, in castra uenit, ac pauca praesenti consilio locutus de inuidia facti sui atque uti in deditionem acciperetur, relicua cum Bestia et Scauro 10 secreta transigit; dein postero die quasi per saturam

6 sententiis exquisitis in deditionem accipitur. Sed, uti pro consilio imperatum erat, elephanti triginta, pecus atque equi multi cum paruo argenti pondere quaestori tradun-

7 tur. Calpurnius Romam ad magistratus rogandos pro- 15 ficiscitur. In Numidia et exercitu nostro pax agitabatur.

30 Postquam res in Africa gestas quoque modo actae forent fama diuolgauit, Romae per omnis locos et conuentus de facto consulis agitari. Apud plebem grauis inuidia, patres solliciti erant: probarentne tantum flagitium an decretum 20

2 consulis subuorterent parum constabat. Ac maxume eos potentia Scauri, quod is auctor et socius Bestiae ferebatur,

3 a uero bonoque inpediebat. At C. Memmius, quoius de libertate ingeni et odio potentiae nobilitatis supra diximus, inter dubitationem et moras senatus contionibus populum 25 ad uindicandum hortari, monere ne rem publicam, ne libertatem suam desererent, multa superba et crudelia facinora nobilitatis ostendere; prorsus intentus omni modo plebis animum accendebat.

4 Sed quoniam ea tempestate Romae Memmi facundia 30

2 acceperat γ   adductus spem ε   5 uagam $A^1N^1H^1D^1$:
uacam $A^2C^1N^2H^2$: uaccam PBC^2D^2F 9 locutus consilio ε
11 transegit N^2H^1ε   16 agebatur A^1C^1 17 africam AC^1
26 ne rem publicam] ne rem p. N^1: rem p̄. A^1: P.R. *uel* p̄. romanum *uel*
sim. $PA^2β$: populum r. ne rem p. $N^2γ$ 27 et *om.* D^1F
29 incendebat P

clara pollensque fuit, decere existumaui unam ex tam
multis orationem eius perscribere, ac potissumum ea
dicam quae in contione post reditum Bestiae huiusce
modi uerbis disseruit:

5 'Multa me dehortantur a uobis, Quirites, ni studium rei **31**
publicae omnia superet: opes factionis, uostra patientia,
ius nullum, ac maxume quod innocentiae plus periculi
quam honoris est. Nam illa quidem piget dicere, his annis 2
quindecim quam ludibrio fueritis superbiae paucorum,
10 quam foede quamque inulti perierint uostri defensores, ut
uobis animus ab ignauia atque socordia corruptus sit, qui 3
ne nunc quidem obnoxiis inimicis exsurgitis atque etiam
nunc timetis eos quibus decet terrori esse. Sed quamquam 4
haec talia sunt, tamen obuiam ire factionis potentiae
15 animus subigit. Certe ego libertatem quae mihi a parente 5
meo tradita est experiar; uerum id frustra an ob rem
faciam, in uostra manu situm est, Quirites.

'Neque ego uos hortor, quod saepe maiores uostri 6
fecere, uti contra iniurias armati eatis. Nihil ui, nihil
20 secessione opus est: necesse est suomet ipsi more praeci-
pites eant. Occiso Ti. Graccho, quem regnum parare 7
aiebant, in plebem Romanam quaestiones habitae sunt;
post C. Gracchi et M. Fului caedem item uostri ordinis
multi mortales in carcere necati sunt: utriusque cladis non
25 lex, uerum lubido eorum finem fecit. Sed sane fuerit regni 8
paratio plebi sua restituere; quicquid sine sanguine
ciuium ulcisci nequitur iure factum sit. Superioribus annis 9
taciti indignabamini aerarium expilari, reges et populos

2 orationem eius *X*: eius orationem *H*: orationibus eius *N*: eius
orationibus ε   ea *A*¹*Y*: eam *PA*²β   3 quam *A*²*B*²*C*
9 quindecim *suspectum*: xx ς   10 inulti] inuiti *V*: multi *BD*¹
12 obnoxiis *VXN*¹: -noxii *N*²ε: -nixi (-ii *H*²) *H*   14 talia haec ε
sint γ   ire obuiam *B*ε   potentiae factionis *V*   17 est Quirites]
estq. *V*   18 uos ego ε   20 suimet *A*²β   23 C. *om.* ε
23-4 multi uestri ordinis ε   24 mortales *om. D*¹*F*   28 indig-
nabimini *A*¹*P*

liberos paucis nobilibus uectigal pendere, penes eosdem
et summam gloriam et maxumas diuitias esse. Tamen haec
talia facinora inpune suscepisse parum habuere; itaque
postremo leges, maiestas uostra, diuina et humana omnia
10 hostibus tradita sunt. Neque eos qui ea fecere pudet aut 5
paenitet, sed incedunt per ora uostra magnifici, sacerdotia
et consulatus, pars triumphos suos ostentantes; proinde
11 quasi ea honori, non praedae habeant. Serui aere parati
iniusta imperia dominorum non perferunt: uos, Quirites,
12 in imperio nati aequo animo seruitutem toleratis? At qui 10
sunt ii qui rem publicam occupauere? Homines sceleratis-
sumi, cruentis manibus, immani auaritia, nocentissumi et
idem superbissumi, quibus fides decus pietas, postremo
13 honesta atque inhonesta omnia quaestui sunt. Pars eorum
occidisse tribunos plebis, alii quaestiones iniustas, pleri- 15
14 que caedem in uos fecisse pro munimento habent. Ita
quam quisque pessume fecit, tam maxume tutus est:
metum ab scelere suo ad ignauiam uostram transtulere,
quos omnis eadem cupere, eadem odisse, eadem metuere
15 in unum coegit. Sed haec inter bonos amicitia, inter malos 20
16 factio est. Quod si tam uos libertatis curam haberetis quam
illi ad dominationem adcensi sunt, profecto neque res
publica sicuti nunc uastaretur et beneficia uostra penes
17 optumos, non audacissumos forent. Maiores uostri pa-
randi iuris et maiestatis constituendae gratia bis per seces- 25
sionem armati Auentinum occupauere: uos pro libertate
quam ab illis accepistis nonne summa ope nitemini, atque

4–5 hostibus omnia ε   7 proinde $Va N^1$: perinde $P^2 A^2 \beta N^2 \gamma$
8 honores non praedas V 9 imperia iniusta $N^1 \epsilon$ Quirites *om. V*
12–13 et idem $VP\beta$: idemque AY 16 ita ω, *Seru. A. 7. 787*: itaque
VN^2 18 ab VP: a *rell.*   transtulere uestram ε   19 idem
cupere VP^2 odisse et *Don. Ter. Hec. 170*   21 tam uos] uos tantam
D^1F: uos tam D^2 curam libertatis V 22 profectione que V
26 *post* Auentinum *add.* montem γ

eo uehementius quo maius dedecus est parta amittere
quam omnino non parauisse?

   'Dicet aliquis "Quid igitur censes?" Vindicandum in eos 18
qui hosti prodidere rem publicam, non manu neque ui,
5 quod magis uos fecisse quam illis adcidisse indignum est,
uerum quaestionibus et indicio ipsius Iugurthae. Qui si 19
dediticius est, profecto iussis uostris oboediens erit: sin ea
contemnit, scilicet existumabitis qualis illa pax aut deditio
sit ex qua ad Iugurtham scelerum inpunitas, ad paucos
o potentis maxumae diuitiae, ad rem publicam damna atque
dedecora peruenerint. Nisi forte nondum etiam uos 20
dominationis eorum satietas tenet et illa quam haec
tempora magis placent, quom regna prouinciae, leges iura
iudicia, bella atque paces, postremo diuina et humana
5 omnia penes paucos erant; uos autem, hoc est populus
Romanus, inuicti ab hostibus, imperatores omnium gentium, satis habebatis animam retinere: nam seruitutem
quidem quis uostrum recusare audebat?

   'Atque ego, tametsi uiro flagitiosissumum existumo 21
20 inpune iniuriam accepisse, tamen uos hominibus scele-
ratissumis ignoscere, quoniam ciues sunt, aequo animo
paterer, ni misericordia in perniciem casura esset. Nam et 22
illis, quantum inportunitatis habent, parum est inpune
male fecisse nisi deinde faciundi licentia eripitur, et uobis
25 aeterna sollicitudo remanebit, quom intellegetis aut seruiundum esse aut per manus libertatem retinendam. Nam 23
fidei quidem aut concordiae quae spes est? Dominari illi
uolunt, uos liberi esse; facere illi iniurias, uos prohibere;
postremo sociis nostris ueluti hostibus, hostibus pro sociis

1 maius] magis PCD^1F^1 omittere N^2DF^1 3 censet P^1A^1
5 uobis VA^1 7 nostris $B\epsilon$ 8 contemnet V 10 ad
$VPA^2\beta$: in A^1Y 18 audebat recusare ϵ 19 uiro VP: uiros
$A^1N^1F^2$: uirum *rell.*   flagitiosissimos $A^1N^1F^2$ 20 iniuriam
impune ϵ 22 nisi $ANHD$ 25 aeterna A^1NHF: alt- *rell.*
29 hostibus *bis* VP^1C: *semel rell.*

24 utuntur. Potestne in tam diuorsis mentibus pax aut amicitia esse?

25 'Quare moneo hortorque uos ne tantum scelus inpuni-
tum omittatis. Non peculatus aerari factus est neque per
uim sociis ereptae pecuniae, quae quamquam grauia sunt, 5
tamen consuetudine iam pro nihilo habentur: hosti acer-
rumo prodita senatus auctoritas, proditum imperium
uostrum est; domi militiaeque res publica uenalis fuit.

26 Quae nisi quaesita erunt, nisi uindicatum in noxios, quid
erit relicuom nisi ut illis qui ea fecere oboedientes 10
uiuamus? Nam inpune quae lubet facere, id est regem
esse.

27 'Neque ego uos, Quirites, hortor ut malitis ciuis uostros
perperam quam recte fecisse, sed ne ignoscundo malis

28 bonos perditum eatis. Ad hoc in re publica multo praestat 15
benefici quam malefici inmemorem esse: bonus tantum-

29 modo segnior fit ubi neglegas, at malus inprobior. Ad hoc
si iniuriae non sint, haud saepe auxili egeas.'

32 Haec atque alia huiusce modi saepe dicundo Memmius
populo persuadet uti L. Cassius, qui tum praetor erat, ad 20
Iugurtham mitteretur eumque interposita fide publica
Romam duceret, quo facilius indicio regis Scauri et relicuorum, quos pecuniae captae arcessebat, delicta patefierent.

2 Dum haec Romae geruntur, qui in Numidia relicti a
Bestia exercitui praeerant, secuti morem imperatoris sui, 25

3 pluruma et flagitiosissuma facinora fecere. Fuere qui auro
corrupti elephantos Iugurthae traderent; alii perfugas

4 uendere; pars ex pacatis praedas agebant: tanta uis

---

4 amittatis *V*   5 sint ϵ   6 consuetudine tamen ϵ
8 est *PA²βK: om. VA¹Nγ*   9 uindicantur *V*: uindicatum fuerit
Diom. i. 365. 2   16 beneficii memorem esse quam maleficii *V*
immemorem *N¹, ut uid., K²F²*: memorem *rell.*   19 dicendo *ς*: indi-
cundo *A¹*, indicendo *rell.*: inculcando *Shackleton Bailey*   23 accep-
tae ϵ   28 uendere *Cortius*: uenderent *ω*: uendebant *Klotz*

auaritiae in animos eorum ueluti tabes inuaserat. At 5
Cassius praetor, perlata rogatione a C. Memmio ac
perculsa omni nobilitate, ad Iugurtham proficiscitur eique
timido et ex conscientia diffidenti rebus suis persuadet,
5 quoniam se populo Romano dedisset, ne uim quam
misericordiam eius experiri mallet. Priuatim praeterea
fidem suam interponit, quam ille non minoris quam
publicam ducebat: talis ea tempestate fama de Cassio erat.
    Igitur Iugurtha contra decus regium cultu quam ma- **33**
10 xume miserabili cum Cassio Romam uenit. Ac tametsi in 2
ipso magna uis animi erat, confirmatus ab omnibus
quorum potentia aut scelere cuncta ea gesserat quae supra
diximus, C. Baebium tribunum plebis magna mercede
parat, quoius inpudentia contra ius et iniurias omnis
15 munitus foret. At C. Memmius aduocata contione, quam- 3
quam regi infesta plebes erat et pars in uincula duci
iubebat, pars, nisi socios sceleris sui aperiret, more
maiorum de hoste supplicium sumi, dignitati quam irae
magis consulens sedare motus et animos eorum mollire,
20 postremo confirmare fidem publicam per sese inuiolatam
fore. Post, ubi silentium coepit, producto Iugurtha uerba 4
facit, Romae Numidiaeque facinora eius memorat, scelera
in patrem fratresque ostendit. Quibus iuuantibus qui-
busque ministris ea egerit, quamquam intellegat populus
25 Romanus, tamen uelle manufesta magis ex illo habere: si
uerum aperiat, in fide et clementia populi Romani magnam spem illi sitam; sin reticeat, non sociis saluti fore, sed
se suasque spes corrupturum. Deinde, ubi Memmius **34**
dicundi finem fecit et Iugurtha respondere iussus est, C.
30 Baebius tribunus plebis, quem pecunia corruptum supra
diximus, regem tacere iubet; ac tametsi multitudo quae
in contione aderat uehementer adcensa terrebat eum

1 in *deletum in PNHF* (*cf. C. 12. 2, 36. 5, I. 39. 1*)   5 quoniam α : quo
*A*² *rell.*   uim quam] umquam *P*¹*NF*¹   16 plebs *A*²*B*¹ε
17 ni *ANHF*   26 uera *N*γ   aperiat *P*β*K*: -iet *A*: -iret *N*γ

clamore, uoltu, saepe impetu atque aliis omnibus quae ira
fieri amat, uicit tamen inpudentia. Ita populus ludibrio
2 habitus ex contione discedit; Iugurthae Bestiaeque et
ceteris quos illa quaestio exagitabat animi augescunt.

35 Erat ea tempestate Romae Numida quidam nomine 5
Massiua, Gulussae filius, Masinissae nepos, qui, quia in
dissensione regum Iugurthae aduorsus fuerat, dedita Cirta
2 et Adherbale interfecto profugus ex patria abierat. Huic
Sp. Albinus, qui proxumo anno post Bestiam cum Q.
Minucio Rufo consulatum gerebat, persuadet, quoniam ex 10
stirpe Masinissae sit Iugurthamque ob scelera inuidia cum
3 metu urgeat, regnum Numidiae ab senatu petat. Auidus
consul belli gerundi mouere quam senescere omnia
malebat; ipsi prouincia Numidia, Minucio Macedonia
4 euenerat. Quae postquam Massiua agitare coepit neque 15
Iugurthae in amicis satis praesidi est, quod eorum alium
conscientia, alium mala fama et timor inpediebat, Bomil-
cari, proxumo ac maxume fido sibi, imperat pretio, sicuti
multa confecerat, insidiatores Massiuae paret ac maxume
occulte, sin id parum procedat, quouis modo Numidam 20
5 interficiat. Bomilcar mature regis mandata exequitur et
per homines talis negoti artifices itinera egressusque eius,
postremo loca atque tempora cuncta explorat; deinde, ubi
6 res postulabat, insidias tendit. Igitur unus ex eo numero
qui ad caedem parati erant paulo inconsultius Massiuam 25
adgreditur. Illum obtruncat, sed ipse deprehensus multis
hortantibus et in primis Albino consule indicium pro-
7 fitetur. Fit reus magis ex aequo bonoque quam ex iure
gentium Bomilcar, comes eius qui Romam fide publica
8 uenerat. At Iugurtha manufestus tanti sceleris non prius 30
omisit contra uerum niti quam animaduortit supra gratiam
9 atque pecuniam suam inuidiam facti esse. Igitur, quam-

2 amant *Reeve, fort. recte*   8 patria *P*: africa *rell.*   10 regebat
$A^2\beta$ 12 urgebat ϵ 19 ut insidiatores ϵ 28 reus *post*
bonoque *transp.* ϵ 31 supra *P*: super *rell.*

quam in priore actione ex amicis quinquaginta uades
dederat, regno magis quam uadibus consulens clam in
Numidiam Bomilcarem dimittit, ueritus ne relicuos popularis metus inuaderet parendi sibi, si de illo supplicium
5 sumptum foret. Et ipse paucis diebus eodem profectus est,
iussus a senatu Italia decedere. Sed postquam Roma 10
egressus est, fertur saepe eo tacitus respiciens postremo
dixisse: 'urbem uenalem et mature perituram, si emptorem
inuenerit.'

10   Interim Albinus renouato bello conmeatum, stipendium **36**
aliaque quae militibus usui forent maturat in Africam
portare; ac statim ipse profectus, uti ante comitia, quod
tempus haud longe aberat, armis aut deditione aut quouis
modo bellum conficeret. At contra Iugurtha trahere omnia 2
15 et alias, deinde alias morae causas facere, polliceri deditionem ac deinde metum simulare, cedere instanti et paulo
post, ne sui diffiderent, instare: ita belli modo, modo pacis
mora consulem ludificare. Ac fuere qui tum Albinum haud 3
ignarum consili regis existumarent neque ex tanta pro-
20 perantia tam facile tractum bellum socordia magis quam
dolo crederent. Sed postquam dilapso tempore comiti- 4
orum dies aduentabat, Albinus Aulo fratre in castris pro
praetore relicto Romam decessit.

Ea tempestate Romae seditionibus tribuniciis atrociter **37**
25 res publica agitabatur. P. Lucullus et L. Annius tribuni 2
plebis resistentibus conlegis continuare magistratum
nitebantur, quae dissensio totius anni comitia inpediebat.
Ea mora in spem adductus Aulus, quem pro praetore in 3
castris relictum supra diximus, aut conficiundi belli aut
30 terrore exercitus ab rege pecuniae capiundae milites

---

1 priori γ   3 demittit *AN*   7 tacitus eo ε   8 o urbem
AH²F², *Liu. Perioch. 64, Aug. Ep. 138. 16, Oros. Hist. 5. 15. 5*   22 aduen-
tabant *H¹*ε   25 P.] P.L. *ANHF*   28 aulus *P²A²βN²K²γ*:
albinus αδ (*sim. 38. 2, 4, 9, 39. 1, 43. 1*)   pro praetore] praetorem ε:
praetorem p.r. *H*

mense Ianuario ex hibernis in expeditionem euocat,
magnisque itineribus hieme aspera peruenit ad oppidum
3 Suthul, ubi regis thesauri erant. Quod quamquam et
saeuitia temporis et opportunitate loci neque capi neque
obsideri poterat—nam circum murum situm in praerupti 5
montis extremo planities limosa hiemalibus aquis paludem fecerat—tamen aut simulandi gratia, quo regi formidinem adderet, aut cupidine caecus ob thesauros oppidi
potiundi uineas agere, aggerem iacere aliaque quae
38 incepto usui forent properare. At Iugurtha cognita uani- 10
tate atque inperitia legati subdole eius augere amentiam,
missitare supplicantis legatos, ipse quasi uitabundus per
2 saltuosa loca et tramites exercitum ductare. Denique
Aulum spe pactionis perpulit uti relicto Suthule in abditas
regiones sese ueluti cedentem insequeretur [ita delicta 15
3 occultiora fuere]. Interea per homines callidos diu noctuque exercitum temptabat, centuriones ducesque turmarum partim uti transfugerent corrumpere, alii signo dato
4 locum uti desererent; quae postquam ex sententia instruit,
intempesta nocte de inprouiso multitudine Numidarum 20
5 Auli castra circumuenit. Milites Romani, perculsi tumultu
insolito, arma capere alii, alii se abdere, pars territos confirmare, trepidare omnibus locis: uis magna hostium,
caelum nocte atque nubibus obscuratum, periculum
anceps; postremo fugere an manere tutius foret in incerto 25
6 erat. Sed ex eo numero quos paulo ante corruptos diximus
cohors una Ligurum cum duabus turmis Thracum et
paucis gregariis militibus transiere ad regem, et centurio

1 mense Ianuario *secl. Dietsch, fort. recte* (*cf. 39. 2* consul Albinus,
43. 1 Metellus et Silanus, consules designati)   2 -que *om. DF*[1]
10 praeparare ε   11 subdole $P^2A^2\beta K^2\gamma$: -dolo P^1: -dolus $A^1\delta D^2$
14 perpulit spe pactionis ε   15–16 ita ... fuere *secl. Dietsch*
16 fuere] fore ς   diu *PA*[2]*N*: die *rell.*   18 partim $K^2D^2F^1$: partium *rell.*   21 tumultu perculsi γ   22 alii *semel N*[1]*K*
23 et trepidare ε   magna uis ε   24 nubibus atque nocte γ
28 transire δ*HF*

primi pili tertiae legionis per munitionem quam uti defen-
deret acceperat locum hostibus introeundi dedit, eaque
Numidae cuncti inrupere. Nostri foeda fuga, plerique 7
abiectis armis, proxumum collem occupauerunt. Nox 8
5 atque praeda castrorum hostis quominus uictoria uteren-
tur remorata sunt. Deinde Iugurtha postero die cum Aulo 9
in conloquio uerba facit: tametsi ipsum cum exercitu fame
et ferro clausum tenet, tamen se memorem humanarum
rerum, si secum foedus faceret, incolumis omnis sub
10 iugum missurum; praeterea uti diebus decem Numidia
decederet. Quae quamquam grauia et flagiti plena erant, 10
tamen, quia mortis metu mutabantur, sicuti regi lubuerat
pax conuenit.

Sed ubi ea Romae conperta sunt, metus atque maeror **39**
15 ciuitatem inuasere: pars dolere pro gloria imperi, pars
insolita rerum bellicarum timere libertati; Aulo omnes
infesti, ac maxume qui bello saepe praeclari fuerant, quod
armatus dedecore potius quam manu salutem quaesiuerat.
Ob ea consul Albinus, ex delicto fratris inuidiam ac deinde 2
20 periculum timens, senatum de foedere consulebat; et
tamen interim exercitui supplementum scribere, ab sociis
et nomine Latino auxilia arcessere, denique omnibus
modis festinare. Senatus, ita uti par fuerat, decernit suo 3
atque populi iniussu nullum potuisse foedus fieri. Consul, 4
25 inpeditus a tribunis plebis ne quas parauerat copias secum
portaret, paucis diebus in Africam proficiscitur; nam
omnis exercitus, uti conuenerat, Numidia deductus in
prouincia hiemabat. Postquam eo uenit, quamquam 5
persequi Iugurtham et mederi fraternae inuidiae animo

3 irrumppere (*sic*) P^1: erupere β 4 occupauere ϵ 7 facit
$aNHF$: fecit βKD 8 et ferro] ferroque ϵ teneret ς
11 discederet β 12 metu mortis ϵ 14 ubi ea] haec ubi *Prisc. iii. 73*.
10 (cf. C. 36. 2)   15 dolore PA^1C^1 17 fuerant BN^2K^2HF: -int
$aC\delta D$ 18 quaesiuerat XK^2: -ierat F: -iuerit δHD 21 a γ
27 ut $A^1N\gamma$

ardebat, cognitis militibus, quos praeter fugam soluto imperio licentia atque lasciuia corruperat, ex copia rerum statuit sibi nihil agitandum.

40   Interim Romae C. Mamilius Limetanus tribunus plebis rogationem ad populum promulgat uti quaereretur in eos quorum consilio Iugurtha senati decreta neglegisset quique ab eo in legationibus aut imperiis pecunias accepissent, qui elephantos quique perfugas tradidissent, item qui de pace aut bello cum hostibus pactiones fecis-

2 sent. Huic rogationi partim conscii sibi, alii ex partium inuidia pericula metuentes, quoniam aperte resistere non poterant quin illa et alia talia placere sibi faterentur, occulte per amicos ac maxume per homines nominis

3 Latini et socios Italicos inpedimenta parabant. Sed plebes incredibile memoratu est quam intenta fuerit quantaque ui rogationem iusserit, magis odio nobilitatis, quoi mala illa parabantur, quam cura rei publicae: tanta lubido in parti-

4 bus erat. Igitur ceteris metu perculsis M. Scaurus, quem legatum Bestiae fuisse supra docuimus, inter laetitiam plebis et suorum fugam, trepida etiam tum ciuitate, quom ex Mamilia rogatione tres quaesitores rogarentur, effece-

5 rat uti ipse in eo numero crearetur. Sed quaestio exercita aspere uiolenterque ex rumore et lubidine plebis: uti saepe nobilitatem, sic ea tempestate plebem ex secundis rebus insolentia ceperat.

41   Ceterum mos partium [popularium] et [senatores] factionum ac deinde omnium malarum artium paucis ante

---

3 agendum H^1D^1F 4 interea ϵ mamilius ς: -illus ω
6 senati aN^1: -tus *rell.*   neglegisset β: -exisset *rell.* (*cf. C. 51. 2*)
11 periculum ϵ 14 plebs ϵ 15 quam] quantum γ
16 iusserit aF^2: decreuerit uoluerit *s.s.* P^2A^2: iusserit decreuerit uoluerit
βY 19 supra fuisse ϵ 20 tum etiam D^1F 21 mamilia
a: mamiliana N, mamillana K^1: mamilli $A^2\beta K^2\gamma$ 23 ut $PCK\gamma$
26 partium D^2: partium popularium ω 26 factionum ND^2: senatores factionum $aK^1\gamma$: senatus factionum $A^2\beta K^2$

annis Romae ortus est otio atque abundantia earum rerum
quae prima mortales ducunt. Nam ante Carthaginem 2
deletam populus et senatus Romanus placide modesteque
inter se rem publicam tractabant, neque gloriae neque
5 dominationis certamen inter ciuis erat: metus hostilis in
bonis artibus ciuitatem retinebat. Sed ubi illa formido 3
mentibus decessit, scilicet ea quae res secundae amant,
lasciuia atque superbia, incessere. Ita quod in aduorsis 4
rebus optauerant otium, postquam adepti sunt, asperius
10 acerbiusque fuit. Namque coepere nobilitas dignitatem, 5
populus libertatem in lubidinem uortere, sibi quisque
ducere trahere rapere. Ita omnia in duas partis abstracta
sunt, res publica, quae media fuerat, dilacerata.

Ceterum nobilitas factione magis pollebat, plebis uis 6
15 soluta atque dispersa in multitudine minus poterat. Pau- 7
corum arbitrio belli domique agitabatur; penes eosdem
aerarium prouinciae magistratus gloriae triumphique
erant; populus militia atque inopia urgebatur, praedas
bellicas imperatores cum paucis diripiebant; interea 8
20 parentes aut parui liberi militum, uti quisque potentiori
confinis erat, sedibus pellebantur. Ita cum potentia 9
auaritia sine modo modestiaque inuadere, polluere et
uastare omnia, nihil pensi neque sancti habere, quoad
semet ipsa praecipitauit. Nam ubi primum ex nobilitate 10
25 reperti sunt qui ueram gloriam iniustae potentiae ante-
ponerent, moueri ciuitas et dissensio ciuilis quasi permixtio terrae oriri coepit.

Nam postquam Ti. et C. Gracchus, quorum maiores **42**
Punico atque aliis bellis multum rei publicae addiderant,
30 uindicare plebem in libertatem et paucorum scelera pate-

1 earum *secl. Reeve, conl. C. 36. 4*   5–6 ciuitatem in bonis artibus ϵ
7 decessit X: dis- P^2A^2Y 9–10 acerbius asperiusque ϵ 10 fuit
$P8D^2$: fit $A^2\beta$: fuere $A^1\gamma$ 12 in duas partes omnia ϵ 24 ipsa
AN^1, *Arus. vii. 505. 2*: ipsam *rell. (cf. p. 17. 30 adn.)*   26 permixtio
$P^2A^2B^2K^2D^2$: -tione ω 27 terrae oriri] terrae fore N^1: terrere K^1:
terreri HD^1F^1

facere coepere, nobilitas noxia atque eo perculsa modo per socios ac nomen Latinum, interdum per equites Romanos, quos spes societatis a plebe dimouerat, Gracchorum actionibus obuiam ierat; et primo Tiberium, dein paucos post annos eadem ingredientem Gaium, tribunum 5 alterum, alterum triumuirum coloniis deducundis, cum

2 M. Fuluio Flacco ferro necauerat. Et sane Gracchis
3 cupidine uictoriae haud satis moderatus animus fuit. Sed bono uinci satius est quam malo more iniuriam uincere.

4 Igitur ea uictoria nobilitas ex lubidine sua usa multos 10 mortalis ferro aut fuga extinxit plusque in relicuom sibi timoris quam potentiae addidit. Quae res plerumque magnas ciuitatis pessum dedit, dum alteri alteros uincere quouis modo et uictos acerbius ulcisci uolunt.

5 Sed de studiis partium et omnis ciuitatis moribus si 15 singillatim aut pro magnitudine parem disserere, tempus quam res maturius me deseret; quam ob rem ad inceptum redeo.

43 Post Auli foedus exercitusque nostri foedam fugam Metellus et Silanus, consules designati, prouincias inter se 20 partiuerant, Metelloque Numidia euenerat, acri uiro et, quamquam aduorso populi partium, fama tamen aequabili

2 et inuiolata. Is ubi primum magistratum ingressus est, alia omnia ⟨communia⟩ sibi cum conlega ratus, ad bellum

3 quod gesturus erat animum intendit. Igitur diffidens ueteri 25 exercitui milites scribere, praesidia undique arcessere, arma tela equos et cetera instrumenta militiae parare, ad hoc conmeatum adfatim, denique omnia quae in bello

4 uario et multarum rerum egenti usui esse solent. Ceterum ad ea patranda senatus auctoritate, socii nomenque Lati- 30

4 dehinc є	6 alterum *bis* ς: *semel* ω	7 necauerat $PA^2βK$:
-erant $A^1Nγ$	8 animus moderatus є	15 omnis X: omnibus
P^2A^2Y	16 singillatim $P^2β$	20 inter se prouincias є
24 communia *add. Meiser*		26 scribere N: eligere scribere XKH:
scribere eligere F: eligere D		

90

num et reges ultro auxilia mittundo, postremo omnis
ciuitas summo studio adnitebatur. Itaque ex sententia 5
omnibus rebus paratis conpositisque in Numidiam proficiscitur, magna spe ciuium quom propter artis bonas tum
5 maxume quod aduorsum diuitias inuictum animum gerebat et auaritia magistratuum ante id tempus in Numidia
nostrae opes contusae hostiumque auctae erant.

Sed ubi in Africam uenit, exercitus ei traditur a Sp. **44**
Albino proconsule iners inbellis, neque periculi neque
10 laboris patiens, lingua quam manu promptior, praedator
ex sociis et ipse praeda hostium, sine imperio et modestia
habitus. Ita imperatori nouo plus ex malis moribus sol- 2
licitudinis quam ex copia militum auxili aut spei bonae
adcedebat. Statuit tamen Metellus, quamquam et aesti- 3
15 uorum tempus comitiorum mora inminuerat et expecta-
tione euentus ciuium animos intentos putabat, non prius
bellum adtingere quam maiorum disciplina milites laborare coegisset. Nam Albinus, Auli fratris exercitusque 4
clade perculsus, postquam decreuerat non egredi pro-
20 uincia, quantum temporis aestiuorum in imperio fuit
plerumque milites statiuis castris habebat, nisi quom odor
aut pabuli egestas locum mutare subegerat. Sed ⟨neque 5
muniebantur⟩ neque more militari uigiliae deducebantur;
uti quoique lubebat, ab signis aberat; lixae permixti cum
25 militibus diu noctuque uagabantur, et palantes agros
uastare, uillas expugnare, pecoris et mancipiorum praedas
certantes agere eaque mutare cum mercatoribus uino

2 ex sententia] ex uoto (*s.s.* et ex sententia) *K*: ex uoto ex sententia *DF*[1]
4 magna] tum magna *DF*[1]   8 exercitus ei] imperatori exercitus ei
(ei *del. iam man.*[1]) *Fro. 99. 9*   traditus *cod. Fro. man.*[1]   8–9 a
Sp. Albino proconsule] sp. albini proconsulis *NHDF*[1]   13 bonae
spei *γ*   17 labore *PA*[1]*NK*[1]   20 aestiuorum temporis *ε*
22–3 neque muniebantur *Fro. 99. 17, qui totum hunc locum citat usque ad p.*
92. 19 confirmauit: *om. ω*: neque muniebantur ea *ς*   24–5 cum
militibus permixti *ε*   25 diu *PNH, Fro.*: die *rell.*

aduecticio et aliis talibus; praeterea frumentum publice
datum uendere, panem in dies mercari: postremo quaecumque dici aut fingi queunt ignauiae luxuriaeque probra,
45 ⟨ea⟩ in illo exercitu cuncta fuere et alia amplius. Sed in ea
difficultate Metellum non minus quam in rebus hostilibus 5
magnum et sapientem uirum fuisse conperior: tanta
temperantia inter ambitionem saeuitiamque moderatum.
2 Namque edicto primum adiumenta ignauiae sustulisse: ne
quisquam in castris panem aut quem alium cibum coctum
uenderet, ne lixae exercitum sequerentur, ne miles ⟨hasta- 10
tus aut⟩ gregarius in castris neue in agmine seruom aut
iumentum haberet; ceteris arte modum statuisse. Praeterea transuorsis itineribus cotidie castra mouere, iuxta ac si
hostes adessent uallo atque fossa munire, uigilias crebras
ponere et eas ipse cum legatis circumire; item in agmine in 15
primis modo, modo in postremis, saepe in medio adesse,
ne quispiam ordine egrederetur, ut cum signis frequentes
3 incederent, miles cibum et arma portaret. Ita prohibendo a
delictis magis quam uindicando exercitum breui confirmauit. 20
46 Interea Iugurtha, ubi quae Metellus agebat ex nuntiis
accepit, simul de innocentia eius certior Roma factus, diffidere suis rebus ac tum demum ueram deditionem facere
2 conatus est. Igitur legatos ad consulem cum suppliciis
mittit, qui tantummodo ipsi liberisque uitam peterent, alia 25
3 omnia dederent populo Romano. Sed Metello iam antea
experimentis cognitum erat genus Numidarum infidum,

1–2 publice datum ω, *Arus. vii. 487. 22*: datum publice *Fro.*   4 ea[1]
Fro.: *om.* ω   amplius alia γ   5 non] nec *uel* neque *Fro.*
8 primo *HD*[1]*F*   9 quem *om. Fro., sed cf. H. 3. 48. 15*   cibum coctum
Fro., cf. V. Max. 2. 7. 2: coctum cibum ω   10 insequerentur *Fro.*
man.[1] (*cf. Curt. 3. 8. 12*)   10–11 hastatus aut *Fro.*: *om.* ω
12 habere *DF*[1]   14 hostes adessent ω, *Fro.*: hostis adesset *Prisc. iii.*
94. 9, cf. V. Max. 2. 7. 2   15 circuire *Kγ*   16 in[1] *om. Fro., fort.*
recte   17 quisquam ε   22 Roma *Non. 325. 33*: romae ω
26 ante *NHD*

ingenio mobili, nouarum rerum auidum esse. Itaque 4
legatos alium ab alio diuorsos adgreditur ac paulatim
temptando, postquam opportunos sibi cognouit, multa
pollicendo persuadet uti Iugurtham maxume uiuom, sin id
5 parum procedat, necatum sibi traderent. Ceterum palam
quae ex uoluntate forent regi nuntiari iubet. Deinde ipse 5
paucis diebus intento atque infesto exercitu in Numidiam
procedit, ubi contra belli faciem tuguria plena hominum,
pecora cultoresque in agris erant; ex oppidis et mapalibus
10 praefecti regis obuii procedebant, parati frumentum dare,
conmeatum portare, postremo omnia quae imperarentur
facere. Neque Metellus idcirco minus, sed pariter ac si 6
hostes adessent, munito agmine incedere, late explorare
omnia, illa deditionis signa ostentui credere et insidiis
15 locum temptari. Itaque ipse cum expeditis cohortibus, 7
item funditorum et sagittariorum delecta, manu apud
primos erat; in postremo C. Marius legatus cum equitibus
curabat, in utrumque latus auxiliarios equites tribunis
legionum et praefectis cohortium dispertiuerat, ut cum iis
20 permixti uelites, quocumque adcederent, equitatus hostium propulsarent. Nam in Iugurtha tantus dolus tantaque 8
peritia locorum et militiae erat ut absens an praesens,
pacem an bellum gerens perniciosior esset in incerto
haberetur.
25   Erat haud longe ab eo itinere quo Metellus pergebat **47**
oppidum Numidarum nomine Vaga, forum rerum uena-
lium totius regni maxume celebratum, ubi et incolere et
mercari consueuerant Italici generis multi mortales. Huc 2
consul, simul temptandi gratia [et] si paterentur ⟨et ob⟩
30 opportunitates loci, praesidium inposuit. Praeterea
imperauit frumentum et alia quae bello usui forent

6 nuntiare $P\gamma$ 9 cultores pecoraque ϵ mappalibus $AN\epsilon$
10 obuiam $K^2\gamma$ 15 temptare $\beta\epsilon$ 22 an X: uel $N\gamma$: et K
23 in incerto B^2KF^2: incerto XN: incertum γ 26 uaga A^1: uacca
rell.   29 si paterentur et ob Dietsch: et si paterentur ω

conportare, ratus, id quod res monebat, frequentiam
negotiatorum et conmeatu iuuaturam exercitum et iam
3 paratis rebus munimento fore. Inter haec negotia Iugurtha
inpensius modo legatos supplices mittere, pacem orare,
praeter suam liberorumque uitam omnia Metello dedere. 5
4 Quos item uti priores consul inlectos ad proditionem
domum dimittebat, regi pacem quam postulabat neque
abnuere neque polliceri et inter eas moras promissa legatorum expectare.

48 Iugurtha ubi Metelli dicta cum factis conposuit ac se 10
suis artibus temptari animaduortit, quippe quoi uerbis pax
nuntiabatur, ceterum re bellum asperrumum erat, urbs
maxuma alienata, ager hostibus cognitus, animi popularium temptati, coactus rerum necessitudine statuit armis
2 certare. Igitur explorato hostium itinere, in spem uictoriae 15
adductus ex opportunitate loci, quam maxumas potest
copias omnium generum parat ac per tramites occultos
exercitum Metelli anteuenit.
3 Erat in ea parte Numidiae quam Adherbal in diuisione
possederat flumen oriens a meridie nomine Muthul, a quo 20
aberat mons ferme milia †uiginti† tractu pari, uastus ab
natura et humano cultu. Sed ex eo medio quasi collis
oriebatur, in inmensum pertingens, uestitus oleastro ac
murtetis aliisque generibus arborum quae humi arido
4 atque harenoso gignuntur. Media autem planities deserta 25
penuria aquae praeter flumini propinqua loca; ea consita
arbustis pecore atque cultoribus frequentabantur.

49 Igitur in eo colle, quem transuorso itinere porrectum
docuimus, Iugurtha extenuata suorum acie consedit. Ele-

2 conmeatu *Vrsinus*: -um ω: -uum ς   iuuaturam *Fabri*: -um ω
7 demittebat A¹*N*   8–9 legatorum promissa ε   21 fere *F*,
Non. 185. 13   milia uiginti A¹*F*², *Arus. vii. 455. 25*: milia passuum u.
*PB*²*K, Non.*: milia u. passuum γ: milia habens passuum u. A²β: passuum
u. *N*   uiginti *absurdum*: III *uel* VII *Ciacconius*   ab] ac D¹*F*
24–5 arida atque arenosa ε

phantis et parti copiarum pedestrium Bomilcarem praefecit eumque edocet quae ageret; ipse propior montem
cum omni equitatu et peditibus delectis suos conlocat.
Dein singulas turmas et manipulos circumiens monet 2
5 atque obtestatur uti memores pristinae uirtutis et uictoriae
sese regnumque suom ab Romanorum auaritia defendant:
cum iis certamen fore quos antea uictos sub iugum
miserint; ducem illis, non animum mutatum; quae ab
imperatore decuerint omnia suis prouisa, locum superi-
10 orem, ut prudentes cum inperitis, ne pauciores cum
pluribus aut rudes cum belli melioribus manum con-
sererent. Proinde parati intentique essent signo dato 3
Romanos inuadere: illum diem aut omnis labores et
uictorias confirmaturum aut maxumarum aerumnarum
15 initium fore. Ad hoc uiritim, uti quemque ob militare 4
facinus pecunia aut honore extulerat, commonefacere
benefici sui et eum ipsum aliis ostentare, postremo ⟨pro⟩
quoiusque ingenio pollicendo minitando obtestando
alium alio modo excitare, quom interim Metellus ignarus
20 hostium monte degrediens cum exercitu conspicatur.
Primo dubius quidnam insolita facies ostenderet—nam 5
inter uirgulta equi Numidaeque consederant, neque plane
occultati humilitate arborum et tamen incerti quidnam
esset, quom natura loci tum dolo ipsi atque signa militaria
25 obscurati—dein breui cognitis insidiis paulisper agmen
constituit. Ibi conmutatis ordinibus in dextero latere, 6
quod proxumum hostis erat, triplicibus subsidiis aciem
instruxit, inter manipulos funditores et sagittarios dispertit, equitatum omnem in cornibus locat, ac pauca pro
30 tempore milites hortatus aciem, sicuti instruxerat, transuorsis principiis in planum deducit. Sed ubi Numidas 50

1 praeficit *Klotz* 2 quae] quid ε 11 belli α, *Arus. vii.
492. 3*: bello *rell.* 17 pro *add.* ϛ 20 degrediens αCN, *Don. Ter.
Eu. 384*: di- *A²BKγ* conspicatur *Don.*: conspicitur ω 23 occulti
Π₂ 27 hostibus Π₂K 30 hortatus milites ε

quietos neque colli degredi animaduortit, ueritus ex anni
tempore et inopia aquae ne siti conficeretur exercitus, ⟨P.⟩
Rutilium legatum cum expeditis cohortibus et parte equitum praemisit ad flumen uti locum castris antecaperet,
existumans hostis crebro impetu et transuorsis proeliis 5
iter suom remoraturos et, quoniam armis diffiderent,
2 lassitudinem et sitim militum temptaturos. Deinde ipse
pro re atque loco, sicuti monte descenderat, paulatim
procedere, Marium post principia habere, ipse cum sinis-
trae alae equitibus esse, qui in agmine principes facti 10
erant.
3   At Iugurtha, ubi extremum agmen Metelli primos suos
praetergressum uidet, praesidio quasi duum milium peditum montem occupat qua Metellus descenderat, ne forte
cedentibus aduorsariis receptui ac post munimento foret. 15
4 Dein repente signo dato hostis inuadit. Numidae alii
postremos caedere, pars a sinistra ac dextra temptare,
infensi adesse atque instare, omnibus locis Romanorum
ordines conturbare. Quorum etiam qui firmioribus animis
obuii hostibus fuerant, ludificati incerto proelio ipsi modo 20
eminus sauciabantur neque contra feriundi aut conse-
5 rundi manum copia erat. Ante iam docti ab Iugurtha
equites, ubi Romanorum turma insequi coeperat, non
confertim neque in unum sese recipiebant, sed alius alio
6 quam maxume diuorsi. Ita numero priores, si ab perse- 25
quendo hostis deterrere nequiuerant, disiectos ab tergo
aut lateribus circumueniebant; sin opportunior fugae

1 colli *Arus. vii. 464. 25*: colle ω   degredi XN^1: di- $A^2N^2K\gamma$, *Arus.*
2 temperie D^1F P. *add.* ς   12 extremum agmen Metelli]
extremo agmine romanos Π_2 13 praetergressum F^2 *in ras.*, ς: -os
$\Pi_2X\delta H$: -us D 13–14 montem occupat peditum γ 15 ac]
et ε   16 deinde ε   repente *om.* ε   17 a sinistra ac dextra] a
dextra ac sinistra $B^1\epsilon$: dextra sinistraque Π_2 20 hostibus obuii $K\epsilon$
fuerant XK: -erunt $NHDF^2$: -ere F^1 23 ubi XN^2: ubicumque $K\gamma$:
ubique N^1 coeperit N^1K 24 se $K^2\gamma$ 26 a $K^2\gamma$

collis quam campi fuerat, ea uero consueti Numidarum
equi facile inter uirgulta euadere, nostros asperitas et
insolentia loci retinebat. Ceterum facies totius negoti uaria **51**
incerta, foeda atque miserabilis: dispersi a suis pars
5 cedere, alii insequi; neque signa neque ordines obseruare;
ubi quemque periculum ceperat, ibi resistere ac propul-
sare; arma tela, equi uiri, hostes atque ciues permixti; nihil
consilio neque imperio agi, fors omnia regere. Itaque 2
multum diei processerat, quom etiam tum euentus in
10 incerto erat. Denique omnibus labore et aestu languidis 3
Metellus, ubi uidet Numidas minus instare, paulatim
milites in unum conducit, ordines restituit et cohortis
legionarias quattuor aduorsum pedites hostium conlocat;
eorum magna pars superioribus locis fessa consederat.
15 Simul orare et hortari milites ne deficerent neu paterentur 4
hostis fugientis uincere: neque illis castra esse neque
munimentum ullum quo cedentes tenderent; in armis
omnia sita. Sed ne Iugurtha quidem interea quietus erat: 5
circumire, hortari, renouare proelium et ipse cum delectis
20 temptare omnia, subuenire suis, hostibus dubiis instare,
quos firmos cognouerat eminus pugnando retinere. Eo **52**
modo inter se duo imperatores, summi uiri, certabant, ipsi
pares, ceterum opibus disparibus; nam ⟨pro⟩ Metello 2
uirtus militum erat, locus aduorsus, Iugurthae alia omnia
25 praeter milites opportuna. Denique Romani, ubi intel- 3
legunt neque sibi perfugium esse neque ab hoste copiam
pugnandi fieri—et iam die uesper erat—aduorso colle,
sicuti praeceptum fuerat, euadunt. Amisso loco Numidae 4
fusi fugatique; pauci interiere, plerosque uelocitas et regio
30 hostibus ignara tutata sunt.

1 fuerant P^1 eam AN^1 7 atque *om.* γ   17 ullum munimentum γ   accedentes HD^1F^1 18 ne] nec NF: neque K
19 circuire $N^2Kγ$ 20 dubius $A^2βD^1F^1$ 22 certabant] pug-
nabant ε   23 pro *suppl. Wirz* (*cf. 88. 4, 108. 3*)   27 diei
$βK^2H^2F$ uesper erat die(i) ε   28 sicut ε   fuerat] erat $Bγ$
29 plerosque $A^1Nγ$: pluresque *rell.*

5   Interea Bomilcar, quem elephantis et parti copiarum
pedestrium praefectum ab Iugurtha supra diximus, ubi
eum Rutilius praetergressus est, paulatim suos in aequom
locum deducit ac, dum legatus ad flumen quo praemissus
erat festinans pergit, quietus, uti res postulabat, aciem 5
exornat neque remittit quid ubique hostis ageret explo-
6   rare. Postquam Rutilium consedisse iam et animo uacuom
accepit, simulque ex Iugurthae proelio clamorem augeri,
ueritus ne legatus cognita re laborantibus suis auxilio
foret, aciem, quam diffidens uirtuti militum arte statuerat, 10
quo hostium itineri officeret latius porrigit eoque modo ad
53   Rutili castra procedit. Romani ex inprouiso pulueris uim
magnam animaduortunt; nam prospectus ager arbustis
consitus prohibebat. Et primo rati humum aridam uento
agitari, post ubi aequabilem manere et, sicuti acies moue- 15
batur, magis magisque adpropinquare uident, cognita re
properantes arma capiunt ac pro castris, sicuti impera-
2   batur, consistunt. Deinde, ubi propius uentum est,
3   utrimque magno clamore concurritur. Numidae tantummodo remorati dum in elephantis auxilium putant, post- 20
quam eos inpeditos ramis arborum atque ita disiectos
circumueniri uident, fugam faciunt ac plerique abiectis
armis collis aut noctis, quae iam aderat, auxilio integri
4   abeunt. Elephanti quattuor capti, relicui omnes numero
5   quadraginta interfecti. At Romani, quamquam itinere 25
atque opere castrorum et proelio fessi [laetique] erant,
tamen, quod Metellus amplius opinione morabatur,
6   instructi intentique obuiam procedunt; nam dolus
7   Numidarum nihil languidi neque remissi patiebatur. Ac
primo obscura nocte, postquam haud procul inter se erant, 30
strepitu uelut hostes [aduentare] alteri apud alteros formidinem simul et tumultum facere; et paene inprudentia

---

3 rutilius eum ε   13 aduertunt ε   17 sicut CNγ
24 capti sunt A²β   26 laetique del. Jordan: lassique ς
31 aduentare del. Cortius: aduentarent D   alteros XKF²: alterum Nγ

admissum facinus miserabile, ni utrimque praemissi
equites rem explorauissent. Igitur pro metu repente 8
gaudium mutatur: milites alius alium laeti appellant, acta
edocent atque audiunt, sua quisque fortia facta ad caelum
5 fert. Quippe res humanae ita sese habent: in uictoria uel
ignauis gloriari licet, aduorsae res etiam bonos detrectant.
   Metellus in isdem castris quatriduo moratus saucios **54**
cum cura reficit, meritos in proeliis more militae donat,
uniuorsos in contione laudat atque agit gratias, hortatur ad
10 cetera, quae leuia sunt, parem animum gerant: pro uictoria
satis iam pugnatum, relicuos labores pro praeda fore.
Tamen interim transfugas et alios opportunos, Iugurtha 2
ubi gentium aut quid agitaret, cum paucisne esset an
exercitum haberet, ut sese uictus gereret exploratum misit.
15 At ille sese in loca saltuosa et natura munita receperat 3
ibique cogebat exercitum numero hominum ampliorem,
sed hebetem infirmumque, agri ac pecoris magis quam
belli cultorem. Id ea gratia eueniebat quod praeter regios 4
equites nemo omnium Numida ex fuga regem sequitur;
20 quo quoiusque animus fert, eo discedunt neque id flagitium militiae ducitur: ita se mores habent.
   Igitur Metellus, ubi uidet regis etiam tum animum 5
ferocem esse, bellum renouari, quod nisi ex illius lubidine
geri non posset, praeterea inicum certamen sibi cum
25 hostibus, minore detrimento illos uinci quam suos uincere, statuit non proeliis neque [in] acie sed alio more bellum gerundum. Itaque in loca Numidiae opulentissuma 6
pergit, agros uastat, multa castella et oppida temere
munita aut sine praesidio capit incenditque, puberes

2 repente *om. HDF*[1]   3 mutatur *Prisc. iii. 296. 7 (cf. 83. 1)*: exor-
tum ω   6 decretant *A*[2]*β*   7 quatriduum (-om *Ahlberg*) *Wirz*
8 refecit *NHD*   15 munita receperat natura *HD*[1]*F*   19 numida
P[2]*A*[1]*δH*[1]*DF*[2]: -da̅rum *A*[2]*βN*[2]*K*[2]*H*[2]*F*[1]: -dia *P*[1]   22 regis etiam tum
αCδ: etiam tum regis *γ*: etiam regis tum *B*   24 iniquum *ς*: inimi-
cum ω   26 in *om. ς, del. Kritz (cf. 97. 4)*   29 puberes omnes
Seru. A. 5. 546 (cf. 26. 3)

interfici iubet, alia omnia militum praedam esse. Ea formidine multi mortales Romanis dediti obsides, frumentum et
alia quae usui forent adfatim praebita; ubicumque res
7 postulabat, praesidium inpositum. Quae negotia multo
magis quam proelium male pugnatum ab suis regem 5
8 terrebant, quippe quoius spes omnis in fuga sita erat sequi
cogebatur et qui sua loca defendere nequiuerat in alienis
9 bellum gerere. Tamen ex copia quod optumum uidebatur
consilium capit: exercitum plerumque in isdem locis
opperiri iubet, ipse cum delectis equitibus Metellum 10
sequitur, nocturnis et auiis itineribus ignoratus Romanos
10 palantis repente adgreditur. Eorum plerique inermes
cadunt, multi capiuntur, nemo omnium intactus profugit;
et Numidae, prius quam ex castris subueniretur, sicuti
iussi erant, in proxumos collis discedunt. 15

55 Interim Romae gaudium ingens ortum cognitis Metelli
rebus, ut seque et exercitum more maiorum gereret, in
aduorso loco uictor tamen uirtute fuisset, hostium agro
potiretur, Iugurtham magnificum ex Albini socordia spem
2 salutis in solitudine aut fuga coegisset habere. Itaque 20
senatus ob ea feliciter acta dis inmortalibus supplicia
decernere, ciuitas, trepida antea et sollicita de belli
3 euentu, laeta agere, de Metello fama praeclara esse; igitur
eo intentior ad uictoriam niti, omnibus modis festinare,
cauere tamen necubi hosti opportunus fieret, meminisse 25
4 post gloriam inuidiam sequi. Ita quo clarior erat, eo magis
anxius erat, neque post insidias Iugurthae effuso exercitu
praedari: ubi frumento aut pabulo opus erat, cohortes cum

1 interfici AF^2, *Seru.*: -ficit *rell.*: -fecit *Prob. Cath. iv. 19. 33*   3 praebita sunt $A^2C^2\gamma$ 4 inpositum est $C^2\epsilon$ 6 cui $A^2\beta H^2 D^2$
8 copia $H^2\varsigma$: inopia ω 9 exercitum capit $N^1 HDF^1$ 17 in] ut
in P 18 tamen uictor fuisset uirtute γ 19 auli $A^2\beta$
23 fama de metello γ 27 anxius XH^2D^2: animus anxius δ: animus
H^1: animosior ϵ erat *om.* ϵ

omni equitatu praesidium agitabant; sed igni magis quam
praeda ager uastabatur. Exercitus partem ipse, relicuos 5
Marius ducebat: duobus locis haud longe inter se castra 6
faciebant; ubi ui opus erat, cuncti aderant; ceterum, quo 7
5 fuga atque formido latius cresceret, diuorsi agebant. Eo 8
tempore Iugurtha per collis sequi, tempus aut locum
pugnae quaerere qua uenturum hostem audierat, pabulum
et aquarum fontis, quorum penuria erat, corrumpere,
modo se Metello interdum Mario ostendere, postremos in
10 agmine temptare ac statim in collis regredi, rursus aliis,
post aliis minitari, neque proelium facere neque otium
pati, tantummodo hostem ab incepto retinere.

Romanus imperator ubi se dolis fatigari uidet neque ab **56**
hoste copiam pugnandi fieri, urbem magnam et in ea parte
15 qua sita erat arcem regni, nomine Zamam, statuit oppugnare, ratus, id quod negotium poscebat, Iugurtham
laborantibus suis auxilio uenturum ibique proelium fore.
At ille, quae parabantur a perfugis edoctus, magnis itineri- 2
bus Metellum anteuenit; oppidanos hortatur, moenia
20 defendant, additis auxilio perfugis, quod genus ex copiis
regis, quia fallere nequibat, firmissumum erat; praeterea
pollicetur in tempore semet cum exercitu adfore. Ita con- 3
positis rebus in loca quam maxume occulta discedit, ac
post paulo cognoscit Marium ex itinere frumentatum cum
25 paucis cohortibus Siccam missum, quod oppidum primum omnium post malam pugnam ab rege defecerat. Eo 4
cum delectis equitibus noctu pergit et iam egredientibus
Romanis in porta pugnam facit, simul magna uoce Sic-
censis hortatur uti cohortis ab tergo circumueniant:
30 fortunam illis praeclari facinoris casum dare; si id fecerint,
postea sese in regno, illos in libertate sine metu aetatem
acturos. Ac ni Marius signa inferre atque euadere oppido 5
properauisset, profecto cuncti aut magna pars Siccensium

1–2 sed igni … uastabatur *post* Marius ducebat (*u. 3*) ω: *huc transp.*
Grasberger   21 quia] quod *HD¹F*

fidem mutauissent: tanta mobilitate sese Numidae gerunt.

6 Sed milites Iugurthini, paulisper ab rege sustentati, postquam maiore ui hostes urgent, paucis amissis profugi
discedunt.

57 Marius ad Zamam peruenit. Id oppidum, in campo 5
situm, magis opere quam natura munitum erat, nullius

2 idoneae rei egens, armis uirisque opulentum. Igitur
Metellus pro tempore atque loco paratis rebus cuncta
moenia exercitu circumuenit, legatis imperat ubi quisque

3 curaret. Deinde signo dato undique simul clamor ingens 10
oritur, neque ea res Numidas terret: infensi intentique sine

4 tumultu manent. Proelium incipitur. Romani, pro ingenio
quisque, pars eminus glande aut lapidibus pugnare, alii
succedere ac murum modo suffodere modo scalis adgredi,

5 cupere proelium in manibus facere; contra ea oppidani in 15
proxumos saxa uoluere, sudis pila, praeterea picem sul-

6 phure et taeda mixtam ardentia mittere. Sed ne illos
quidem qui procul manserant timor animi satis muni-
uerat; nam plerosque iacula tormentis aut manu emissa
uolnerabant, parique periculo sed fama inpari boni atque 20
ignaui erant.

58 Dum apud Zamam sic certatur, Iugurtha ex inprouiso
castra hostium cum magna manu inuadit; remissis qui in
praesidio erant et omnia magis quam proelium expectanti-

2 bus portam inrumpit. At nostri repentino metu perculsi 25
sibi quisque pro moribus consulunt: alii fugere, alii arma

3 capere, magna pars uolnerati aut occisi. Ceterum ex omni
multitudine non amplius quadraginta, memores nominis
Romani, grege facto locum cepere paulo quam alii edi-
tiorem neque inde maxuma ui depelli quiuerunt, sed tela 30

---

1 gerunt XK: agunt $N\gamma$ 2 a P^1C^1K 5–6 situm in campo ϵ
14 succedere $\alpha B^2KD^2F^2$: succedere β: euadere succedere (-cendere
N^2) N: euadere uel succedere uel muros (murum F) ascendere ϵ:
euadere H 16 proximis $PA^2\beta K^1$ 17 taeda $P^2A^2\beta KHD^1$:
taedam αND^2F ardenti A^2KF 25 metu] timore ϵ

eminus missa remittere, pauci in pluribus minus frustrari;
sin Numidae propius adcessissent, ibi uero uirtutem
ostendere et eos maxuma ui caedere, fundere atque fugare.
Interim Metellus quom acerrume rem gereret, clamorem 4
5 hostilem a tergo accepit, dein conuorso equo animaduortit
fugam ad se uorsum fieri, quae res indicabat popularis
esse. Igitur equitatum omnem ad castra propere misit ac 5
statim C. Marium cum cohortibus sociorum, eumque
lacrumans per amicitiam perque rem publicam obsecrat
10 ne quam contumeliam remanere in exercitu uictore neue
hostis inultos abire sinat. Ille breui mandata efficit. At 6
Iugurtha, munimento castrorum inpeditus, quom alii
super uallum praecipitarentur, alii in angustiis ipsi sibi
properantes officerent, multis amissis in loca munita sese
15 recepit. Metellus infecto negotio, postquam nox aderat, in 7
castra cum exercitu reuortitur.

Igitur postero die, prius quam ad oppugnandum egre- **59**
deretur, equitatum omnem in ea parte qua regis aduentus
erat pro castris agitare iubet, portas et proxuma loca
20 tribunis dispertit, deinde ipse pergit ad oppidum atque uti
superiore die murum adgreditur. Interim Iugurtha ex 2
occulto repente nostros inuadit: qui in proxumo locati
fuerant, paulisper territi perturbantur, relicui cito sub-
ueniunt. Neque diutius Numidae resistere quiuissent, ni 3
25 pedites cum equitibus permixti magnam cladem in congressu facerent. Quibus illi freti non, uti equestri proelio
solet, sequi, dein cedere, sed aduorsis equis concurrere,
inplicare ac perturbare aciem: ita expeditis peditibus suis
hostis paene uictos dare.

30 Eodem tempore apud Zamam magna ui certabatur. Vbi **60**
quisque legatus aut tribunus curabat, eo acerrume niti

1 frustrari XH^2D^2: frustrati A^2Y: frustrati sunt C^2: frustrabantur
Schol. Stat. Theb. 2. 594, cf. Heges. 4. 2   2 sin X: si Y 4 clamorem
ϵ: clamorem uel tumultum (uel *eras.* K^2) *rell.*: tumultum *Dietsch*
11 effecit δ 27 aduersis equis $K^2\varsigma$: adueris sequi $XK^1\gamma$: aduersis
equi P^2N

neque alius in alio magis quam in sese spem habere;
pariterque oppidani agere; oppugnare aut parare omnibus
locis, auidius alteri alteros sauciare quam semet tegere;
2 clamor permixtus hortatione laetitia gemitu, item strepitus
3 armorum ad caelum ferri; tela utrimque uolare. Sed illi qui 5
moenia defensabant, ubi hostes paulum modo pugnam
4 remiserant, intenti proelium equestre prospectabant. Eos,
uti quaeque Iugurthae res erant, laetos modo, modo
pauidos animaduorteres, ac, sicuti audiri a suis aut cerni
possent, monere alii, alii hortari, aut manu significare aut 10
niti corporibus et ea huc et illuc quasi uitabundi aut
5 iacientes tela agitare. Quod ubi Mario cognitum est—nam
is in ea parte curabat—consulto lenius agere ac diffiden-
tiam rei simulare, pati Numidas sine tumultu regis proe-
6 lium   uisere.   Ita   illis   studio   suorum   adstrictis 15
repente magna ui murum adgreditur. Et iam scalis egressi
milites prope summa ceperant, quom oppidani concur-
7 runt, lapides, ignem, alia praeterea tela ingerunt. Nostri
primo resistere; deinde, ubi unae atque alterae scalae con-
minutae, qui supersteterant adflicti sunt, ceteri, quoquo 20
modo potuere, pauci integri, magna pars uolneribus con-
8 fecti abeunt. Denique utrimque proelium nox diremit.
61   Metellus postquam uidet frustra inceptum, neque
oppidum capi neque Iugurtham nisi ex insidiis aut suo
loco pugnam facere, et iam aestatem exactam esse, ab 25
Zama discedit et in iis urbibus quae ad se defecerant
satisque munitae loco aut moenibus erant praesidia
2 inponit; ceterum exercitum in prouinciam quae proxuma
3 est Numidiae hiemandi gratia conlocat. Neque id tempus
ex aliorum more quieti aut luxuriae concedit, sed, quo- 30

1 sese XK^2: se Y 8 res iugurthae γ 10 aut^2 $PA^2\beta KH^2$:
om. $A^1N\gamma$ 11 ea *om.* DF^1 16 ui magna ϵ adgressi δ
21 confecti uulneribus γ 22 denique XN^2: deinde Y 24 nisi
A^2K^2: niti $\alpha\delta H^1D$: niti nisi βH^2: ni F 26 ad $P^2N^2H^1F^1$, *Arus. vii.*
466. 20, 485. 23: ab *rell.*

niam armis bellum parum procedebat, insidias regi per
amicos tendere et eorum perfidia pro armis uti parat.
Igitur Bomilcarem, qui Romae cum Iugurtha fuerat et 4
inde uadibus datis clam de Massiuae nece iudicium fugerat,
5 quod ei per maxumam amicitiam maxuma copia fallundi
erat, multis pollicitationibus adgreditur. Ac primo efficit uti 5
ad se conloquendi gratia occultus ueniat, deinde fide data,
si Iugurtham uiuom aut necatum sibi tradidisset, fore ut illi
senatus inpunitatem et sua omnia concederet, facile
10 Numidae persuadet, quom ingenio infido tum metuenti
ne, si pax cum Romanis fieret, ipse per condiciones ad
supplicium traderetur. Is, ubi primum opportunum fuit, **62**
Iugurtham anxium ac miserantem fortunas suas adcedit,
monet atque lacrumans obtestatur uti aliquando sibi
15 liberisque et genti Numidarum optume meritae prouideat:
omnibus proeliis sese uictos, agrum uastatum, multos
mortalis captos occisos, regni opes conminutas esse; satis
saepe iam et uirtutem militum et fortunam temptatam;
caueat ne illo cunctante Numidae sibi consulant. His 2
20 atque talibus aliis ad deditionem regis animum inpellit.
Mittuntur ad imperatorem legati qui Iugurtham imperata 3
facturum dicerent ac sine ulla pactione sese regnumque
suom in illius fidem tradere. Metellus propere cunctos 4
senatorii ordinis ex hibernis adcersi iubet; eorum et
25 aliorum quos idoneos ducebat consilium habet. Ita more 5
maiorum ex consili decreto per legatos Iugurthae imperat
argenti pondo ducenta milia, elephantos omnis, equorum
et armorum aliquantum. Quae postquam sine mora facta 6
sunt, iubet omnis perfugas uinctos adduci. Eorum magna 7
30 pars, uti iussum erat, adducti; pauci, quom primum

4 clam *om. PA*^{1}, *secl. Dietsch* (*inrepsit fortasse ex 35. 9*)   de *om. H*^{1}ε
11 ne si *B*^{2}*NK*^{2}: nisi α*K*^{1}*D*^{2}: si *A*^{2}β*γ*   15 meritae *XK*: merenti *N*γ
ita prouideat *D*^{1}*F*   18 iam et] et iam et *D*: et iam *F*   23 tradere *PA*^{2}β*H*^{2}: -eret *A*^{1}*Y*   24 adcersi *PB*^{1}*K*γ: adcersiri *ACNF*^{2}:
arccessi *B*^{2} et] atque *γ*   26 consilio *D*^{1}*F*^{1}, *in ras. H*

deditio coepit, ad regem Bocchum in Mauretaniam abie-
8 rant. Igitur Iugurtha, ubi armis uirisque et pecunia spoliatus est, quom ipse ad imperandum Tisidium uocaretur,
rursus coepit flectere animum suom et ex mala conscientia
9 digna timere. Denique multis diebus per dubitationem 5
consumptis, quom modo taedio rerum aduorsarum omnia
bello potiora duceret, interdum secum ipse reputaret
quam grauis casus in seruitium ex regno foret, multis
magnisque praesidiis nequiquam perditis de integro
10 bellum sumit. Et Romae senatus de prouinciis consultus 10
Numidiam Metello decreuerat.

63 Per idem tempus Vticae forte C. Mario per hostias dis
supplicanti magna atque mirabilia portendi haruspex
dixerat: proinde quae animo agitabat fretus dis ageret,
fortunam quam saepissume experiretur; cuncta prospere 15
2 euentura. At illum iam antea consulatus ingens cupido
exagitabat, ad quem capiundum praeter uetustatem familiae alia omnia abunde erant: industria, probitas, militiae
magna scientia, animus belli ingens domi modicus, lubi-
dinis et diuitiarum uictor, tantummodo gloriae auidus. 20
3 Sed is natus et omnem pueritiam Arpini altus, ubi
primum aetas militiae patiens fuit, stipendiis faciundis,
non Graeca facundia neque urbanis munditiis sese exercuit: ita inter artis bonas integrum ingenium breui ado-
4 leuit. Ergo ubi primum tribunatum militarem a populo 25
petit, plerisque faciem eius ignorantibus ⟨factis⟩ facile
5 notus per omnis tribus declaratur. Deinde ab eo magistratu alium post alium sibi peperit semperque in potestatibus eo modo agitabat ut ampliore quam gerebat dignus

---

3 cum D^2F^2, *Seru. E. 8. 71*: dum *PβKH*: tum *ANε*　　14 ageret
$B^2K^2D^2$, *Fro. 100. 15*: agere ω　　15 cuncta] omnia γ　　21 altus
ω, *Prisc. ii. 527. 24, Diom. i. 375. 15*: alitus D^2s, 'in quibusdam autem codicibus etiam "alitus" inuenitur' *Prisc.*　　26 factis facile *scripsi* (factis
iam Palmerius, facile factis *Kurfess*): facile ω: fama *Scheindler* (*cf. 82. 4*):
fama facile *Hellwig*　　28 alium¹] alios $H^1D^1F^1$

haberetur. Tamen is ad id locorum talis uir—nam postea 6
ambitione praeceps datus est—consulatum adpetere non
audebat: etiam tum alios magistratus plebs, consulatum
nobilitas inter se per manus tradebat; nouos nemo tam 7
5 clarus neque tam egregiis factis erat quin indignus illo
honore et quasi pollutus haberetur.

Igitur ubi Marius haruspicis dicta eodem intendere **64**
uidet quo cupido animi hortabatur, ab Metello petundi
gratia missionem rogat. Quoi quamquam uirtus, gloria
10 atque alia optanda bonis superabant, tamen inerat con-
temptor animus et superbia, commune nobilitatis malum.
Itaque primum conmotus insolita re mirari eius consilium 2
et quasi per amicitiam monere ne tam praua inciperet neu
super fortunam animum gereret: non omnia omnibus
15 cupiunda esse, debere illi res suas satis placere; postremo
caueret id petere a populo Romano quod illi iure negare-
tur. Postquam haec atque alia talia dixit neque animus 3
Mari flectitur, respondit, ubi primum potuisset per
negotia publica, facturum sese quae peteret. Ac postea 4
20 saepius eadem postulanti fertur dixisse ne festinaret abire,
satis mature illum cum filio suo consulatum petiturum. Is
eo tempore contubernio patris ibidem militabat, annos
natus circiter uiginti. Quae res Marium quom pro honore
quem adfectabat tum contra Metellum uehementer
25 adcenderat. Ita cupidine atque ira, pessumis consultori- 5
bus, grassari; neque facto ullo neque dicto abstinere, quod
modo ambitiosum foret; milites quibus in hibernis praeerat laxiore imperio quam antea habere; apud negotiatores, quorum magna multitudo Vticae erat, criminose

---

2 consulatum *hoc loco N, post* adpetere *suppl. D²: om. rell.*   5 tam
om. ε   factus ε   quin P¹F¹: quin is *rell.*: is *ante* quasi *transp. Eussner*
(*cf. C. 23. 6*)   7 marius A²βK²H²D: marius cum αδH¹: *om. F*
7–8 intendere uidet *om.* P¹A¹, *marg. suppl. N*   12 mirari γ: mirari
primum *rell.*   14 super] tam super β   23 cum *om. A¹D¹F*
26 ullo X: aliquo Nγ: alio K

simul et magnifice de bello loqui: dimidia pars exercitus si
sibi permitteretur, paucis diebus Iugurtham in catenis
habiturum; ab imperatore consulto trahi, quod homo
6 inanis et regiae superbiae imperio nimis gauderet. Quae
omnia illis eo firmiora uidebantur quia diuturnitate belli 5
res familiaris corruperant, et animo cupienti nihil satis
65 festinatur. Erat praeterea in exercitu nostro Numida
quidam nomine Gauda, Mastanabalis filius, Masinissae
nepos, quem Micipsa testamento secundum heredem
scripserat, morbis confectus et ob eam causam mente 10
2 paulum inminuta. Quoi Metellus petenti more regum ut
sellam iuxta poneret, item postea custodiae causa turmam
equitum Romanorum, utrumque negauerat: honorem,
quod eorum modo foret quos populus Romanus reges
appellauisset, praesidium, quod contumeliosum in eos 15
foret, si equites Romani satellites Numidae traderentur.
3 Hunc Marius anxium adgreditur atque hortatur ut contumeliarum in imperatorem cum suo auxilio poenas petat.
Hominem ob morbos animo parum ualido secunda
oratione extollit: illum regem, ingentem uirum, Masinis- 20
sae nepotem esse; si Iugurtha captus aut occisus foret,
imperium Numidiae sine mora habiturum; id adeo mature
posse euenire, si ipse consul ad id bellum missus foret.
4 Itaque et illum et equites Romanos, milites et negotiatores, alios ipse, plerosque pacis spes inpellit uti Romam 25
ad suos necessarios aspere in Metellum de bello scribant,
5 Marium imperatorem poscant. Sic illi a multis mortalibus
honestissuma suffragatione consulatus petebatur. Simul
ea tempestate plebs, nobilitate fusa per legem Mamiliam,
nouos extollebat. Ita Mario cuncta procedere. 30

---

5 quia XK^1: quod $NK^2\gamma$ 11 paululum $A^2\beta$ 14 modo]
more P 16 satelliti $N^2K^2\epsilon$ 18 in imperatorem δDF^2: imperatorem αH^1F^1: imperatori βH^2 20 uirum esse γ
22 habiturum sine more (mora F) ϵ 27 multis a P
29 maniliam β

Interim Iugurtha, postquam omissa deditione bellum **66**
incipit, cum magna cura parare omnia, festinare, cogere
exercitum, ciuitatis quae ab se defecerant formidine aut
ostentando praemia adfectare, conmunire suos locos,
5 arma tela aliaque quae spe pacis amiserat reficere aut
conmercari, seruitia Romanorum adlicere et eos ipsos qui
in praesidiis erant pecunia temptare, prorsus nihil intactum neque quietum pati, cuncta agitare. Igitur Vagenses, 2
quo Metellus initio Iugurtha pacificante praesidium in-
10 posuerat, fatigati regis suppliciis neque antea uoluntate
alienati, principes ciuitatis inter se coniurant. Nam
uolgus, uti plerumque solet et maxume Numidarum,
ingenio mobili, seditiosum atque discordiosum erat, cupidum nouarum rerum, quieti et otio aduorsum. Dein
15 conpositis inter se rebus in diem tertium constituunt,
quod is festus celebratusque per omnem Africam ludum et
lasciuiam magis quam formidinem ostentabat. Sed ubi 3
tempus fuit, centuriones tribunosque militaris et ipsum
praefectum oppidi T. Turpilium Silanum alius alium
20 domos suas inuitant. Eos omnis praeter Turpilium inter
epulas obtruncant, postea milites palantis inermos, quippe
in tali die ac sine imperio, adgrediuntur. Idem plebes facit, 4
pars edocti ab nobilitate, alii studio talium rerum incitati,
quis acta consiliumque ignorantibus tumultus ipse et res
25 nouae satis placebant. Romani milites, inprouiso metu **67**
incerti ignarique quid potissumum facerent, trepidare.
Arce oppidi, ubi signa et scuta erant, praesidium hostium, portae ante clausae fuga prohibebant; ad hoc mulieres puerique pro tectis aedificiorum saxa et alia quae
30 locus praebebat certatim mittere. Ita neque caueri anceps 2

3 a γ   5 -que *om. ACN*   8 uagenses $A^1N^1D^1$: vac- BN^2:
uacc- *rell.*   15 tertium] Cererum *Carcopino*   19 silanum
A^1BN^2γ: sill- $A^2C\delta H^2$: selatum P^1, silatum P^2 21 inermos
α$B^1C^2\delta D^1$: -es $B^2C^1N^2K^2HD^2F$ 22 item $A^1\delta$ plebs KHD^1F
27 arce *Jordan*: arcem $X\delta HD$: ad arcem F 28 fuga α: fugam A^2 *rell.*

malum neque a fortissumis infirmissumo generi resisti
posse: iuxta boni malique, strenui et inbelles inulti
3 obtruncari. In ea tanta asperitate, saeuissumis Numidis et
oppido undique clauso, Turpilius praefectus unus ̄ex
omnibus Italicis intactus profugit. Id misericordiane 5
hospitis an pactione aut casu ita euenerit parum conperimus, nisi, quia illi in tanto malo turpis uita integra fama
potior fuit, inprobus intestabilisque uidetur.

68 Metellus postquam de rebus Vagae actis conperit,
paulisper maestus ex conspectu abit. Deinde, ubi ira et 10
aegritudo permixta sunt, cum maxuma cura ultum ire
2 iniurias festinat. Legionem cum qua hiemabat et quam
plurumos potest Numidas equites pariter cum occasu solis
expeditos educit et postero die circiter hora tertia peruenit
in quandam planitiem locis paulo superioribus circum- 15
3 uentam. Ibi milites fessos itineris magnitudine et iam
abnuentis omnia docet oppidum Vagam non amplius mille
passuum abesse, decere illos relicuom laborem aequo
animo pati, dum pro ciuibus suis, uiris fortissumis atque
miserrumis, poenas caperent; praeterea praedam benigne 20
4 ostentat. Sic animis eorum adrectis equites in primo late,
pedites quam artissume ire et signa occultare iubet.

69 Vagenses, ubi animum aduortere ad se uorsum exercitum
pergere, primo, uti erat res, Metellum esse rati portas
clausere; deinde, ubi neque agros uastari et eos qui primi 25
aderant Numidas equites uident, rursum Iugurtham arbi-
2 trati cum magno gaudio obuii procedunt. Equites peditesque repente signo dato alii uolgum effusum oppido
caedere, alii ad portas festinare, pars turris capere: ira
3 atque praedae spes amplius quam lassitudo posse. Ita 30

2 inulti] multi βD^1 5 profugit intactus γ 6 aut] an $K\gamma$
9 Vagae] augae A^1: uaccae *rell.*   10 e β 14 postero AKF:
-era *rell.*   hora tertia α: horam tertiam A^2 *rell.*   17 uagam A^1N^1:
uacc- *rell.*   21 late ς: latere ω 23 uagenses A^1: uacc- *rell.*
29 ira B^2CKF: irae αB^1NHD

Vagenses biduom modo ex perfidia laetati: ciuitas magna
et opulens cuncta poenae aut praedae fuit. Turpilius, 4
quem praefectum oppidi unum ex omnibus profugisse
supra ostendimus, iussus a Metello causam dicere, post-
5 quam sese parum expurgat, condemnatus uerberatusque
capite poenas soluit; nam is ciuis ex Latio erat.

Per idem tempus Bomilcar, quoius inpulsu Iugurtha **70**
deditionem quam metu deseruit inceperat, suspectus regi
et ipse eum suspiciens nouas res cupere, ad perniciem eius
10 dolum quaerere, die noctuque fatigare animum. Denique 2
omnia temptando socium sibi adiungit Nabdalsam, hominem nobilem, magnis opibus, clarum acceptumque popularibus suis, qui plerumque seorsum ab rege exercitum
ductare et omnis res exequi solitus erat quae Iugurthae
15 fesso aut maioribus adstricto superauerant; ex quo illi
gloria opesque inuentae. Igitur utriusque consilio dies 3
insidiis statuitur; cetera, uti res posceret, ex tempore
parari placuit. Nabdalsa ad exercitum profectus, quem 4
inter hiberna Romanorum iussus habebat ne ager inultis
20 hostibus uastaretur. Is postquam magnitudine facinoris 5
perculsus ad tempus non uenit metusque rem inpediebat,
Bomilcar, simul cupidus incepta patrandi et timore soci
anxius ne omisso uetere consilio nouom quaereret, litteras
ad eum per homines fidelis mittit, in quis mollitiam
25 socordiamque uiri accusare, testari deos per quos iura-
uisset, monere ne praemia Metelli in pestem conuorteret:
Iugurthae exitium adesse, ceterum suane an Metelli
uirtute periret, id modo agitari; proinde reputaret cum
animo suo, praemia an cruciatum mallet. Sed quom eae **71**

---

1 uagenses A^1: uacc- *rell.*   5 parum sese ε   condemnatusque
$A^2\beta$ 6 latio $A^1K^2H^1D^2F^2$: collatio *rell.*   9 ipse *om. Non. 400.*
20   12 clarum (*cf. E. 1. 2. 2, 2. 7. 6, Tac. Ann. 12. 29. 1*)] carum *Colerus*
(*cf. I. 12. 3, 108. 2, Liu. 35. 15. 4, al.*)   13 qui *om.* H^1ε   ab] a *F, Gell. 1.*
22. 15   16 consiliis K^1HD^1F 19 inultus KD^1F^1
22 cupidinibus $NK^2H^1D^1F^1$ 24 mollitiem $K\gamma$

litterae adlatae, forte Nabdalsa exercito corpore fessus in
2 lecto quiescebat, ubi cognitis Bomilcaris uerbis primo
3 cura, deinde, uti aegrum animum solet, somnus cepit. Erat
ei Numida quidam negotiorum curator, fidus acceptusque
4 et omnium consiliorum nisi nouissumi particeps. Qui 5
postquam adlatas litteras audiuit et ex consuetudine ratus
opera aut ingenio suo opus esse in tabernaculum introiit,
dormiente illo epistulam super caput in puluino temere
positam sumit ac perlegit, dein propere cognitis insidiis ad
5 regem pergit. Nabdalsa paulo post experrectus, ubi neque 10
epistulam repperit et rem omnem, uti acta erat, [ex per-
fugis] cognouit, primo indicem persequi conatus, postquam id frustra fuit, Iugurtham placandi gratia adcedit;
dicit quae ipse parauisset facere perfidia clientis sui
praeuenta; lacrumans obtestatur per amicitiam perque sua 15
antea fideliter acta ne super tali scelere suspectum sese
72 haberet. Ad ea rex aliter atque animo gerebat placide
respondit. Bomilcare aliisque multis quos socios insidi-
arum cognouerat interfectis iram oppresserat, ne qua ex eo
2 negotio seditio oreretur. Neque post id locorum Iugurthae 20
dies aut nox ulla quieta fuit: neque loco neque mortali
quoiquam aut tempori satis credere, ciuis hostisque iuxta
metuere, circumspectare omnia et omni strepitu p4paues-
cere, alio ⟨atque alio⟩ loco, saepe contra decus regium,
noctu requiescere, interdum somno excitus adreptis armis 25
tumultum facere: ita formidine quasi uecordia exagitari.
73   Igitur Metellus, ubi de casu Bomilcaris et indicio pate-
facto ex perfugis cognouit, rursus tamquam ad integrum
2 bellum cuncta parat festinatque. Marium fatigantem de
profectione, simul et inuitum et offensus sibi parum 30
3 idoneum ratus, domum dimittit. Et Romae plebes, litteris

---

4 ei *om.* δ   11 ex perfugis (*ex 73. 1 huc inlatum*) *secl. Kritz*
14 facere *ante* praeuenta *transp.* γ   20 oreretur αN^1: orir- *rell.*
24 atque alio *suppl.* ς   25 exercitus P^1N: excitatus A^2: experrectus
Diom. i. 376. 16 (fort. ex 71. 5)

quae de Metello ac Mario missae erant cognitis, uolenti
animo de ambobus acceperant. Imperatori nobilitas, quae 4
antea decori fuit, inuidiae esse; at illi alteri generis humili-
tas fauorem addiderat. Ceterum in utroque magis studia
5 partium quam bona aut mala sua moderata. Praeterea 5
seditiosi magistratus uolgum exagitare, Metellum omnibus contionibus capitis arcessere, Mari uirtutem in maius
celebrare. Denique plebes sic adcensa uti opifices agres- 6
tesque omnes, quorum res fidesque in manibus sitae erant,
10 relictis operibus frequentarent Marium et sua necessaria
post illius honorem ducerent. Ita perculsa nobilitate post 7
multas tempestates nouo homini consulatus mandatur. Et
postea populus, a tribuno plebis T. Manlio Mancino rogatus quem uellet cum Iugurtha bellum gerere, frequens
15 Marium iussit. Sed paulo ⟨ante senatus Numidiam
Metello⟩ decreuerat: ea res frustra fuit.

　　Eodem tempore Iugurtha amissis amicis—quorum ple- 74
rosque ipse necauerat, ceteri formidine pars ad Romanos,
alii ad regem Bocchum profugerant—quom neque bellum
20 geri sine administris posset et nouorum fidem in tanta
perfidia ueterum experiri periculosum duceret, uarius
incertusque agitabat. Neque illi res neque consilium aut
quisquam hominum satis placebat: itinera praefectosque
in dies mutare, modo aduorsum hostis, interdum in solitu-
25 dines pergere, saepe in fuga ac post paulo in armis spem

6 excitare β　　　7 in maius] inmanius A^2C: in manus B: om. D^1
10 operibus relictis ε　　frequentarent $A^2βNHD^2$: -arentur α: -abant ε
13 T. α: del. A^2, om. rell.: C. Gell. 7. 11. 2, Prisc. ii. 382. 7　　mancino (ex
mand- A) α: -tino D^2F: -thino N: -ctino HD^1: -cilio β　　15–16 paulo
ante senatus numidiam metello decreuerat suppl. pauci ς, feliciter ut uidetur
(cf. 62. 10): paulo decreuerat XN^1D^1: paulo decreuerat senatus B^2:
senatus decio paulo decreuerat N^2: senatus paulo decreuerat decio H:
senatus paulo decio decreuerat F: paulo decio decreuerat bellum D^2
16 fuit] erat ε　　　20 et om. γ　　　21 uarius ς: uanus ω
23 hominum β: omnium AY: homnium P^1, hominium P^2　　25 paulo
post γ

habere, dubitare uirtuti an fidei popularium minus crede-
2 ret: ita quocumque intenderat res aduorsae erant. Sed
inter eas moras repente sese Metellus cum exercitu
ostendit. Numidae ab Iugurtha pro tempore parati
3 instructique, dein proelium incipitur. Qua in parte rex 5
pugnae adfuit, ibi aliquamdiu certatum, ceteri eius omnes
milites primo congressu pulsi fugatique. Romani sig-
norum et armorum [et] aliquanto numero, hostium paucorum potiti; nam ferme Numidas in omnibus proeliis
magis pedes quam arma tutata sunt.   10

75   Ea fuga Iugurtha inpensius modo rebus suis diffidens
cum perfugis et parte equitatus in solitudines, dein
Thalam pervenit, in oppidum magnum atque opulentum,
ubi plerique thesauri filiorumque eius multus pueritiae
2 cultus erat. Quae postquam Metello conperta sunt, quam- 15
quam inter Thalam flumenque proxumum in spatio
milium quinquaginta loca arida atque uasta esse cognouerat, tamen spe patrandi belli, si eius oppidi potitus
foret, omnis asperitates superuadere ac naturam etiam
3 uincere adgreditur. Igitur omnia iumenta sarcinis leuari 20
iubet nisi frumento dierum decem, ceterum utris modo et
4 alia aquae idonea portari. Praeterea conquirit ex agris
quam plurumum potest domiti pecoris, eo inponit uasa
quoiusque modi, sed pleraque lignea conlecta ex tuguriis
5 Numidarum. Ad hoc finitumis imperat, qui se post regis 25
fugam Metello dederant, quam plurumum quisque aquae
6 portaret; diem locumque ubi praesto forent praedicit; ipse
ex flumine, quam proxumam oppido aquam esse supra

1 uirtute D^1F popularium an fidei (fide F) γ 3 se HD^1F
6 certatum est $C^2N\epsilon$ 7 concursu D^1F 8 et *om.* ς
9 fere γ numidas $A^1B^2HD^2F^2$, *ex* -dias N: -dis $PA^2\beta\epsilon$ 10 tutata
sunt βHF^2: tuta sunt $\alpha\delta\epsilon$: tutantur *Shackleton Bailey* (*cf. 52. 4, 107. 1*)
14 ubi γ: ubique $\alpha\delta$: ibi- $P^2A^2\beta K^2$ 18 oppido γ 20 leuare
H^1DF^1 21 frumenta H^1DF^1 23 eo PA^1N: eoque *rell.*
27 forent *Gruter*: fuerit (-at N) ω 28 aquam oppido γ

diximus, iumenta onerat. Eo modo instructus ad Thalam
proficiscitur. Deinde, ubi ad id loci uentum quo Numidis 7
praeceperat et castra posita munitaque sunt, tanta repente
caelo missa uis aquae dicitur ut ea modo exercitui satis
5 superque foret. Praeterea conmeatus spe amplior, quia 8
Numidae, sicuti plerique in noua deditione, officia intenderant. Ceterum milites religione pluuia magis usi, eaque 9
res multum animis eorum addidit; nam rati sese dis
inmortalibus curae esse. Deinde postero die, contra
10 opinionem Iugurthae, ad Thalam perueniunt. Oppidani, 10
qui se locorum asperitate munitos crediderant, magna
atque insolita re perculsi, nihilo segnius bellum parare;
idem nostri facere.

Sed rex, nihil iam infectum Metello credens, quippe qui **76**
15 omnia, arma tela, locos tempora, denique naturam ipsam
ceteris imperitantem industria uicerat, cum liberis et
magna parte pecuniae ex oppido noctu profugit. Neque
postea in ullo loco amplius uno die aut una nocte moratus,
simulabat sese negoti gratia properare, ceterum prodi-
20 tionem timebat, quam uitare posse celeritate putabat; nam
talia consilia per otium et ex opportunitate capi. At Metel- 2
lus, ubi oppidanos proelio intentos, simul oppidum et
operibus et loco munitum uidet, uallo fossaque moenia
circumuenit. Dein duobus locis ex copia maxume idoneis 3
25 uineas agere, [superque eas] aggerem iacere et super
aggerem inpositis turribus opus et administros tutari;
contra haec oppidani festinare, parare: prorsus ab utrisque 4
nihil relicuom fieri. Denique Romani, multo ante labore 5 ⟩
proeliisque fatigati, post dies quadraginta quam eo uen-
30 tum erat, oppido modo potiti: praeda omnis ab perfugis
corrupta. Ii postquam murum arietibus feriri resque suas 6
adflictas uident, aurum atque argentum et alia quae prima

2 quo ς: quod ω   13 item A^1N 18 uno] una $K^2γ$
19 gratia negotii ε   24 dein duobus α: deinde iubet $A^2βδε$: dein
iubet H: deinde duobus iubet F^2 25 superque eas *del. Popma*

ducuntur domum regiam conportant. Ibi uino et epulis
onerati illaque et domum et semet igni corrumpunt et quas
uicti ab hostibus poenas metuerant, eas ipsi uolentes pep-
endere.

77 Sed pariter cum capta Thala legati ex oppido Lepti ad 5
Metellum uenerant, orantes uti praesidium praefec-
tumque eo mitteret: Hamilcarem quendam, hominem
nobilem factiosum, nouis rebus studere, aduorsum quem
neque imperia magistratuum neque leges ualerent; ni id
festinaret, in summo periculo suam salutem, illorum 10
2 socios fore. Nam Leptitani iam inde a principio belli
Iugurthini ad Bestiam consulem et postea Romam mise-
3 rant amicitiam societatemque rogatum; deinde, ubi ea
inpetrata, semper boni fidelesque mansere et cuncta a
4 Bestia, Albino Metelloque imperata naue fecerant. Itaque 15
ab imperatore facile quae petebant adepti: emissae eo
cohortes Ligurum quattuor et C. Annius praefectus.

78 Id oppidum ab Sidoniis conditum est, quos accepimus
profugos ob discordias ciuilis nauibus in eos locos uenisse.
Ceterum situm inter duas Syrtis, quibus nomen ex re 20
2 inditum. Nam duo sunt sinus prope in extrema Africa,
inpares magnitudine, pari natura, quorum proxuma terrae
praealta sunt, cetera uti fors tulit alta alia, alia in tem-
3 pestate uadosa. Nam ubi mare magnum esse et saeuire
uentis coepit, limum harenamque et saxa ingentia fluctus 25
trahunt: ita facies locorum cum uentis simul mutatur,
4 Syrtes ab tractu nominatae. Eius ciuitatis lingua modo
conuorsa conubio Numidarum, legum cultusque pleraque
Sidonica, quae eo facilius retinebant quod procul ab

imperio regis aetatem agebant: inter illos et frequentem 5
Numidiam multi uastique loci erant.

Sed quoniam in has regiones per Leptitanorum negotia **79**
uenimus, non indignum uidetur egregium atque mirabile
5 facinus duorum Carthaginiensium memorare: eam rem
nos locus admonuit. Qua tempestate Carthaginienses 2
pleraque Africa imperitabant, Cyrenenses quoque magni
atque opulenti fuere. Ager in medio harenosus, una specie; 3
neque flumen neque mons erat qui finis eorum discerneret,
10 quae res eos in magno diuturnoque bello inter se habuit.
Postquam utrimque legiones, item classes saepe fusae 4
fugataeque et alteri alteros aliquantum adtriuerant, ueriti
ne mox uictos uictoresque defessos alius adgrederetur, per
indutias sponsionem faciunt uti certo die legati domo
15 proficiscerentur: quo in loco inter se obuii fuissent, is
communis utriusque populi finis haberetur. Igitur Cartha- 5
gine duo fratres missi, quibus nomen Philaenis erat,
maturauere iter pergere; Cyrenenses tardius iere. Id
socordiane an casu adciderit parum cognoui. Ceterum 6
20 solet in illis locis tempestas haud secus atque in mari
retinere; nam ubi per loca aequalia et nuda gignentium
uentus coortus harenam humo excitauit, ea magna ui
agitata ora oculosque inplere solet: ita prospectu inpedito
morari iter. Postquam Cyrenenses aliquanto posteriores se 7
25 esse uident et ob rem corruptam domi poenas metuont,
criminari Carthaginiensis ante tempus domo digressos,
conturbare rem, denique omnia malle quam uicti abire.
Sed quom Poeni aliam condicionem, tantummodo 8
aequam, peterent, Graeci optionem Carthaginiensium
30 faciunt ut uel illi, quos finis populo suo peterent, ibi uiui
obruerentur, uel eadem condicione sese quem in locum
uellent processuros. Philaeni condicione probata seque 9

---

4 memorabile $A^2\beta$ 6 locus nos γ 7 pleraque africa A^1,
Arus. vii. 481. 22–3: pleraeque africae *rell.*   17 philenis KD^2: -es
rell.   20 locis illis ϵ 25 esse *om. β*

vitamque suam rei publicae condonauere: ita uiui obruti.
10 Carthaginienses in eo loco Philaenis fratribus aras con-
secrauere, aliique illis domi honores instituti. Nunc ad
rem redeo.

80   Iugurtha postquam amissa Thala nihil satis firmum 5
contra Metellum putat, per magnas solitudines cum
paucis profectus peruenit ad Gaetulos, genus hominum
ferum incultumque et eo tempore ignarum nominis
2 Romani. Eorum multitudinem in unum cogit ac paulatim
consuefacit ordines habere, signa sequi, imperium ob- 10
3 seruare, item alia militaria facere. Praeterea regis Bocchi
proxumos magnis muneribus et maioribus promissis ad
studium sui perducit, quis adiutoribus regem adgressus
4 inpellit uti aduorsus Romanos bellum incipiat. Id ea gratia
facilius proniusque fuit quod Bocchus initio huiusce belli 15
legatos Romam miserat foedus et amicitiam petitum,
5 quam rem opportunissumam incepto bello pauci inpedi-
uerant caeci auaritia, quis omnia honesta atque inhonesta
6 uendere mos erat. Et iam antea Iugurthae filia Bocchi
nupserat. Verum ea necessitudo apud Numidas Mauros- 20
que leuis ducitur, quia singuli pro opibus quisque quam
plurumas uxores, denas alii, alii pluris habent, sed reges
7 eo amplius. Ita animus multitudine distrahitur: nulla pro
81 socia obtinet, pariter omnes uiles sunt. Igitur in locum
ambobus placitum exercitus conueniunt. Ibi fide data et 25
accepta Iugurtha Bocchi animum oratione adcendit:
Romanos iniustos, profunda auaritia, conmunis omnium
hostis esse; eandem illos causam belli cum Boccho habere
quam secum et cum aliis gentibus, lubidinem imperitandi,
quis omnia regna aduorsa sint; tum sese, paulo ante 30

1 -que *om.* δ   12–13 sui ad studium ε   14 aduersum γ
17 bello ς: belli ω   19 bocchi $A^2\beta$ (*cf. Flor. 1. 36. 17, Plut. Sulla 3. 2,
Marius 10. 3, Io. Ant. frg. 64 (FHG iv. 561)*): boccho αY, *Non. 353. 34*
21 quia] quod HD^1F 22 habeant ε, *ex* habebant H   23 nulla
P^2: nullam ω   29 lubidinem A^1KF: -ine *rell.*   30 sunt $A^2\beta$

Carthaginiensis, item regem Persen, post uti quisque
opulentissumus uideatur, ita Romanis hostem fore. His 2
atque aliis talibus dictis ad Cirtam oppidum iter constituunt, quod ibi [Q.] Metellus praedam captiuosque et
5 inpedimenta locauerat. Ita Iugurtha ratus aut capta urbe 3
operae pretium fore aut, si dux Romanus auxilio suis
uenisset, proelio sese certaturos. Nam callidus id modo 4
festinabat, Bocchi pacem inminuere, ne moras agitando
aliud quam bellum mallet.

10   Imperator postquam de regum societate cognouit, non **82**
temere neque, uti saepe iam uicto Iugurtha consueuerat,
omnibus locis pugnandi copiam facit; ceterum haud
procul ab Cirta castris munitis reges opperitur, melius
esse ratus cognitis Mauris, quoniam is nouos hostis
15 adcesserat, ex commodo pugnam facere. Interim Roma 2
per litteras certior fit prouinciam Numidiam Mario
datam; nam consulem factum ante acceperat. Quibus
rebus supra bonum aut honestum perculsus neque lacru-
mas tenere neque moderari linguam, uir egregius in aliis
20 artibus nimis molliter aegritudinem pati. Quam rem alii in 3
superbiam uortebant, alii bonum ingenium contumelia
adcensum esse, multi quod iam parta uictoria ex manibus
eriperetur: nobis satis cognitum est illum magis honore
Mari quam iniuria sua excruciatum neque tam anxie
25 laturum fuisse si adempta prouincia alii quam Mario
traderetur.

Igitur eo dolore inpeditus et quia stultitiae uidebatur **83**
alienam rem periculo suo curare, legatos ad Bocchum
mittit postulatum ne sine causa hostis populo Romano
30 fieret: habere tum magnam copiam societatis amicitiaeque

1 persen (-em *D*) regem ε   persen $A^2P^2\delta HF$: persem α*D*: persae β
uti] ubi *NDF*¹   4 ibi *ς*: ibi Q. β*F*: ibi quintus $A^2C^2\delta HD$: ibi minus
A^1 6 dux $PA^2\beta H^2D^2$: om. A^1Y 8 moras B^2K^2ε: mox *rell.*
16 mario *ante* prouinciam *transp.* γ   23 est *om.* ε   28 suo
periculo ε

coniungundae, quae potior bello esset, et quamquam
opibus suis confideret, tamen non debere incerta pro
certis mutare; omne bellum sumi facile, ceterum aegerrume desinere; non in eiusdem potestate initium eius et
finem esse; incipere quoiuis etiam ignauo licere, deponi 5
quom uictores uelint. Proinde sibi regnoque suo con-
suleret neu florentis res suas cum Iugurthae perditis
2 misceret. Ad ea rex satis placide uerba facit: sese pacem
cupere, sed Iugurthae fortunarum misereri; si eadem illi
3 copia fieret, omnia conuentura. Rursus imperator contra 10
postulata Bocchi nuntios mittit; ille probare partim, alia
abnuere. Eo modo saepe ab utroque missis remissisque
nuntiis tempus procedere, et ex Metelli uoluntate bellum
intactum trahi.

84 At Marius, ut supra diximus, cupientissuma plebe con- 15
sul factus, postquam ei prouinciam Numidiam populus
iussit, antea iam infestus nobilitati, tum uero multus atque
ferox instare, singulos modo, modo uniuorsos laedere,
dictitare sese consulatum ex uictis illis spolia cepisse, alia
2 praeterea magnifica pro se et illis dolentia; interim quae 20
bello opus erant prima habere, postulare legionibus
supplementum, auxilia a populis et regibus arcessere,
praeterea ex Latio sociisque fortissumum quemque, plerosque militiae, paucos fama cognitos, adcire et ambiundo
cogere homines emeritis stipendiis secum proficisci. 25
3 Neque illi senatus, quamquam aduorsus erat, de ullo
negotio abnuere audebat; ceterum supplementum etiam
laetus decreuerat, quia neque plebi militia uolenti putabatur et Marius aut belli usum aut studia uolgi amissurus.

1 et X: *om. Y*   3 aegerrume X: acerrime Y   11–12 partim alia
X: partim partim γ: partim N, K[1] *ut uid.*: partim abnuere partim probare *in
ras.* K[2]   12 eo modo] eodem H[1]D[1]: eodem modo F   16 numidiam prouinciam γ   23 sociisque *post* regibus (*u.* 22) ω: *huc transp.
Wirz* (*cf. 39. 2, 43. 4, 95. 1, H. 1. 55. 12*)   27 abnuere] negare γ
28 plebe βKD[2]   militia A[1]N[1]KF, Prisc. iii. 285. 2: -iam *rell.*   uolente
A[2]βKH[2]

Sed ea res frustra sperata: tanta lubido cum Mario eundi
plerosque inuaserat. Sese quisque praeda locupletem fore, 4
uictorem domum rediturum, alia huiusce modi animis
trahebant, et eos non paulum oratione sua Marius adrexe-
5 rat. Nam postquam omnibus quae postulauerat decretis 5
milites scribere uolt, hortandi causa simul et nobilitatem,
uti consueuerat, exagitandi contionem populi aduocauit.
Deinde hoc modo disseruit:
    'Scio ego, Quirites, plerosque non isdem artibus im- **85**
10 perium a uobis petere et, postquam adepti sunt, gerere:
primo industrios supplicis modicos esse, dein per ignauiam et superbiam aetatem agere. Sed mihi contra ea
uidetur; nam quo pluris est uniuorsa res publica quam 2
consulatus aut praetura, eo maiore cura illam administrari
15 quam haec peti debere. Neque me fallit quantum cum 3
maxumo uostro beneficio negoti sustineam. Bellum parare
simul et aerario parcere, cogere ad militiam eos quos nolis
offendere, domi forisque omnia curare et ea agere inter
inuidos occursantis factiosos opinione, Quirites, asperius
20 est. Ad hoc, alii si deliquere, uetus nobilitas, maiorum 4
fortia facta, cognatorum et adfinium opes, multae cliente-
lae, omnia haec praesidio adsunt: mihi spes omnes in
memet sitae, quas necesse est uirtute et innocentia tutari;
nam alia infirma sunt. Et illud intellego, Quirites, omnium 5
25 ora in me conuorsa esse, aequos bonosque fauere—quippe
mea bene facta rei publicae procedunt—nobilitatem
locum inuadundi quaerere. Quo mihi acrius adnitundum 6
est uti neque uos capiamini et illi frustra sint. Ita ad hoc 7

---

6 milites *om. B¹C, del. A²*   7 consuerat *P²AB²N*   11 supplicis *A¹*: -iis *NH¹D¹F*: -es *rell.*   dein *VX*: dehinc *Y*   13 quo]
quanto *VA²C²H²*   14 illa *V*   16 uestro beneficio *Vβ (cf. §26)*:
beneficio uestro α*Y*   sustineo *P*   17 et *om. V*   21 facta *om.*
HD¹F¹   22 haec omnia *Don. Ter. Ph. 130*   23 uirtute] et uirtute *N*: ex uirtute γ   26 beneficia in rem publicam *V*   praece-
dunt *A²βH*   28 ut *Aδ*

aetatis a pueritia fui uti omnis labores et pericula consueta
8 habeam: quae ante uostra beneficia gratuito faciebam, ea
uti accepta mercede deseram non est consilium, Quirites.
9 Illis difficile est in potestatibus temperare qui per ambitionem sese probos simulauere: mihi, qui omnem aetatem 5
in optumis artibus egi, bene facere iam ex consuetudine in
naturam uortit.
10 'Bellum me gerere cum Iugurtha iussistis, quam rem
nobilitas aegerrume tulit. Quaeso, reputate cum animis
uostris num id mutare melius sit. Si quem ex illo globo 10
nobilitatis ad hoc aut aliud tale negotium mittatis, hominem ueteris prosapiae ac multarum imaginum et nullius
stipendi, scilicet ut in tanta re ignarus omnium trepidet,
11 festinet, sumat aliquem ex populo monitorem offici sui. Ita
plerumque euenit ut quem uos imperare iussistis, is sibi 15
12 imperatorem alium quaerat. Atque ego scio, Quirites, qui
postquam consules facti sunt et acta maiorum et Graecorum militaria praecepta legere coeperint: praeposteri
homines, nam gerere quam fieri tempore posterius, re
13 atque usu prius est. Conparate nunc, Quirites, cum 20
illorum superbia me hominem nouom: quae illi audire aut
legere solent, eorum partem uidi, alia egomet gessi; quae
14 illi litteris, ea ego militando didici. Nunc uos existumate
facta an dicta pluris sint. Contemnunt nouitatem meam,
ego illorum ignauiam: mihi fortuna, illis probra obiec- 25
15 tantur. Quamquam ego naturam unam et communem
omnium existumo, sed fortissumum quemque generosis-
16 sumum; ac si iam ex patribus Albini aut Bestiae quaeri

1 uti *VPβ*: ut *AY*   et *VPA²β, Arus. vii. 460. 19*: *om. A¹Y*   2 haberem *Arus.*   antea *A¹NF*   7 uerti *V*: uertitur *H*: uenit *K²* *in ras.*
10 mutare *VPβ*: -ari *AY*   12 ac] aut *β*: *om. V, Prisc. iii. 221. 19, 366. 1*
et] ac *Prisc.* (*locis iam citatis accedit iii. 360. 2*)   13 trepide *Non. 396. 26*
14 sumet *H¹DF*   15 imperatorem *V*   sibi *VA¹Y*: *om. Pβ, del. A²*
16 atque *VXK²*: at *Y*   17 et¹ *VPA²β*: *om. A¹Y*   21 aut *VA*: et
rell.   22 alia] talia *H¹DF¹*   25 obiciuntur *VP²*   27 gen-
erosum *D¹F*   generos(issim)um esse *K²γ*   28 patribus] matre *V*

posset mene an illos ex se gigni maluerint, quid respon-
suros creditis nisi sese liberos quam optumos uoluisse?
Quod si iure me despiciunt, faciant item maioribus suis, 17
quibus, uti mihi, ex uirtute nobilitas coepit. Inuident 18
5 honori meo: ergo inuideant labori, innocentiae, periculis
etiam meis, quoniam per haec illum cepi. Verum homines 19
corrupti superbia ita aetatem agunt quasi uostros honores
contemnant; ita hos petunt quasi honeste uixerint. Ne illi 20
falsi sunt, qui diuorsissumas res pariter expectant, ig-
10 nauiae uoluptatem et praemia uirtutis. Atque etiam, quom 21
apud uos aut in senatu uerba faciunt, pleraque oratione
maiores suos extollunt: eorum fortia facta memorando
clariores sese putant. Quod contra est; nam quanto uita 22
illorum praeclarior, tanto horum socordia flagitiosior. Et 23
15 profecto ita se res habet: maiorum gloria posteris quasi
lumen est, neque bona neque mala eorum in occulto
patitur. Huiusce rei ego inopiam fateor, Quirites, uerum, 24
id quod multo praeclarius est, meamet facta mihi dicere
licet. Nunc uidete quam iniqui sint: quod ex aliena uirtute 25
20 sibi adrogant, id mihi ex mea non concedunt, scilicet quia
imagines non habeo et quia mihi noua nobilitas est, quam
certe peperisse melius est quam acceptam corrupisse.

'Equidem ego non ignoro, si iam mihi respondere 26
uelint, abunde illis facundam et conpositam orationem
25 fore. Sed in maxumo uostro beneficio quom omnibus locis
meque uosque maledictis lacerent, non placuit reticere, ne

1 possit V: possent A sese V maluisse V 3 faciunt PA^1
item VA^1N: idem *rell.*   5 labori $VP\beta\epsilon$: labori et δH: et labori A
6 haec per illa V 13 quantum HD^2F: -ta K 13–14 uita illo-
rum $VA\beta\delta$: illorum uita P: uita eorum γ 15 habent V quasi
VXH^2: *om. Y*   16 neque mala neque bona V eorum *om. Schol.*
Iuu. 8. 138   17 fateor V: patior ω 18 meamet $VP^2A^1BF^2$:
meam et P^1C^1: mea et N^1: mea me KHF^1: mea D: me et N^2: meimet A^2
C^2 19 sint iniqui ϵ 24 facundiam VD^1 25 uestro
maximo P 26 meque V: me ω lacerent $VPA^2\beta HD^2$: -erarent
$A^1\delta\epsilon$

27 quis modestiam in conscientiam duceret. Nam me quidem
ex animi mei sententia nulla oratio laedere potest, quippe
uera necesse est bene praedicent, falsa uita moresque mei
28 superant. Sed quoniam uostra consilia accusantur, qui
mihi summum honorem et maxumum negotium inposuis- 5
tis, etiam atque etiam reputate num eorum paenitendum
29 sit. Non possum fidei causa imagines neque triumphos aut
consulatus maiorum meorum ostentare, at, si res postulet,
hastas, uexillum, phaleras, alia militaria dona, praeterea
30 cicatrices aduorso corpore. Hae sunt meae imagines, haec 10
nobilitas, non hereditate relicta, ut illa illis, sed quae
31 egomet plurumis laboribus et periculis quaesiui. Non sunt
conposita uerba mea: parui id facio. Ipsa se uirtus satis
ostendit: illis artificio opus est, ut turpia facta oratione
32 tegant. Neque litteras Graecas didici: parum placebat eas 15
discere, quippe quae ad uirtutem doctoribus nihil pro-
33 fuerant. At illa multo optuma rei publicae doctus sum:
hostem ferire, praesidia agitare, nihil metuere nisi turpem
famam, hiemem et aestatem iuxta pati, humi requiescere,
34 eodem tempore inopiam et laborem tolerare. His ego 20
praeceptis milites hortabor, neque illos arte colam, me
opulenter, neque gloriam meam, laborem illorum faciam.
35 Hoc est utile, hoc ciuile imperium. Namque quom tute per
mollitiem agas, exercitum supplicio cogere, id est domi-
36 num, non imperatorem esse. Haec atque alia talia maiores 25
37 uostri faciundo seque remque publicam celebrauere. Quis

2 mei *om.* A^1HF 3 praedicent $VPH^2\epsilon$: -et *rell.*   falsa
VPN^2KD^2F: -am *rell.*   7–8 aut consulatus *om.* ϵ 9 hastam
$K\gamma$ 10 pectore $VP^2B^1C^2$, *fort. recte*   12 egomet V: ego meis
ω: egomet meis P^2 13 parui VP^2, *Non. 257. 36*: parum ω
16 profuerunt $VP^2\gamma$ 17 at] ad V multa $A^1\delta$ 18 hostem
VX: hostes Y praesidium VP^2 19 et] atque *Non. 322. 3*
20 ego $VA^1C\delta$: ergo $PA^2B\gamma$ 23 nam V 24 mollitiam V
id] hoc γ 25 alia talia ς (*cf. 32. 1, 40. 2, 64. 3, 81. 2, al.*): alia $VP\beta$:
talia AB^2Y

nobilitas freta, ipsa dissimilis moribus, nos illorum aemu-
los contemnit et omnis honores non ex merito, sed quasi
debitos a uobis repetit. Ceterum homines superbissumi 38
procul errant. Maiores eorum omnia quae licebat illis
5 reliquere, diuitias, imagines, memoriam sui praeclaram;
uirtutem non reliquere, neque poterant: ea sola neque
datur dono neque accipitur. Sordidum me et incultis 39
moribus aiunt, quia parum scite conuiuium exorno neque
histrionem ullum neque pluris preti coquom quam uili-
10 cum habeo. Quae mihi lubet confiteri, Quirites; nam ex 40
parente meo et ex aliis sanctis uiris ita accepi, munditias
mulieribus, uiris laborem conuenire, omnibusque bonis
oportere plus gloriae quam diuitiarum esse; arma, non
supellectilem decori esse. Quin ergo quod iuuat, quod 41
15 carum aestumant, id semper faciant: ament potent, ubi
adulescentiam habuere, ibi senectutem agant, in conuiuiis, dediti uentri et turpissumae parti corporis; sudo-
rem, puluerem et alia talia relinquant nobis, quibus illa
epulis iucundiora sunt. Verum non ita est. Nam ubi se 42
20 flagitiis dedecorauere turpissumi uiri, bonorum praemia
ereptum eunt. Ita iniustissume luxuria et ignauia, pes- 43
sumae artes, illis qui coluere eas nihil officiunt, rei
publicae innoxiae cladi sunt.

'Nunc, quoniam illis quantum mei mores, non illorum 44
25 flagitia poscebant respondi, pauca de re publica loquar.
Primum omnium de Numidia bonum habete animum, 45
Quirites. Nam quae ad hoc tempus Iugurtham tutata sunt,
omnia remouistis, auaritiam, inperitiam atque superbiam.

---

4 illis *om.* B^1C, *del.* A^2 7 incultum VB 10 libet mihi V
11 ex *om.* γ 12 uiris laborem VAY: laborem uiris $P\beta$ -que
bonis *om.* PC^1, bonis *om.* B, *s.s.* C^2 13 esse $VPA^2\beta K^2$: *om.* A^1Y
14 decora $A^1N^2D^2$: decoram N^1H^1: decor H^2 16 conuiuis VA^1
18 puluerem *om.* V 20 omnibus flagitiis V uiri *om.* V
24 mores mei D^1F 26 bonum animum habete V

46 Deinde exercitus ibi est locorum sciens, sed mehercule
magis strenuos quam felix; nam magna pars eius auaritia
47 aut temeritate ducum adtrita est. Quam ob rem uos,
quibus militaris aetas est, adnitimini mecum et capessite
rem publicam, neque quemquam ex calamitate aliorum 5
aut imperatorum superbia metus ceperit. Egomet in
agmine aut [in] proelio consultor idem et socius periculi
uobiscum adero, meque uosque in omnibus rebus iuxta
48 geram. Et profecto dis iuuantibus omnia matura sunt:
uictoria, praeda, laus. Quae si dubia aut procul essent, 10
tamen omnis bonos rei publicae subuenire decebat;
49 etenim nemo ignauia inmortalis factus est, neque quisquam parens liberis uti aeterni forent optauit, magis uti
50 boni honestique uitam exigerent. Plura dicerem, Quirites,
si timidis uirtutem uerba adderent; nam strenuis abunde 15
dictum puto.'

86 Huiusce modi oratione habita Marius, postquam plebis
animos adrectos uidet, propere conmeatu, stipendio,
armis aliisque utilibus nauis onerat; cum his A. Manlium
2 legatum proficisci iubet. Ipse interea milites scribere, non 20
more maiorum neque ex classibus, sed uti quoiusque
3 lubido erat, capite censos plerosque. Id factum alii inopia
bonorum, alii per ambitionem consulis memorabant, quod
ab eo genere celebratus auctusque erat et homini potentiam quaerenti egentissumus quisque opportunissumus, 25
quoi neque sua cara, quippe quae nulla sunt, et omnia cum
pretio honesta uidentur.
4 Igitur Marius, cum aliquanto maiore numero quam

---

1 ibi est] est ibi *HD*: est *F*   sed] et *V*   mehercules *V*   3 est
om. A[1]*N*[1]   4 est aetas γ   7 aut *VPA*[2]*β*: *om. A*[1]*Y*: ut *Kunze*
in *seclusi*   periculis *V*   8 meque *VPA*[2]*β*: me *A*[1]*Y*
11 omnibus bonis *A*[1]*N*   subuenire rei p. *V*   decebat *VPA*[2]*β*: decet
A[1]*Y*   12 nemo ignauia *VP*[1]*A*: ignauia nemo *rell.*   est *VPβ*: *om.*
AY   13 uti[2]] ut *Vγ*   19 -que *om.* ε   21 nec *Gell. 16. 10. 16*
21-2 libido cuiusque *Gell.*   28 maiore aliquanto ε

decretum erat in Africam profectus, paucis diebus Vticam
aduehitur. Exercitus ei traditur a P. Rutilio legato; nam 5
Metellus conspectum Mari fugerat, ne uideret ea quae
audita animus tolerare nequiuerat. Sed consul expletis **87**
5 legionibus cohortibusque auxiliariis in agrum fertilem et
praeda onustum proficiscitur, omnia ibi capta militibus
donat; dein castella et oppida natura et uiris parum munita
adgreditur, proelia multa, ceterum leuia, alia aliis locis
facere. Interim noui milites sine metu pugnae adesse, 2
10 uidere fugientis capi aut occidi, fortissumum quemque
tutissumum, armis libertatem patriam parentisque et alia
omnia tegi, gloriam atque diuitias quaeri. Sic breui spatio 3
noui ueteresque coaluere, et uirtus omnium aequalis facta.
At reges, ubi de aduentu Mari cognouerunt, diuorsi in 4
15 locos difficilis abeunt. Ita Iugurthae placuerat, speranti
mox effusos hostis inuadi posse, Romanos sicuti plerosque
remoto metu laxius licentiusque futuros.

Metellus interea Romam profectus contra spem suam **88**
laetissumis animis accipitur, plebi patribusque, postquam
20 inuidia decesserat, iuxta carus.

Sed Marius inpigre prudenterque suorum et hostium 2
res pariter adtendere, cognoscere quid boni utrisque aut
contra esset, explorare itinera regum, consilia et insidias
eorum anteuenire, nihil apud se remissum neque apud
25 illos tutum pati. Itaque et Gaetulos et Iugurtham ex sociis 3
nostris praedas agentis saepe adgressus in itinere fuderat
ipsumque regem haud procul ab oppido Cirta armis
exuerat. Quae postquam gloriosa modo neque belli pat- 4
randi cognouit, statuit urbis quae uiris aut loco pro hosti-
30 bus et aduorsum se opportunissumae erant singulas

8 alia leuia ω: *transp. Ciacconius*   19 accipitur aB^2C^1N: exc-
$A^2B^1C^2\gamma$ 22 utrisque aCH^2: -iusque BH^1N^1: -imque ϵ
26 praedam γ in X: *om.* Y   28 modo *om.* H^1D^1F, *del.* K
28-9 patrandi cognouit X, *Prisc. iii. 310. 20:* patrandi copiam cognouit
$A^2C^2\gamma$: patrandi cognouit copiam δ

circumuenire: ita Iugurtham aut praesidiis nudatum ⟨iri⟩,
5 si ea pateretur, aut proelio certaturum. Nam Bocchus
nuntios ad eum saepe miserat: uelle populi Romani
6 amicitiam; ne quid ab se hostile timeret. Id simulaueritne,
quo inprouisus grauior adcideret, an mobilitate ingeni 5
pacem atque bellum mutare solitus, parum exploratum est.
89 Sed consul, uti statuerat, oppida castellaque munita adire,
partim ui, alia metu aut praemia ostentando auortere ab
2 hostibus. Ac primo mediocria gerebat, existumans Iugur-
3 tham ob suos tutandos in manus uenturum; sed ubi illum 10
procul abesse et aliis negotiis intentum accepit, maiora et
magis aspera adgredi tempus uisum est.
4 Erat inter ingentis solitudines oppidum magnum atque
ualens nomine Capsa, quoius conditor Hercules Libys
memorabatur. Eius ciues apud Iugurtham inmunes, leui 15
imperio et ob ea fidelissumi habebantur, muniti aduorsum
hostis non moenibus modo et armis atque uiris, uerum
5 etiam multo magis locorum asperitate. Nam praeter
oppido propinqua alia omnia uasta, inculta, egentia aquae,
infesta serpentibus, quarum uis sicuti omnium ferarum 20
inopia cibi acrior; ad hoc natura serpentium ipsa perni-
6 ciosa siti magis quam alia re adcenditur. Eius potiundi
Marium maxuma cupido inuaserat, quom propter usum
belli, tum quia res aspera uidebatur et Metellus oppidum
Thalam magna gloria ceperat, haud dissimiliter situm 25
munitumque, nisi quod apud Thalam non longe a moenibus aliquot fontes erant, Capsenses una modo atque ea
7 intra oppidum iugi aqua, cetera pluuia utebantur. Id
ibique et in omni Africa quae procul a mari incultius
agebat eo facilius tolerabatur quia Numidae plerumque 30

1 iri *suppl. Meiser*: ⟨fore⟩ *Prammer*   5 accideret (*ex* -erat *P*) αN^1F:
acced- *A^2βN^2KHD*)   6 atque] aut ε   7 constituerat δε
14 libys] lybis *PA^2CδF*: libis *HD*: lybies *A^1*: libris *B*   20 quorum
$A^2B^1CH^1$ 21 ipsa *om.* γ   25 thala γ   29 ibique
A^2βK^2H^2D^2: ubique α*Y*

lacte et ferina carne uescebantur et neque salem neque alia
inritamenta gulae quaerebant: cibus illis aduorsum famem 8
atque sitim, non lubidini neque luxuriae erat.

Igitur consul omnibus exploratis, credo dis fretus, nam **90**
5 contra tantas difficultates consilio satis prouidere non
poterat—quippe etiam frumenti inopia temptabatur, quia
Numidae pabulo pecoris magis quam aruo student et
quodcumque natum fuerat iussu regis in loca munita
contulerant, ager autem aridus et frugum uacuos ea
10 tempestate, nam aestatis extremum erat—tamen pro rei
copia satis prouidenter exornat. Pecus omne quod superi- 2
oribus diebus praedae fuerat equitibus auxiliariis agundum adtribuit, A. Manlium legatum cum cohortibus
expeditis ad oppidum Laris, ubi stipendium et conmea-
15 tum locauerat, ire iubet dicitque se praedabundum post
paucos dies eodem uenturum. Sic incepto suo occultato 3
pergit ad flumen Tanain. Ceterum in itinere cotidie pecus **91**
exercitui per centurias, item turmas aequaliter distribuerat, et ex coriis utres uti fierent curabat: simul inopiam
20 frumenti lenire et ignaris omnibus parare quae mox usui
forent. Denique sexto die, quom ad flumen uentum est,
maxuma uis utrium effecta. Ibi castris leui munimento 2
positis milites cibum capere atque, uti simul cum occasu
solis egrederentur, paratos esse iubet, omnibus sarcinis
25 abiectis aqua modo seque et iumenta onerare. Dein, 3
postquam tempus uisum, castris egreditur noctemque
totam itinere facto consedit; idem proxuma facit; dein
tertia, multo ante lucis aduentum, peruenit in locum
tumulosum ab Capsa non amplius duum milium inter-
30 uallo, ibique quam occultissume potest cum omnibus
copiis opperitur. Sed ubi dies coepit et Numidae nihil 4

2 cibus ⟨et potus⟩ *Meiser*   3 libidine P^1A^1 6 quia] quod γ
13 manilium $P^1A^1B^2N$ 15 dicetque P^1A^1 17 tanain aF:
-im *in ras.* K^2, *rell.*   19 simul $P\beta\delta$: simul et γ: statim A
27 idem $PA^2\beta$: item $A^1\delta$: idemque γ proxima nocte $A^2C^2H^2\epsilon$

hostile metuentes multi oppido egressi, repente omnem
equitatum et cum iis uelocissumos pedites cursu tendere
ad Capsam et portas obsidere iubet; deinde ipse intentus
5 propere sequi neque milites praedari sinere. Quae postquam oppidani cognouere, res trepidae, metus ingens,
malum inprouisum, ad hoc pars ciuium extra moenia in
hostium potestate coegere uti deditionem facerent.
6 Ceterum oppidum incensum, Numidae puberes interfecti,
7 alii omnes uenundati, praeda militibus diuisa. Id facinus
contra ius belli non auaritia neque scelere consulis admissum, sed quia locus Iugurthae opportunus, nobis aditu
difficilis, genus hominum mobile infidum, ante neque
beneficio neque metu coercitum.

92 Postquam tantam rem Marius sine ullo suorum incommodo ⟨confecit⟩, magnus et clarus antea, maior atque
2 clarior haberi coepit. Omnia non bene consulta in uirtutem trahebantur: milites, modesto imperio habiti simul
et locupletes, ad caelum ferre; Numidae magis quam
mortalem timere; postremo omnes, socii atque hostes,
credere illi aut mentem diuinam esse aut deorum nutu
3 cuncta portendi. Sed consul, ubi ea res bene euenit, ad alia
oppida pergit, pauca repugnantibus Numidis capit, plura
⟨deserta⟩ propter Capsensium miserias igni corrumpit:
4 luctu atque caede omnia conplentur. Denique multis locis
potitus ac plerisque exercitu incruento aliam rem adgreditur, non eadem asperitate qua Capsensium, ceterum
haud secus difficilem.
5 Namque haud longe a flumine Muluccha, quod Iugurthae Bocchique regnum diiungebat, erat inter ceteram
planitiem mons saxeus, mediocri castello satis patens, in

---

12 ante $PA^2\beta$: *om.* $A^1K\gamma$: ac (*ex* a) N 13 cohercetur A^1N
15 confecit *suppleui exempli gratia*: peregit *uel* effecit ⟨: patrauit K^2: peregit *sed ante* Marius *positum* $A^2\beta$: gessit *post* Marius H: *om.* αδε
23 deserta *suppl.* ⟨   28 muluccha PC: -ucca A: -ucha K: -ucchae
NH^2: -uchae γ: malucha B 29 diiungebat α: dis- A^2 *rell.*

inmensum editus, uno perangusto aditu relicto; nam
omnis natura uelut opere atque consulto praeceps. Quem 6
locum Marius, quod ibi regis thesauri erant, summa ui
capere intendit. Sed ea res forte quam consilio melius
5 gesta. Nam castello uirorum atque armorum satis, magna 7
uis [et] frumenti et fons aquae; aggeribus turribusque et
aliis machinationibus locus inportunus, iter castellanorum
angustum admodum, utrimque praecisum. Ea uineae cum 8
ingenti periculo frustra agebantur, nam quom eae paulo
10 processerant igni aut lapidibus corrumpebantur; milites 9
neque pro opere consistere propter iniquitatem loci neque
inter uineas sine periculo administrare: optumus quisque
cadere aut sauciari, ceteris metus augeri.

At Marius multis diebus et laboribus consumptis anxius **93**
15 trahere cum animo suo omitteretne inceptum, quoniam
frustra erat, an fortunam opperiretur, qua saepe prospere
usus fuerat. Quae quom multos dies noctisque aestuans 2
agitaret, forte quidam Ligus, ex cohortibus auxiliariis
miles gregarius, castris aquatum egressus, haud procul ab
20 latere castelli quod auorsum proeliantibus erat animum
aduortit inter saxa repentis cocleas; quarum quom unam
atque alteram, dein plures peteret, studio legundi paulatim prope ad summum montis egressus est. Vbi postquam 3
solitudinem intellexit, more ingeni humani cupido diffi-
25 cilia faciundi animum inuadit. Et forte in eo loco grandis 4
ilex coaluerat inter saxa, paulum modo prona, deinde
inflexa atque aucta in altitudinem, quo cuncta gignentium
natura fert. Quoius ramis modo, modo eminentibus saxis

2 omnis _Q_: omnia _X praeter Q_, δH^1D^2: omni $K^2H^2\epsilon$ 6 et _om._ ς:
ante magna _transp. Jordan_   7 aliis _Y_: altis (_ex_ talis _A_) _X_
8 praecisum. ea uineae _Wirz_: praecisae auineae _P_: praecisae//uineae _N_:
praecisae uineae _rell._: praecisum. uineae _Aldus_   9 eae PA^2: hae β:
ea $A^1N\epsilon$: eo KHD^2 20 auersum F^2ς: adu- ω   25 inuadit ς:
aduertit (aduort- _P_) α_K_ (_fort. ex u. 21 inlatum_): uertit (uort- _B_) $A^2βNγ$:
alio uortit _Wirz_   27 inflexa αβδ: flexa $A^2Cγ$ gignentia $\varPi_1$
28 modo modo] modo _K_: modo deinde $A^2β$

nisus Ligus in castelli planitiem peruenit, quod cuncti
5 Numidae intenti proeliantibus aderant. Exploratis omnibus quae mox usui fore ducebat, eadem regreditur, non
temere uti escenderat, sed temptans omnia et circum-
6 spiciens. Itaque Marium propere adit, acta edocet, hor- 5
tatur ab ea parte qua ipse escenderat castellum temptet,
7 pollicetur sese itineris periculique ducem. Marius cum
Ligure promissa eius cognitum ex praesentibus misit.
Quorum uti quoiusque ingenium erat, ita rem difficilem
aut facilem nuntiauere; consulis animus tamen paulum 10
8 adrectus. Itaque ex copia tubicinum et cornicinum
numero quinque quam uelocissumos delegit et cum iis
praesidio qui forent quattuor centuriones, omnisque
Liguri parere iubet et ei negotio proxumum diem con-
94 stituit. Sed ubi ex praecepto tempus uisum, paratis con- 15
positisque omnibus ad locum pergit. Ceterum illi qui
escensuri erant, praedocti ab duce arma ornatumque
mutauerant: capite atque pedibus nudis, uti prospectus
nisusque per saxa facilius foret; super terga gladii et scuta,
uerum ea Numidica ex coriis, ponderis gratia simul et 20
2 offensa quo leuius streperent. Igitur praegrediens Ligus
saxa et si quae uetustate radices eminebant laqueis
uinciebat, quibus adleuati milites facilius escenderent;
interdum timidos insolentia itineris leuare manu, ubi

---

1 nisi B^1C in *om.* A^1Y peruenit XF^2: perscribit (de- *H*) *Y*
1–2 quod . . . aderant *fort. secludendum* (*cf. 93. 2, 94. 3*)   2 haud proeliantibus *P*: ////proeliantibus *AN*   3 eadem α*N*: eodem $A^2\beta K\gamma$
4 escenderat A^1N^1: asc- *rell.*   5 adit XD^2: adiit *Y*   edocet *X*:
docet *Y*   6 escenderat *Gruter*: asc- *X*: desc- *Y*   12 quinque
numero γ iis] paucissimus *Wirz*   13 ⟨milites paucos et⟩ quattuor *Dietsch* (*cf. Frontin. Strat. 3. 9. 3*)   14 ei *om.* H^1D^1F, *del. K*
15 paratus H^1D^1F 16 -que $PA^2\beta K^2H^2D^2$: *om.* A^1Y
17 escensuri erant *Carrio, et fort.* A^1: ascensuri erant F^2: e centuriis erant
P: et centuriae praeerant *Y*: centuriis praeerant $A^2\beta H^2$ 18 atque]
aut D^1F profectus PD^1F^1 22 uetustae *P*   23 escenderent αN^1: asc- $A^2\beta N^2K\gamma$

paulo asperior ascensus erat singulos prae se inermos
mittere, deinde ipse cum illorum armis sequi, quae dubia
nisui uidebantur potissumus temptare ac saepius eadem
ascendens descendensque, dein statim digrediens ceteris
5 audaciam addere. Igitur diu multumque fatigati tandem in 3
castellum perueniunt, desertum ab ea parte quod omnes,
sicut aliis diebus, aduorsum hostis aderant. Marius ubi ex
nuntiis quae Ligus egerat cognouit, quamquam toto die
intentos proelio Numidas habuerat, tum uero cohortatus
10 milites et ipse extra uineas egressus, testudine acta succedere et simul hostem tormentis sagittariisque et funditoribus eminus terrere. At Numidae, saepe antea uineis 4
Romanorum subuorsis, item incensis, non castelli moenibus sese tutabantur, sed pro muro dies noctisque agitare,
15 male dicere Romanis ac Mario uecordiam obiectare,
militibus nostris Iugurthae seruitium minari, secundis
rebus feroces esse. Interim omnibus, Romanis hosti- 5
busque, proelio intentis, magna utrimque ui pro gloria
atque imperio his, illis pro salute certantibus, repente a
20 tergo signa canere; ac primo mulieres et pueri qui uisum
processerant fugere, deinde uti quisque muro proxumus
erat, postremo cuncti, armati inermesque. Quod ubi 6
adcidit, eo acrius Romani instare, fundere ac plerosque
tantummodo sauciare, dein super occisorum corpora
25 uadere, auidi gloriae certantes murum petere, neque
quemquam omnium praeda morari. Sic forte correcta 7
Mari temeritas gloriam ex culpa inuenit.

Ceterum, dum ea res geritur, L. Sulla quaestor cum **95**
magno equitatu in castra uenit, quos uti ex Latio et a sociis
30 cogeret Romae relictus erat. Sed quoniam nos tanti uiri res 2

---

1 prae K_s: pro P^1 *ut uid.*: per *rell.*   inermos $aB^2\epsilon$: -es $\beta\delta HD^2$
3 nisu s 4 et descendens γ digrediens $A^2\beta HD$: de- $a\delta$: e- F
9 intentos XF^2: -tus Y numidas XF^2: inuidias Y 10 egressus
K^2s: regressus βH: est egressus F^2: est regressus $a\delta\epsilon$ 26 correpta
$P^2\beta K^2D^2$ 29 quos s: qui $AC\delta D^2F$: quod $PBHD^1$

admonuit, idoneum uisum est de natura cultuque eius
paucis dicere; neque enim alio loco de Sullae rebus dicturi
sumus et L. Sisenna, optume et diligentissume omnium
qui eas res dixere persecutus, parum mihi libero ore
locutus uidetur.   5

3 Igitur Sulla gentis patriciae nobilis fuit, familia prope
iam extincta maiorum ignauia, litteris Graecis atque
Latinis iuxta [atque doctissume] eruditus, animo ingenti,
cupidus uoluptatum sed gloriae cupidior; otio luxurioso
esse, tamen ab negotiis numquam uoluptas remorata; * * * 10
nisi quod de uxore potuit honestius consuli; facundus,
callidus et amicitia facilis, ad simulanda ⟨ac dissimulanda⟩
negotia altitudo ingeni incredibilis, multarum rerum ac
4 maxume pecuniae largitor. Atque illi felicissumo omnium
ante ciuilem uictoriam numquam super industriam for-   15
tuna fuit, multique dubitauere fortior an felicior esset;
nam postea quae fecerit, incertum habeo pudeat an pigeat
magis disserere.

96 Igitur Sulla, uti supra dictum est, postquam in Africam
atque in castra Mari cum equitatu uenit, rudis antea et 20
ignarus belli, sollertissumus omnium in paucis tempes-
2 tatibus factus est. Ad hoc milites benigne appellare, multis
rogantibus, aliis per se ipse dare beneficia, inuitus accipere, sed ea properantius quam aes mutuom reddere, ipse
ab nullo repetere, magis id laborare ut illi quam plurumi 25
3 deberent; ioca atque seria cum humillumis agere; in operibus, in agmine atque ad uigilias multus adesse, neque
interim, quod praua ambitio solet, consulis aut quoius-

8 atque doctissume *secl. Vogel* (*cf. Heges. 1. 38. 3*): atque doctissumi *Bur-
sian*: ac qui doctissumi *Constans*: ac qui doctissumus* (*uel* -ume) *Shackleton Bailey*   10 uoluntas *AC*   *lacunam statuit Krämer*, erga suos
humanus *exempli gratia suppl. Shackleton Bailey*   12 ac dissimulanda
add. Dietsch (*conl. C. 5. 4*)   17 pudeat $A^2N^2H^2$, *Non. 424. 12*: pudet
$P\beta K\gamma$: pudat A^1N^1 17–18 an pigeat magis $\alpha C\delta$: magis an pigeat
(magis *s.s.*) *B*: magis an piget γ 19 supra praedictum $P\beta$
25 ab $\alpha\delta$: a $\beta\gamma$ rapere $C^2HD^1F^1$

quam boni famam laedere, tantummodo neque consilio
neque manu priorem alium pati, plerosque anteuenire.
Quibus rebus et artibus breui Mario militibusque caris- 4
sumus factus.

5   At Iugurtha, postquam oppidum Capsam aliosque locos 97
munitos et sibi utilis simul et magnam pecuniam amiserat,
ad Bocchum nuntios mittit quam primum in Numidiam
copias adduceret: proeli faciundi tempus adesse. Quem 2
ubi cunctari accepit et dubium belli atque pacis rationes
10 trahere, rursus uti antea proxumos eius donis corrupit
ipsique Mauro pollicetur Numidiae partem tertiam, si aut
Romani Africa expulsi aut integris suis finibus bellum
conpositum foret. Eo praemio inlectus Bocchus cum 3
magna multitudine Iugurtham adcedit.

15   Ita amborum exercitu coniuncto Marium, iam in hiberna proficiscentem, uix decuma parte die relicua inuadunt, rati noctem, quae iam aderat, et uictis sibi
munimento fore et, si uicissent, nullo inpedimento, quia
locorum scientes erant, contra Romanis utrumque casum
20 in tenebris difficiliorem fore. Igitur simul consul ex multis 4
de hostium aduentu cognouit et ipsi hostes aderant, et
priusquam exercitus aut instrui aut sarcinas conligere,
denique ante quam signum aut imperium ullum accipere
quiuit, equites Mauri atque Gaetuli, non acie neque ullo
25 more proeli sed cateruatim, uti quosque fors congloba-
uerat, in nostros incurrunt. Qui omnes, trepidi inprouiso 5
metu ac tamen uirtutis memores, aut arma capiebant aut
capientis alios ab hostibus defensabant; pars equos
escendere, obuiam ire hostibus; pugna latrocinio magis

---

4 factus fuit δ   7 misit P   9 et XK²F²: om. Y
10 corrumpit βε   11 -que om. ε   mauro] boccho HD: boccho
post mauro eras. K   tertiam partem γ   16 die a, Gell. 9. 14. 26:
diei A² rell.   17 et XK²: om. Y   18 quia] quod γ
24 quiuisset A²BC²   27 ac] at γ   29 escendere N¹, Arus. vii.
472. 12: asc- (scandere A¹) rell.

quam proelio similis fieri; sine signis, sine ordinibus
equites peditesque permixti cedere alius, alius obtruncari,
multi contra aduorsos acerrume pugnantes ab tergo
circumueniri; neque uirtus neque arma satis tegere, quia
hostes numero plures et undique circumfusi erant. 5
Denique Romani ueteres [nouique] et ob ea scientes belli,
si quos locus aut casus coniunxerat, orbis facere atque ita
ab omnibus partibus simul tecti et instructi hostium uim
98 sustentabant. Neque in eo tam aspero negotio Marius
territus aut magis quam antea demisso animo fuit, sed cum 10
turma sua, quam ex fortissumis magis quam familiaris-
sumis parauerat, uagari passim ac modo laborantibus suis
succurrere, modo hostis, ubi confertissumi obstiterant,
inuadere; manu consulere militibus, quoniam imperare
2 conturbatis omnibus non poterat. Iamque dies consump- 15
tus erat, quom tamen barbari nihil remittere atque, uti
3 reges praeceperant, noctem pro se rati acrius instare. Tum
Marius ex copia rerum consilium trahit atque, uti suis
receptui locus esset, collis duos propinquos inter se
occupat, quorum in uno castris parum amplo fons aquae 20
magnus erat, alter usui opportunus, quia magna parte
4 editus et praeceps pauca munimenta quaerebat. Ceterum
apud aquam Sullam cum equitibus noctem agitare iubet,
ipse paulatim dispersos milites neque minus hostibus conturbatis in unum contrahit, dein cunctos pleno gradu in 25
5 collem subducit. Ita reges loci difficultate coacti proelio
deterrentur, neque tamen suos longius abire sinunt, sed

2 alius, alius *Jordan*: alios alios ω: alii alii *Linker*   obtruncari
Jordan: -are ω   3 multi A^2: multa A^1N: multos *rell.*   4 circumueniri αN: -ire $A^2\beta K\gamma$ quia] quod γ   6 nouique *secl. Kritz*
(*ut ex 87. 3 inlatum*)   et ob . . . belli *secl. Dietsch*   7 facere
$A^2\beta H^2D^1$: fecere *rell.*   13 abstiterant α   21 uisui P^2A^1
22 editus $B^2K^2H^2D^2F$: -ta *rell.*   munimento NK^1D^2F quaerebat
ς: gerebant $PA^2\beta D^1$: -bat B^2K^2HF, *s.s. N*: regebant N^1D^2, *fort.* A^1: -bat
N^2K^1 24 paulatim *post* milites *transp.* γ   24–5 conturbatis
hostibus ε   conturbatos PA^1N^1

utroque colle multitudine circumdato effusi consedere.
Dein crebris ignibus factis plerumque noctis barbari more 6
suo laetari, exultare, strepere uocibus; et ipsi duces,
feroces quia non fugerant, pro uictoribus agere. Sed ea 7
5 cuncta Romanis ex tenebris et editioribus locis facilia uisu
magnoque hortamento erant. Plurumum uero Marius **99**
inperitia hostium confirmatus quam maxumum silentium
haberi iubet, ne signa quidem, uti per uigilias solebant,
canere. Deinde, ubi lux aduentabat, defessis iam hostibus
10 ac paulo ante somno captis, de inprouiso uigiles, item
cohortium turmarum legionum tubicines simul omnis
signa canere, milites clamorem tollere atque portis erum-
pere iubet. Mauri atque Gaetuli, ignoto et horribili sonitu 2
repente exciti, neque fugere neque arma capere neque
15 omnino facere aut prouidere quicquam poterant: ita 3
cunctos strepitu clamore, nullo subueniente, nostris
instantibus, tumultu formidine terrore quasi uecordia
ceperat. Denique omnes fusi, fugatique, arma et signa
militaria pleraque capta, pluresque eo proelio quam
20 omnibus superioribus interempti; nam somno et metu
insolito inpedita fuga.

Dein Marius, uti coeperat, in hiberna ✳ ✳ ✳ propter con- **100**
meatum in oppidis maritumis agere decreuerat. Neque
tamen uictoria socors aut insolens factus, sed pariter atque
25 in conspectu hostium quadrato agmine incedere: Sulla 2
cum equitatu apud dextumos, in sinistra parte A. Manlius
cum funditoribus et sagittariis, praeterea cohortis Ligurum curabat; primos et extremos cum expeditis manipulis

4 quod *HD¹F*   fugerant *Burnouf*: fugere aut ω   10 uigiles *Cor-*
tius: uectigales ω   12 atque *K²*: aut ω   13 et] atque γ
16 cunctis *A¹NK¹*   17 formidine terrore *Xδ*: terrore formidine γ:
formidine terror *A²*: terrore *secl. Dietsch*   18 ceperat *AF*: acc- *rell.*
21 fuga impedita ε   22 in *om. PH¹*   *lacuna uarie suppleta*: it *βH²*:
proficiscitur ς: pergit, quod *Dietsch*: nam *Nipperdey*   24 ac γ
26 dextimos *P²AβK²D², Prisc. ii. 95. 5, 98. 15*: extremos *P¹Y*   A. Man-
lius] Mallius *Prisc.*

3 tribunos locauerat. Perfugae, minume cari et regionum
scientissumi, hostium iter explorabant. Simul consul quasi
nullo inposito omnia prouidere, apud omnis adesse,
4 laudare et increpare merentis. Ipse armatus intentusque
item milites cogebat. Neque secus atque iter facere castra 5
munire, excubitum in porta cohortis ex legionibus, pro
castris equites auxiliarios mittere, praeterea alios super
uallum in munimentis locare, uigilias ipse circumire, non
diffidentia futura quae imperauisset quam uti militibus
5 exaequatus cum imperatore labor uolentibus esset. Et 10
sane Marius illoque aliisque temporibus Iugurthini belli
pudore magis quam malo exercitum coercebat. Quod
multi per ambitionem fieri aiebant, alii a pueritia consue-
tam duritiam et alia quae ceteri miserias uocant uoluptati
habuisse. Nisi tamen res publica, pariter ac saeuissumo 15
imperio, bene atque decore gesta.

101 Igitur quarto denique die haud longe ab oppido Cirta
undique simul speculatores citi sese ostendunt, qua re
2 hostis adesse intellegitur. Sed quia diuorsi redeuntes alius
ab alia parte atque omnes idem significabant, consul 20
incertus quonam modo aciem instrueret, nullo ordine
3 conmutato, aduorsum omnia paratus ibidem opperitur. Ita
Iugurtham spes frustrata, qui copias in quattuor partis
distribuerat, ratus ex omnibus aeque aliquos ab tergo
4 hostibus uenturos. Interim Sulla, quem primum hostes 25
adtigerant, cohortatus suos turmatim et quam maxume
confertis equis ipse aliique Mauros inuadunt; ceteri in
loco manentes ab iaculis eminus emissis corpora tegere et,

6 in portas *Lipsius*: *malim* ad portas   7 equites Y: equites et $P\beta$:
equites ex A 7–8 super uallum *post* munimentis *transp.* γ 8 non
$\alpha\delta$: non tam $\beta K^2\gamma$ 9 pro diffidentia β futura *Dietsch*: -uri ω:
-urum ς 13 alii *Wirz*: quod ω: *secl.Eussner*: alii quod (. . . habuisset)
Ernout (*cf. 82. 3, 86. 3*)   15 habuisse $\alpha\delta$, *Fro. 100. 19*: -isset $A^2\beta K^2\gamma$
r.p. δ, res publica *Fro.*: rei p. $PA^2\beta\gamma$: rem p. A^1 ac] atque (*ut uid.*) *Fro.*
17 ab *om.* D^1F 19 abeuntes ϵ 22 ita $\alpha K H^2F$: item $A^2\beta ND$:
igitur H^1 27 ipsi PA^1 28 missis ϵ, *fort. recte* (*cf. 58. 3*)

si qui in manus uenerant, obtruncare. Dum eo modo 5
equites proeliantur, Bocchus cum peditibus quos Volux
filius eius adduxerat neque in priore pugna in itinere
morati adfuerant, postremam Romanorum aciem inua-
5 dunt. Tum Marius apud primos agebat, quod ibi Iugurtha 6
cum plurumis erat. Dein Numida cognito Bocchi aduentu
clam cum paucis ad pedites conuortit. Ibi Latine—nam
apud Numantiam loqui didicerat—exclamat nostros frustra
pugnare, paulo ante Marium sua manu interfectum; simul
10 gladium sanguine oblitum ostendere, quem in pugna satis
inpigre occiso pedite nostro cruentauerat. Quod ubi milites 7
accepere, magis atrocitate rei quam fide nuntii terrentur,
simulque barbari animos tollere et in perculsos Romanos
acrius incedere. Iamque paulum a fuga aberant quom Sulla, 8
15 profligatis iis quos aduorsum ierat, rediens ab latere Mauris
incurrit. Bocchus statim auortitur. At Iugurtha, dum 9
sustentare suos et prope iam adeptam uictoriam retinere
cupit, circumuentus ab equitibus, dextra sinistra omnibus
occisis, solus inter tela hostium uitabundus erumpit. Atque 10
20 interim Marius fugatis equitibus adcurrit auxilio suis, quos
pelli iam acceperat. Denique hostes iam undique fusi. Tum 11
spectaculum horribile in campis patentibus: sequi fugere,
occidi capi; equi atque uiri adflicti, ac multi uolneribus
acceptis neque fugere posse neque quietem pati, niti modo
25 ac statim concidere; postremo omnia qua uisus erat
constrata telis armis cadaueribus, et inter ea humus infecta
sanguine.
    Post ea loci consul, haud dubie iam uictor, peruenit in **102**
oppidum Cirtam, quo initio profectus intenderat. Eo, post 2
30 diem quintum quam iterum barbari male pugnauerant,

---

2 proeliantur $A^1K^1\epsilon$: -arentur $PA^2\beta K^2$: -abantur H: -antes N
5 agebat βH: erat $\alpha\delta\epsilon$: agitabat A^2 8 apud] ad *Arus. vii. 451. 26*
nostrum PA^1 10 ostentans *Prisc. ii. 530. 14*   15 mauris ab (a
H) latere γ 16 advertitur ANK^1 18 sinistraque B^2K^2
20 fagatis δ 22 in *om. DF*^{1} effugere ϵ 26 confecta D^1F

legati a Boccho ueniunt qui regis uerbis ab Mario peti-
uere, duos quam fidissumos ad eum mitteret: uelle de suo
et de populi Romani commodo cum iis disserere. Ille
3 statim L. Sullam et A. Manlium ire iubet. Qui quamquam
adciti ibant, tamen placuit uerba apud regem facere, ⟨ut⟩ 5
ingenium aut auorsum flecterent aut cupidum pacis uehe-
4 mentius adcenderent. Itaque Sulla, quoius facundiae, non
aetati a Manlio concessum, pauca uerba huiusce modi
locutus:

5   'Rex Bocche, magna laetitia nobis est, quom te talem 10
uirum di monuere uti aliquando pacem quam bellum
malles neu te optumum cum pessumo omnium Iugurtha
miscendo conmaculares, simul nobis demeres acerbam
necessitudinem, pariter te errantem atque illum sceleratis-
6 sumum persequi. Ad hoc populo Romano iam a principio 15
imperi melius uisum amicos quam seruos quaerere,
7 tutiusque rati uolentibus quam coactis imperitare. Tibi
uero nulla opportunior nostra amicitia, primum quia procul absumus, in quo offensae minumum, gratia par ac si
adessemus; dein quia parentis abunde habemus, amicorum 20
8 neque nobis neque quoiquam omnium satis fuit. Atque hoc
utinam a principio tibi placuisset: profecto ex populo
Romano ad hoc tempus multo plura bona accepisses
9 quam mala perpessus es. Sed quoniam humanarum rerum

2 suo] se $A^2\beta$ 4 L. *om.* $A^1K^1\gamma$ 5 ut *suppl.* ς   7 cuius
sulla A^2B^1C quoius] catus A^1: tutus P facundia PA^1 10 laetitia nobis $VP\beta H$: nobis laetitia *rell.*   est *om.* D^1F quom] quod V
11 ut V bellum pacem quam A^1N: bellum quam pacem K
12 optumum] primum A^1N 14 atque $VPA^2\beta K^2$: et A^1Y
15 hoc populo romano iam $V\beta K^2\gamma$: populo romano iam *in ras.* A^2: hoc
utinam (*ex u. 21–22*) δD^2: *deficit P*   16 imperi *Selling*: inopi
$VA^2\beta K^2HD^2$, *marg.* P^2: tibi A^1N, *ut uid.* K^1 (*ex u. 22*): *om.* ε, *del. Kritz, fort.*
recte (*cf. H. 1. 11, 4. 69. 17*): *deficit P*   18 amicitia nostra δHD
quia] quod γ 20 quia] quod γ 22 a *om.* V tibi a principio γ 23 multa A^1N: multa et H cepisses V 24 es
Fabri: esses ω: esse V

fortuna pleraque regit, quoi scilicet placuit et uim et
gratiam nostram te experiri, nunc, quando per illam licet,
festina atque uti coepisti perge. Multa atque opportuna 10
habes, quo facilius errata officiis superes. Postremo hoc in 11
5 pectus tuom demitte, numquam populum Romanum
beneficiis uictum esse; nam bello quid ualeat tute scis.'
   Ad ea Bocchus placide et benigne, simul pauca pro 12
delicto suo uerba facit: se non hostili animo, sed ob
regnum tutandum arma cepisse. Nam Numidiae partem 13
10 unde ui Iugurtham expulerit iure belli suam factam, eam
uastari a Mario pati nequiuisse; praeterea missis antea
Romam legatis repulsum ab amicitia. Ceterum uetera 14
omittere ac tum, si per Marium liceret, legatos ad senatum
missurum. Dein, copia facta, animus barbari ab amicis 15
15 flexus quos Iugurtha, cognita legatione Sullae et Manli
metuens id quod parabatur, donis corruperat.
   Marius interea exercitu in hibernaculis conposito cum **103**
expeditis cohortibus et parte equitatus proficiscitur in loca
sola obsessum turrim regiam, quo Iugurtha perfugas
20 omnis praesidium inposuerat. Tum rursus Bocchus, seu 2
reputando quae sibi duobus proeliis uenerant seu admoni-
tus ab aliis amicis quos incorruptos Iugurtha reliquerat, ex
omni copia necessariorum quinque delegit, quorum et
fides cognita et ingenia ualidissuma erant. Eos ad Marium 3
25 ac deinde, si placeat, Romam legatos ire iubet, agundarum
rerum et quocumque modo belli conponendi licentiam

---

1 placuit et $VPA^2\beta K^2$: placuisse A^1N^1: placuit N^2K^1HF: complacuit
D 2 te $VPA^2\beta K^2D$: om. $A^1\delta HF$: ante uim suppl. N^2 quando
$VPA^2\beta K^2D^2$: quoniam A^1Y 3 uti $CKHD$: ut $VaBNF$ atque
$VPA^2\beta K^2$: om. A^1Y 4 officiis om. A^1NK^1HF haec γ
5 demitte VF: di- rell.   populum romanum (uel p.r.) $VPA^2\beta\epsilon$: om.
A^1N^1: r.p. N^2H 8 ob $A^2\beta H$: om. a$N\epsilon$: ad ς 10 factam suam ϵ
18–19 sola loca ϵ 19–20 omnes perfugas γ 20 bocchus ς:
bocchus feliciter ω 23 uerba quinque delegit ... consultum et
ratam (p. 148. 6) om. codices mutili: adhibentur integri uel suppleti

4 [illis] permittit. Illi mature ad hiberna Romanorum pro-
ficiscuntur; deinde in itinere a Gaetulis latronibus circumuenti spoliatique, pauidi, sine decore ad Sullam
profugiunt, quem consul in expeditionem proficiscens pro
5 praetore reliquerat. Eos ille non pro uanis hostibus, uti 5
meriti erant, sed adcurate ac liberaliter habuit; qua re
barbari et famam Romanorum auaritiae falsam et Sullam
6 ob munificentiam in sese amicum rati. Nam etiam tum
largitio multis ignota erat: munificus nemo putabatur nisi
pariter uolens, dona omnia in benignitate habebantur. 10
7 Igitur quaestori mandata Bocchi patefaciunt; simul ab eo
petunt uti fautor consultorque sibi adsit; copias fidem
magnitudinem regis sui et alia quae aut utilia aut beneuolentiae esse credebant oratione extollunt. Dein Sulla
omnia pollicito, docti quo modo apud Marium, item apud 15
senatum uerba facerent, circiter dies quadraginta ibidem
opperiuntur.

104   Marius postquam confecto quo intenderat negotio
Cirtam redit et de aduentu legatorum certior factus est,
illosque et Sullam ab Tucca uenire iubet, item L. Bellie- 20
num praetorem Vtica, praeterea omnis undique senatorii
2 ordinis, quibuscum mandata Bocchi cognoscit. Legatis
potestas Romam eundi fit, et ab consule interea indutiae
postulabantur. Ea Sullae et plerisque placuere; pauci ferocius decernunt, scilicet ignari humanarum rerum, quae 25

1 illis θD: ipsis $b^2 FRHQ$: *del. Gruter*   2 in itinere *ante* circumuenti *transp.* θ latronibus gaetulis $Cbnr$ 3 sine decore *om.* η
4 profugiunt $CbnrFQ$: per- $sRHD$ 6 ueriti $Gertz$ 9 ignorata
HD^1Q 13 beneuolentiae QD^1: -tia $br^2 FRHD^2$: -tiam $sCnr^1$
16–17 opperiuntur ibidem θ 18 infecto HD^1b^2 negotio quo
intenderat (quod QD) η 20 ab tucca b^1F: ab tuca snr: ab utica
Cb^2RHD^2: ad uticam D^1: ad se uticam Q 21 utica FRH: utica tum
Cb^2: tum b^1nr: uticam s: *om.* QD 22 cum quibus θ legatis F: in
quis legatis sCb^2n, r *ut uid.*: in quibus legatis RHD: in quibus cognitis b^1:
quibus mandatis legatis Q 23 romam eundi potestas H: romam
potestas eundi QD ab sbn^2F: a $Crn^1R\eta$ 25 humanarum rerum
θH (*cf. 38. 9*): rerum humanarum $FRQD$

fluxae et mobiles semper in aduorsa mutantur. Ceterum 3
Mauri inpetratis omnibus rebus tres Romam profecti cum
Cn. Octauio Rusone, qui quaestor stipendium in Africam
portauerat, duo ad regem redeunt. Ex iis Bocchus quom
5 cetera tum maxume benignitatem et studium Sullae
lubens accepit. Romaeque legatis eius, postquam errasse 4
regem et Iugurthae scelere lapsum deprecati sunt, amicitiam et foedus petentibus hoc modo respondetur:
  'Senatus et populus Romanus benefici et iniuriae 5
10 memor esse solet. Ceterum Boccho, quoniam paenitet,
delicti gratiam facit. Foedus et amicitia dabuntur quom
meruerit.'
  Quis rebus cognitis Bocchus per litteras a Mario petiuit **105**
uti Sullam ad se mitteret, quoius arbitratu communibus
15 negotiis consuleretur. Is missus cum praesidio equitum 2
atque [peditum] funditorum Balearum; praeterea iere
sagittarii et cohors Paeligna cum uelitaribus armis, itineris
properandi causa, neque his secus atque aliis armis aduorsum tela hostium, quod ea leuia sunt, muniti. Sed in 3
20 itinere quinto denique die Volux, filius Bocchi, repente in
campis patentibus cum mille non amplius equitibus sese
ostendit, qui temere et effuse euntes Sullae aliisque omnibus et numerum ampliorem uero et hostilem metum
efficiebant. Igitur se quisque expedire, arma atque tela 4
25 temptare, intendere; timor aliquantus, sed spes amplior,
quippe uictoribus et aduorsum eos quos saepe uicerant.
Interim equites exploratum praemissi rem, uti erat, quie-5
tam nuntiant. Volux adueniens quaestorem appellat **106**
dicitque se a patre Boccho obuiam illis simul et praesidio
30 missum. Deinde eum et proxumum diem sine metu

1 semper] saepe *ς*   3 octauio *sb²nr*: octauo *Cb¹Fη*: gaio *R*
rusone *sCFH*: rufone *bRD*: rustane (*ex* -no) *Q*: pisone *nr*   11 delicta
gratiae *Arus. vii. 476. 17*   13 quibus *sFQ*   petiuerat *η*
16 *secl. Cortius*   balearum *s¹Cnr¹*: balearium *s²F*: baleatorum *br²Rη*
29 praesidium *η*

2 coniuncti eunt. Post, ubi castra locata et diei uesper erat,
repente Maurus incerto uoltu pauens ad Sullam adcurrit
dicitque sibi ex speculatoribus cognitum Iugurtham haud
procul abesse; simul uti noctu clam secum profugeret
3 rogat atque hortatur. Ille animo feroci negat se totiens 5
fusum Numidam pertimescere: uirtuti suorum satis credere; etiam si certa pestis adesset, mansurum potius quam
proditis quos ducebat turpi fuga incertae ac forsitan post
4 paulo morbo interiturae uitae parceret. Ceterum ab eodem
monitus uti noctu proficisceretur, consilium adprobat ac 10
statim milites cenatos esse in castris ignisque quam cre-
berrumos fieri, dein prima uigilia silentio egredi iubet.
5 Iamque nocturno itinere fessis omnibus Sulla pariter cum
ortu solis castra metabatur, quom equites Mauri nuntiant
Iugurtham circiter duum milium interuallo ante eos con- 15
6 sedisse. Quod postquam auditum est, tum uero ingens
metus nostros inuadit; credere se proditos a Voluce et
insidiis circumuentos; ac fuere qui dicerent manu uindicandum neque apud illum tantum scelus inultum relin-
107 quendum. At Sulla, quamquam eadem existumabat, tamen 20
ab iniuria Maurum prohibet. Suos hortatur uti fortem
animum gererent: saepe antea ⟨a⟩ paucis strenuis aduorsum multitudinem bene pugnatum; quanto sibi in proelio
minus pepercissent, tanto tutiores fore, nec quemquam
decere qui manus armauerit ab inermis pedibus auxilium 25
petere, in maxumo metu nudum et caecum corpus ad
2 hostis uortere. Dein Volucem, quoniam hostilia faceret,
Iouem maxumum obtestatus ut sceleris atque perfidiae
3 Bocchi testis adesset, ex castris abire iubet. Ille lacrumans

3 ex *θF*: a *Rη*   4 profugerent *s*[1]*rn, ut uid. C*: -ere *Q*   10 pro-
ficiscerentur *bnrQ*   15 circa *HD*: citra *Q*   20 existimabat
FRD[2]: aestimabat *θHD*[1]: extimebat *Q*   22 antea a (*cf. Sulpic. Seu.
Chron. 2. 21. 6) ed. Ven. 1470*: ante a *ς*: antea *sCnrFRQ*: ante *bHD*
24 neque *Non. 492. 23, fort. recte, sed cf. H. 2. 47. 7*   27 hostem *Schol.
Stat. Theb. 7. 312*   fecerat *Cb*[1]*nr*

orare ne ea crederet: nihil dolo factum, ac magis calliditate
Iugurthae, quoi uidelicet speculanti iter suom cognitum
esset; ceterum quoniam neque ingentem multitudinem 4
haberet et spes opesque eius ex patre suo penderent,
5 credere illum nihil palam ausurum, quom ipse filius testis
adesset. Quare optumum factu uideri per media eius 5
castra palam transire; sese uel praemissis uel ibidem
relictis Mauris solum cum Sulla iturum. Ea res, uti in tali 6
negotio, probata; ac statim profecti, quia de inprouiso
10 adciderant, dubio atque haesitante Iugurtha incolumes
transeunt. Deinde paucis diebus quo ire intenderant 7
peruentum est.

Ibi cum Boccho Numida quidam Aspar nomine multum **108**
et familiariter agebat, praemissus ab Iugurtha, postquam
15 Sullam adcitum audierat, orator et subdole speculatum
Bocchi consilia; praeterea Dabar, Massugradae filius, ex
gente Masinissae, ceterum materno genere inpar—nam
pater eius ex concubina ortus erat—Mauro ob ingeni
multa bona carus acceptusque. Quem Bocchus fidum esse 2
20 Romanis multis ante tempestatibus expertus ilico ad
Sullam nuntiatum mittit paratum sese facere quae populus
Romanus uellet: conloquio diem locum tempus ipse
deligeret neu Iugurthae legatum pertimesceret; consulto
sese omnia cum illo integra habere, quo res communis
25 licentius gereretur; nam ab insidiis eius aliter caueri
nequiuisse. Sed ego conperior Bocchum magis Punica 3
fide quam ob ea quae praedicabat simul Romanos et
Numidam spe pacis adtinuisse multumque cum animo
suo uoluere solitum, Iugurtham Romanis an illi Sullam

4 eius *om. η*   6 factum *Fη*   14 ab *sCFRQD*[1]: a *bnrHD*[2]
16 consilia *C*: consilia ierat (erat *Q*, erant *D*[1]) *rell.*   17 impar
s[2]*bnRQ*: impari *s*[1]*CrFHD*   18 natus *HQD*[2]: nata *D*[1]   mauro
ante carus (*u. 19*) *transp. η*   ingenia *Rη*   19 multa bona *om. η*
23–4 *uerba* neu Iugurthae legatum pertimesceret *post* integra habere *ω*:
transp. Hitzig

traderet; lubidinem aduorsum nos, metum pro nobis suasisse.

109 Igitur Sulla respondit se pauca coram Aspare locuturum, cetera occulte nullo aut quam paucissumis praesenti-
2 bus; simul edocet quae sibi responderentur. Postquam 5 sicuti uoluerat congressi, dicit se missum a consule uenisse quaesitum ab eo pacem an bellum agitaturus foret.
3 Tum rex, uti praeceptum fuerat, post diem decumum redire iubet, ac nihil etiam nunc decreuisse, sed illo die
4 reponsurum. Deinde ambo in sua castra digressi. Sed ubi 10 plerumque noctis processit, Sulla a Boccho occulte adcersitur; ab utroque tantummodo fidi interpretes adhibentur, praeterea Dabar internuntius, sanctus uir et ex sententia ambobus. Ac statim rex sic incipit:

110 'Numquam ego ratus sum fore uti rex maxumus in hac 15 terra et omnium quos noui priuato homini gratiam de-
2 berem. Et mehercule, Sulla, ante te cognitum multis
3 orantibus, aliis ultro egomet opem tuli, nullius indigus. Id inminutum, quod ceteri dolere solent, ego laetor: fuerit mihi eguisse aliquando pretium tuae amicitiae, qua apud 20
4 meum animum nihil carius habeo. Id adeo experiri licet: arma uiros pecuniam, postremo quicquid animo lubet sume, utere, et quoad uiues numquam tibi redditam
5 gratiam putaueris: semper apud me integra erit. Denique nihil me sciente frustra uoles; nam, ut ego aestumo, regem 25 armis quam munificentia uinci minus flagitiosum est.

6 'Ceterum de re publica uostra, quoius curator huc missus es, paucis accipe. Bellum ego populo Romano neque feci neque factum umquam uolui, at finis meos aduorsum

3 respondit *om.* η   se pauca θR: pauca se *FHD*: pauca *Q*   10 in sua castra ambo *Cbr*   13 uir et θRH: uir *F*: iurat *QD*   17 mehercule *VQ, Prisc. iii. 107. 6*: hercule *sbrFR, Prisc. iii. 323. 19*: hercle *H*: ercle *D*   18 indigus *V*: indigui ω, *Prisc. iii. 323. 21*   21 meum animum *V*: animum meum ω   habeo ω: est *V*   26 est *Vb*: *om. rell.*   29 at ς: ad *V*: *om.* ω

armatos armis tutatus sum. Id omitto, quando uobis ita 7
placet. Gerite quod uoltis cum Iugurtha bellum. Ego 8
flumen Muluccham, quod inter me et Micipsam fuit, non
egrediar neque id intrare Iugurtham sinam. Praeterea si
5 quid meque uobisque dignum petiueris, haud repulsus
abibis.'

Ad ea Sulla pro se breuiter et modice, de pace at com- **111**
munibus rebus multis disseruit. Denique regi patefecit
quod polliceatur senatum et populum Romanum, quo-
10 niam armis amplius ualuissent, non in gratiam habituros:
faciundum ei aliquid quod illorum magis quam sua
retulisse uideretur. Id adeo in promptu esse, quoniam
copiam Iugurthae haberet, quem si Romanis tradidisset,
fore ut illi plurumum deberetur; amicitiam, foedus, Numi-
15 diae partem quam nunc peteret tum ultro aduenturam.
Rex primo negitare: cognationem, adfinitatem, praeterea 2
foedus interuenisse; ad hoc metuere ne fluxa fide usus
popularium animos auorteret, quis et Iugurtha carus et
Romani inuisi erant. Denique saepius fatigatus lenitur et 3
20 et ex uoluntate Sullae omnia se facturum promittit.
Ceterum ad simulandam pacem, quoius Numida defessus 4
bello auidissumus erat, quae utilia uisa constituunt. Ita
conposito dolo digrediuntur.

At rex postero die Asparem, Iugurthae legatum, appellat **112**
25 dicitque sibi per Dabarem ex Sulla cognitum posse con-
dicionibus bellum poni: quam ob rem regis sui sententiam
exquireret. Ille laetus in castra Iugurthae proficiscitur; 2

2 quod *V*: uti *ω*   contra iugurtham *η*   3 muluccham *V*:
-ucham *sRHQ²*: -ucam *brQ¹*: molucham *F*: mulcam *D¹*, mulluhcam *D²*
4 id intrare iugurtham *VFHD²*: id iugurtham intrare *brR*: iugurtham id
intrare *s*: iugurtham intrare *QD¹*   5 uosque *V*   8 patefacit
b²F   9 polliceretur *Dietsch*   10 gratiam *rRD*: -tia *sCbFHQ*
habitaturus *HD²*: -um *QD¹*   11 ei *Wirz*: et *θFRHD*: esse *s²Q*
14 amicitiam *FR*: -tia *rell.*   15 aduentura *Glareanus*   16 negitare *sCrRD²*: neglectare *HD¹*: negare *bFQ*   19 leniter *s¹QD¹*:
leuiter *C*   24 at *QD*: et *rell.*   27 laetus *om. η*

deinde ab illo cuncta edoctus properato itinere post diem
octauum redit ad Bocchum et ei nuntiat Iugurtham cupere
omnia quae imperarentur facere, sed Mario parum con-
fidere; saepe antea cum imperatoribus Romanis pacem
3 conuentam frustra fuisse. Ceterum Bocchus si ambobus 5
consultum et ratam pacem uellet, daret operam ut una ab
omnibus quasi de pace in conloquium ueniretur, ibique
sibi Sullam traderet: quom talem uirum in potestatem
habuisset, tum fore uti iussu senatus aut populi foedus
fieret; neque hominem nobilem non sua ignauia sed ob 10
rem publicam in hostium potestate relictum iri.

113 Haec Maurus secum ipse diu uoluens tandem promisit,
ceterum dolo an uere cunctatus parum conperimus. Sed
plerumque regiae uoluntates ut uehementes sic mobiles,
2 saepe ipsae sibi aduorsae. Postea tempore et loco consti- 15
tuto in conloquium uti de pace ueniretur, Bocchus Sullam
modo, modo Iugurthae legatum appellare, benigne
habere, idem ambobus polliceri. Illi pariter laeti ac spei
bonae pleni esse.

3 Sed nocte ea quae proxuma fuit ante diem conloquio 20
decretum Maurus adhibitis amicis ac statim inmutata
uoluntate remotis ceteris dicitur secum ipse multum agitauisse, uoltu [corporis] ⟨et oculis⟩ pariter atque animo
uarius; quae scilicet [ita] tacente ipso occulta pectoris
4 patefecisse. Tamen postremo Sullam adcersi iubet et ex 25
5 illius sententia Numidae insidias tendit. Deinde, ubi dies
aduenit et ei nuntiatum est Iugurtham haud procul abesse,
cum paucis amicis et quaestore nostro quasi obuius

1 ab illo *om. b*¹η   3–4 fidere *HQ*¹*D*   5 bocchus *om. b*¹η
15 et *PA*²β*H*: *om. A*¹*Nε*   18 pollicere α   22 ceteris *om. Fs*
23 uoltu et oculis *Seru. A. 7. 251 (cf. Hier. in Hiez. 3. 8. 7–9)*: uultu corporis
XδHD: uultu colore motu corporis *Fs*   24 ita *om. s*   occulta
pectoris ε: occultare et oris *A*¹*N, ut uid. P*: occultare (-abat *A*²) et oris
inmutatione *A*²β*H*: occulta specie et oris *D*²   25 patefecissent
*A*¹*NF*   accersiri *A*: arcessi *PN*

honoris causa procedit in tumulum facillumum uisu
insidiantibus. Eodem Numida cum plerisque necessariis 6
suis inermis, uti dictum erat, adcedit ac statim signo dato
undique simul ex insidiis inuaditur. Ceteri obtruncati, 7
5 Iugurtha Sullae uinctus traditur et ab eo ad Marium
deductus est.

   Per idem tempus aduorsum Gallos ab ducibus nostris **114**
Q. Caepione et Cn. Mallio male pugnatum. Quo metu 2
Italia omnis contremuerat. Illique et inde usque ad nos-
10 tram memoriam Romani sic habuere, alia omnia uirtuti
suae prona esse, cum Gallis pro salute, non pro gloria certare. Sed postquam bellum in Numidia confectum et 3
Iugurtham Romam uinctum adduci nuntiatum est, Marius
consul absens factus est et ei decreta prouincia Gallia,
15 isque Kalendis Ianuariis magna gloria consul triumphauit.
Et ea tempestate spes atque opes ciuitatis in illo sitae. 4

---

8 caepione $AN^1\epsilon$, *ut uid.* P: scipione βD^2: cipione N^2H
Cn. ς: men A^1: m. $A^2\beta NHD$: gaio *s.s.* A^2: *om.* PF mallio PF (*cf. CIL i*².
698, ILLRP 712): manlio $A^1\beta NHD$: manlium A^2 9 contremuit
$A^2\beta$ illincque ς inde *om. NHD*   10 uirtutis AF
11 pro ... pro] de ... de *Diom. i. 399. 24–5*   certare $PA^2\beta NHD$: -ari
A^1F, *Diom.*   14 est et $A^2\beta HD$: esset A^1N: et F 16 et P: ex
βNHD: *om. AF*

BELLVM IVGVRTHINVM EXPLICIT. LEGE FELICITER A: EXPLICIT BELLVM IVGVR-
THINVM B: EXPLICIT IVGVRTINVM BELLVM C: EXPLICIT LIBER IVGVRTINI BELLI
H: EXPLICIT SALVSTII (SALL- D^2) LIBER IVGVRTHINVS D: *in P δF nulla sub-
scriptio*

HISTORIARVM FRAGMENTA
SELECTA

SIGLA

Orationes et epistulae ex Historiis excerptae

V = Vaticanus lat. 3864   S. IX
A = Aurelianensis 192   S. V

   Oratio Lepidi = frg. 1. 55
   Oratio Philippi = frg. 1. 77
   Oratio Cottae = frg. 2. 47
   Epistula Pompei = frg. 2. 98
   Oratio Macri = frg. 3. 48
   Epistula Mithridatis = frg. 4. 69

Fragmenta 2. 42, 43, 45, 47A, 87, 92, 93, 98D, 3. 5, 6, 96, 98

A = Aurelianensis 192
B = Berolinensis Lat. 4° 364   S. V
R = Vaticanus Reginensis 1283B

Fragmenta non suis libris tradita

Rationem auctorum editionumque quibus haec nituntur fragmenta supra (pp. xxvii–xxix) reddidi.

HISTORIARVM FRAGMENTA
SELECTA

LIBER I

1. Res populi Romani M. Lepido Q. Catulo consulibus ac deinde militiae et domi gestas conposui.

Rufinus, *De num. orat.* vi. 575. 16 *Idem* (*scil. Pompeius Messalinus*) ... *sic dicit, 'Nunc, si uidetur, Sallustianae periodi numeros*
5 *inspiciamus:* "res popu" *dactylus,* "li Romani Marco" *tres spondei,* "Lepido" *anapaestus,* "Quinto Catulo" *spondeus et anapaestus,* "consulibus" *paeon primus,* "ac deinde" *dichoreus siue ditrochaeus,* "militi" *dactylus,* "aet domi" *creticus,* "gestas" *spondeus,* "conposui" *choriambus ex longa et breui et breui et longa.'* Priscianus iii.
10 73. 9 *In ae dipthongum nomina sunt genetiui casus loco aduerbii posita, ut 'Romae, Cosae, Capuae'. Sallustius ... in I historiarum:* 'res populi ... gestas'; iii. 64. 17 *Per genetiuum, ut 'Romae'. ... Sallustius in I historiarum:* 'ac deinde ... composui.' Ti. Claudius Donatus, *Verg. A.* i. 1 *Hoc loco plerique arbitrantur errasse Vergilium, ut primum rem,*
15 *deinde personam poneret* (*scil.* Arma uirumque cano)*; qui si Sallustium considerarent liberum a ratione metrorum sic historiam coepisse, ut primo rem, dehinc populi Romani personam poneret, numquam Vergilium criminarentur.*

8. Nam a primordio urbis ad bellum Persi Macedoni-
20 cum.

Seruius, *A.* i. 30 ATQVE INMITIS ACHILLI ... *ut Sallustius* 'nam a principio ... Macedonicum'. *Detrahitur autem 's' tertiae declina-*

2 domi et militiae *Prisc. iii. 73. 12*   8 aet *A²*: ac *A¹B¹*: ae *B²*:
ae et ς   19 *fr. 8 numerationem a Maurenbrechero datam retinui, ipsum tamen fragmentum huc promoui, ut fr. 1 adnectatur: cf. Tac. Hist. 1. 1*   nam *om.*
C¹ (*Seru.*)   primordio *Prisc.* (*cf. Liu. praef. 1*): principio *Seru.*   persae
C (*Seru.*), *S* (*Prisc. iii. 188. 16*)

tionis genetiuo. Priscianus iii. 188. 15 *Idem historiarum I:* 'nam a primordio ... Macedonicum', *pro 'Persis'.* Seruius auct., *A.* 8. 383 *Sed quia plerumque 's' supra in Latinitate detrahitur, remanebat 'i'.... Item in Sallustio:* 'ad bellum Persi Macedonicum'. Priscianus iii. 30. 13 *Hae enim ad sensus sequentium significationes suas* 5 *accommodant, ut 'ad' modo personae modo loco, est quando tempori adiungitur uel numero:... tempori, ut Sallustius in I historiarum:* 'ad bellum Persi Macedonicum'. Probus, *Cath.* iv. 24. 28 'ad bellum Persi Macedonicum', *pro 'Persis'*; iv. 28. 17 (*cf.* Sacerdos vi. 479. 9) *Nam quod Sallustius ait* 'ad bellum Persi Macedonicum', 10 *non declinationem mutauit, sed antiqua usus est consuetudine, datiuum posuit pro genetiuo.* Charisius i. 68. 19 (86. 14 Barwick) *Inueniuntur autem apud ueteres quae sine ratione genetiuum faciunt per 'i', ut apud Sallustium in prima historia:* 'bellum Persi Macedonicum'. Anon. Bob. i. 541. 39 (p. 16. 5 De Nonno) *Sunt et Graeca* 15 *quae genetiuum faciunt per* ους *aut per* ος, Σωκράτης Σωκράτους *Socrates Socratis,* Χρέμης Χρέμητος *Chremes Chremetis. Terentius Chremi declinauit, ut Sallustius* Persi.

3*. Nos in tanta doctissumorum hominum copia.

Seruius auct., *A.* 2. 89 NOS *pluralem pro singulari, ut Sallustius:* 20 'nos ... copia.' Seruius, *A.* 4. 213 NOSTRA *pro 'mea'. Est autem nobilium hic sermo; sic ... Sallustius:* 'nos ... copia.' *Cf. Liu. praef. 3.*

4. Romani generis disertissumus paucis absoluit.

Marius Victorinus, *Ad Cic. rhet.* 1. 20 (p. 203. 24 Halm) *Namque* 25 *historia et breuis esse debet in expositione et aperta et probabilis, ut Sallustius sibi omnia in Catilina tribuit,* 'quam uerissime potero, paucis absoluam' (*C. 4. 3*), *cum aliis historiographis singula tradidisset in libro primo Historiarum: dat Catoni breuitatem,* 'Romani generis ... absoluit', *Fannio uero ueritatem.* Seruius, *A.* 1. 96 FORTISSIME 30 GENTIS ... *Item Sallustius:* 'Romani generis disertissimus'. Porphyrio, *Hor. S.* 1. 10. 9 *Eloquentiae enim uirtus non tantum in eo est ut*

19 hominum *F* (*Seru. auct., A. 4. 213*), *Pa* (*Seru., ibid.*): *hoc loco rell. libri, ad A. 2. 89 omnes omittunt* 24 paucis] *multa paucis Pseudacro* 27 uerissime *F*: breu- *DB*

pauca copiose, sed etiam ut breuiter multa dicantur. Sic et Marcus Cato a Sallustio laudatur paucis absoluisse. Pseudacro, ibid. *Sic et Cato a Sallustio laudatur quod multa paucis absoluerit.* L. Ampelius 19. 8 *Cato Censorius . . . est omnium rerum peritissimus et, ut Sallustio* Crispo *uidetur,* 'Romani generis disertissimus'. Hieronymus, *Epist.* 61. 3. 3 *Solus es Cato Romani generis disertissimus.* Pompeius, *Comm. Art. Don.* v. 158. 23 *In historiis inuenimus:* 'Romani generis disertissimus'. *Cf. Fronto 204. 3, Arnobius 3. 6.*

4a. Marius Victorinus, *Ad Cic. rhet. 1. 20* (*u. supra*):

10 *Sallustius . . . in libro primo Historiarum dat . . . Fannio . . . ueritatem.*

5*. In quis longissumo aeuo plura de bonis falsa in deterius conposuit.

Seruius auct., *E. 8. 27 Notandum sane 'aeuum' hic pro tempore, ut* 15 *ipse alibi:* 'tantum aeui longinqua ualet mutare uetustas (*A. 3. 415*)', *Sallustius:* 'in quis . . . composuit'.

6*. Neque me diuorsa pars in ciuilibus armis mouit a uero.

Arusianus Messius vii. 494. 5 (385 Della Casa) *Motus ab illo loco.* 20 *Sal. hist.:* 'neque me . . . uero.'

7. Nobis primae dissensiones uitio humani ingeni euenere, quod inquies atque indomitum semper in certamine libertatis aut gloriae aut dominationis agit.

Priscianus ii. 157. 14 *Neutris quoque coniuncta haec* (*id est in 'ĕs'* 25 [sic] *communia) inueniuntur, ut . . . Sallustius in I historiarum:* 'nobis

2 a Sallustio *Pseudacro*: sallustius *Porph.*   20 Sal. hist. ⟨I⟩ *Mai* 21 nobis] nuper D^1A primae *om. GL*   dissensiones R^1H: discessionis R^2: disensionis *L*: desensiones *K*   euenere] euenire R^1K: retinere *A*   22 quod] quoque *GL*   in certamine *Prisc.*: inter certamine (*FG*) *uel* inter certamina (*PT*) *codd. Seru.*   23 libertatis aut gloriae aut dominationis *Prisc.*: dominationis aut libertatis *Seru.*

… agit.' Seruius auct., *A.* 4. 245 *An 'agit' 'in actu est'? Sallustius:*
'inter certamina dominationis aut libertatis agit.'

11. Res Romana plurumum imperio ualuit Ser. Sulpicio
et M. Marcello consulibus omni Gallia cis Rhenum atque
inter mare nostrum et Oceanum, nisi qua paludibus inuia 5
fuit, perdomita. Optumis autem moribus et maxuma concordia egit inter secundum atque postremum bellum
Carthaginiense ⟨causaque * * * non amor iustitiae, sed
stante Carthagine metus pacis infidae fuit⟩. At discordia et
auaritia atque ambitio et cetera secundis rebus oriri sueta 10
mala post Carthaginis excidium maxume aucta sunt. Nam
iniuriae ualidiorum et ob eas discessio plebis a patribus
aliaeque dissensiones domi fuere iam inde a principio,
neque amplius quam regibus exactis, dum metus a Tar-
quinio et bellum graue cum Etruria positum est, aequo et 15
modesto iure agitatum. Dein seruili imperio patres plebem exercere, de uita atque tergo regio more consulere,
agro pellere et ceteris expertibus soli in imperio agere.
Quibus saeuitiis et maxume fenore oppressa plebes, quom
adsiduis bellis tributum et militiam simul toleraret, armata 20
montem Sacrum atque Auentinum insedit tumque tribunos plebis et alia iura sibi parauit. Discordiarum et
certaminis utrimque finis fuit secundum bellum Punicum.

Marius Victorinus, *Ad Cic. rhet.* 1. 1 (p. 158. 16 Halm) *Hoc et
Sallustius tenuit, cum de rebus Romanis loqueretur; dixit enim prius bella* 2-
gesta, post pacem esse fundatam. 'Res' inquit 'Romana . . . perdomita.' 5-
. . . 'Optimis . . . Carthaginiense.' Augustinus, *Ciu.* 2. 18 *Idem* 30
tamen in primo historiae suae libro atque ipso eius exordio fatetur etiam

5 qua] quia *D* (*Vict.*), *C*^A*D*^A (*Non.*): quae a *B* (*Vict.*) 6 fuerit
C^A*D*^A (*Non.*) 7 egit res p. *B* (*Vict.*): egit populus Romanus *ex Aug.
uulg.* postremum] ultimum *Seru.* 8–9 causaque . . . fuit *ex
Aug. suppl. Maurenbrecher* (*confert Clausen Vell. 1. 12. 6* infida pax . . .
stantis . . . Carthaginis: *an* amor iustitiae *Sallustianum sit dubitari potest*)
16 dein *codd. plurimi Augustini*: deinde *uel* dehinc *rell.* 22 iura sibi
codd. aliqui ad Ciu. 2. 18, ad 3. 17 omnes: sibi iura *rell.*

tunc, cum ad consules a regibus esset translata res publica, post paruum
interuallum iniurias ualidiorum et ob eas discessionem plebis a patribus
aliasque in urbe dissensiones fuisse. Nam cum optimis moribus et maxima
concordia populum Romanum inter secundum et postremum bellum
5 *Carthagininense commemorasset egisse causamque huius boni non*
amorem iustitiae, sed stante Carthagine metum pacis infidae fuisse dixisset
. . . continuo subiecit idem Sallustius et ait: 'At discordia . . . aucta
sunt.' . . . 'Nam   iniuriae . . . agitatum.' . . . 'Dein . . . Punicum.'
Ciu. 3. 16 Huic tempori adiciamus etiam illud tempus quo usque dicit
10 *Sallustius:* 'aequo et modesto iure agitatum, dum metus . . . positum est'.   *Ciu. 3. 17 Finito scilicet tempore quo aequo iure ac modesto*
agitatum est, secuta sunt quae idem Sallustius breuiter explicat: 'Dein . . .
Punicum.'   *Cf. etiam Ciu. 3. 21, 5. 12.*   Nonius Marcellus
92. 6 CIS *positum pro citra. Sallustius:* 'cis Rhenum . . . perdo-
15 mita.'   Ammianus Marcellinus 15. 12. 6 *Nam omnes Galliae, nisi*
qua paludibus inuiae fuere, ut Sallustio docetur auctore . . .   Seruius,
A. 6. 540 *Sic Sallustius* 'inter secundum atque ultimum bellum
Carthaginiense' *non ait 'tertium'.*   Seruius auct., *G.* 4. 238 *Sal-*
lustius 'iniuria ualidiorum', *scilicet quam inferebant ualidi-*
20 *ores.*   Arusianus Messius vii. 502. 2 (450 Della Casa) *Sal. hist.:*
'nam iniuriae ualidiorum.'   Donatus, *Ter. An.* 36 SERVITVS *mire*
seruitutem pro dominatu posuit. Sic Sallustius: 'dein seruili imperio
patres p.e. (*scil.* plebem exercere).'   Arusianus Messius vii. 480.
13 (270 Della Casa) *Insido illos . . . Sal. hist. I:* 'armata . . .
25 insedit.'   Seruius auct., *A.* 8. 479 *'Insedit' autem secundum Sal-*
lustium: 'montem . . . insedit.'   Diomedes i. 444. 1 *Et apud Sal-*
lustium 'montem . . . insedit'; *qui mons ab hoc, quia illum plebs*
insederat, postea sacer dictus est.

12. Postquam remoto metu Punico simultates exercere
30 uacuom fuit, plurumae turbae, seditiones et ad postremum
bella ciuilia orta sunt, dum pauci potentes, quorum in

11 aequo iure ac modesto *codd. aliqui*: aequo ac modesto iure *uel* aequo
et modesto iure (*cf. Ciu. 2. 18*) *ceteri*   14 citra *Guietus*: ultra *codd.*
19 inferebat ualidior *V*   20 Sal. hist. ⟨I⟩ *Mai*   29–158. 6 *Duas*
huius fragmenti partes alteram ab Aulo Gellio alteram ab Augustino traditas Dousa
in unum conflauit

gratiam plerique concesserant, sub honesto patrum aut
plebis nomine dominationes adfectabant; bonique et mali
ciues appellati non ob merita in rem publicam, omnibus
pariter corruptis, sed uti quisque locupletissumus et
iniuria ualidior, quia praesentia defendebat, pro bono 5
ducebatur.

Gellius 9. 12. 13–15 *Nam 'metus hostium' recte dicitur et cum timent
hostes et cum timentur. Itaque Sallustius . . . alio in loco:* 'postquam . . .
fuit.' Augustinus, *Ciu. 3. 17 Qui autem suscensent, quando me
ferrent, si ego dicerem quod Sallustius ait?* 'Plurimae . . . duce- 10
batur.' Arusianus Messius vii. 462. 2 (112 Della Casa) *Concedo
in gratiam. Sal. hist. I:* 'quorum . . . concesserant.' *Cf. Augustinus,
Ciu. 1. 30 Deleta quippe Carthagine, magno scilicet terrore Romanae
reipublicae depulso et extincto, tanta de rebus prosperis orta mala continuo
subsecuta sunt ut corrupta diruptaque concordia prius saeuis cruentisque* 15
seditionibus, deinde . . . bellis etiam ciuilibus tantae strages ederentur . . .

13. Omniumque partium decus in mercedem corruptum
erat.

Arusianus Messius vii. 484. 18 (306 Della Casa) *In illam rem pro
'causa illius rei'. . . Sal. hist. I:* 'omniumque . . . erat.' 20

16*. Ex quo tempore maiorum mores non paulatim ut
antea, sed torrentis modo praecipitati; adeo iuuentus luxu
atque auaritia corrupta ut merito dicatur genitos esse qui
neque ipsi habere possent res familiaris neque alios pati.

Augustinus, *Ciu. 2. 18 Quae tempora ipse Sallustius quemadmodum* 25
breuiter recolat et describat in eius historia legi potest . . . : 'Ex quo . . .
alios pati.' *Dicit deinde plura Sallustius de Sullae uitiis ceteraque
foeditate rei publicae, et alii scriptores in haec consentiunt, quamuis eloquio
multum impari. Ciu. 2. 19 Post deletam Carthaginem* 'maiorum
mores . . . corrupta est.' *Cf. Ciu. 2. 22, Vell. 2. 1. 1.* 30

12 gratia *N, corr.* ⟨ϛ⟩

17*. Augustinus, *Ciu.* 2. 21:

Eo quippe tempore disputatur quo iam unus Gracchorum occisus fuit, a quo scribit seditiones graues coepisse Sallustius.

Cf. Vell. 2. 3. 3 'hoc initium in urbe Roma ciuilis sanguinis
5 *gladiorumque inpunitatis fuit.'*

20*. Citra Padum omnibus lex Licinia ingrata fuit.

Cledonius v. 76. 24 *Citra forum: Sallustius:* 'citra . . . fuit.'

44. Vt in M. Mario, quoi fracta prius crura bracchiaque et oculi effossi, scilicet ut per singulos artus expiraret.

10 *Adnotationes super Lucanum 2. 174 Post Catuli filius, regressus uictor ex Asia, petit a Sulla ut sibi Marius daretur ad poenam; quem datum per singula membra cruciauit, ut ait Sallustius:* 'ut . . . expiraret.' *Commenta Bernensia in Lucanum 2. 173 Abductus ad tumulum Catuli Marius Gratidianus trans Tiberim interfectus est membratimque discerp-*
15 *tus. De quo Salustius historiarum libro primo ita locutus est:* 'qui per singulos artus expiraret.' [Iulius Rufinianus] *De schematis dianoeas 11 (p. 62. 13 Halm) Vt apud Sallustium de Sullae crudelitate:* 'ut in M. Mario, cui fracta prius crura * * * artus expira-ret'. Donatus, *Ter. Ad.* 314 *Et 'primum' addit, quod ordinem sig-*
20 *nificat; tunc enim adicitur cum multa subsecutura monstrantur, ut* 'cui fracta . . . bracchiaque' *etc. Cf. Iustinus 21. 4. 7 effossis oculis et manibus cruribusque fractis, uelut a singulis membris poenae exigerentur; Seneca, De ira 3. 18. 1 M. Mario . . . L. Sulla praefringi crura, erui oculos, amputari linguam manus iussit, et,*
25 *quasi totiens occideret quotiens uulnerabat, paulatim et per singulos artus lacerauit; Florus 2. 9. 26 oculis effossis, manibus cruribusque effractis seruaturum aliquamdiu ut per singula*

2 disputatur] *scil. in Ciceronis libris de re publica scriptis* 6 Licinia *Casselius:* lucania *B* ingrata *Maurenbrecher (conl. Asc. 67–8 C):* fratra *B:* fraudi *Casselius:* frustra *Wagner:* parata *Landgraf* 8 M. Mario *Rufinianus: uarie corruptum in Adnot. libris* 9 singulos artus *WC (Adnot.), C (Comm. Bern.), Seneca:* artus *(om. singulos) [Rufinianus]:* sin-gula membra *Adnot. rell. libri, Comm. Bern. cod. B, cf. Iustinus, Florus* 20 subsecutura *Wessner:* subiectura *C:* subicienda *V*

membra moreretur; V. Max. 9. 2. 1, Aug. Ciu. 3. 28, Oros. 5. 21. 6. Vide etiam locos ad fr. 45 citatos.

45. Et liberis eius auunculus erat.

Donatus, *Ter. Hec.* 258 *Sallustius in primo libro:* 'et . . . erat.' *Ph.* 872. *Vt Sallustius in primo:* 'liberis . . . erat.' *Cf.* 5 *Commenta Bernensia in Lucanum* 2. *173 Sunt qui dicant Catilinam iussu Sullae hunc Marium Gratidianum uxoris suae fratrem ad tumulum Catuli occidisse; Asc. 84, 87 C, Plut. Sull. 32. 2.*

46. Magnis operibus perfectis obsidium coepit per L. Catilinam legatum.   10

Festus 193. 19 M (210. 5 L) *Obsidium tam quam praesidium, subsidium, recte dicitur . . . Et Sallustius historiarum I:* 'Magnis . . . legatum.'

47. Quom arae et alia diis sacrata supplicum sanguine foedarentur.   15

Seruius auct., *A.* 2. 502 FOEDANTEM *cruentantem. Sallustius in primo:* 'cum . . . foedarentur.' *Cf. Plut. Sull. 31. 5, Cass. Dion. fr. 105. 18.*

49. Igitur uenditis proscriptorum bonis aut dilargitis.

Priscianus ii. 392. 21 *'largio' pro 'largior' dicebant, quae sunt* 20 *communia. Vnde Sallustius in I historiarum:* 'igitur . . . dilargitis.' Gellius 15. 13. 8 *Sallustius quoque eodem modo* 'dilargitis proscriptorum bonis' *dicit, tamquam uerbum 'largior' sit ex uerbis communibus.*

50. Nihil ob tantam mercedem sibi abnuituros.   25

Arusianus Messius vii. 450. 16 (7 Della Casa) *Abnuo tibi hoc. Idem (scil. Sallustius) hist. I:* 'nihil . . . abnuituros.'

9 opibus *X*   12 I] libro *X*

51. Quo patefactum est rem publicam praedae, non libertati repetitam.

Arusianus Messius vii. 506. 31 (501 Della Casa) *Repetitum praedae pro 'ad praedam'. Sal. hist. I:* 'quo . . . repetitam.'

5 **55.** Oratio Lepidi consulis ad populum Romanum

'Clementia et probitas uostra, Quirites, quibus per 1
ceteras gentis maxumi et clari estis, plurumum timoris
mihi faciunt aduorsum tyrannidem L. Sullae, ne quae ipsi
nefanda aestumatis, ea parum credundo de aliis circum-
10 ueniamini—praesertim quom illi spes omnis in scelere
atque perfidia sit neque se aliter tutum putet quam si peior
atque intestabilior metu uostro fuerit, quo captis libertatis
curam miseria eximat—aut, si prouideritis, in tutandis
periculis magis quam ulciscundo teneamini. Satellites 2
15 quidem eius, homines maxumi nominis, optumis maiorum
exemplis, nequeo satis mirari, qui dominationis in uos
seruitium suom mercedem dant et utrumque per iniuriam
malunt quam optumo iure liberi agere: praeclara Bruto- 3
rum atque Aemiliorum et Lutatiorum proles, geniti ad ea
20 quae maiores uirtute peperere subuortunda! Nam quid a 4
Pyrrho, Hannibale Philippoque et Antiocho defensum est
aliud quam libertas et suae quoique sedes, neu quoi nisi
legibus pareremus? Quae cuncta scaeuos iste Romulus 5
quasi ab externis rapta tenet, non tot exercituum clade
25 neque consulum et aliorum principum quos fortuna belli
consumpserat satiatus, sed tum crudelior quom plerosque
secundae res in miserationem ex ira uortunt. Quin solus 6
omnium post memoriam humani ⟨generis⟩ supplicia in

2 repetitum *N, corr. 5*   5 C. CRISPI SALLVSTI ORATIONES EXCERPTAE
DE HISTORIIS. INCIPIT FELICITER. ORATIO LEPIDI CONS. AD P̄.R̄. *V*   13 ui-
tandis *Asulanus, sed cf. Caes. Ciu. 1. 52. 4, Calp. Ecl. 4. 27*   21 Philippoque et Antiocho] *aequore et terra Don. Ter. Ph. 243, corrupte*
23 saeuus *Seru. E. 3. 13*   28 humani generis *Orelli*: humani *V, Aur.
Vict. Caes. 39. 15 (cf. TLL vi. 3. 309, sqq., viii. 676. 34 sq.)*

post futuros conposuit, quis prius iniuria quam uita certa
esset, prauissumeque per sceleris inmanitatem adhuc
tutus fuit, dum uos metu grauioris seruiti a repetunda
libertate terremini.

7 'Agundum atque obuiam eundum est, Quirites, ne 5
spolia uostra penes illos sint, non prolatandum neque
uotis paranda auxilia; nisi forte speratis taedium iam aut
pudorem tyrannidis Sullae esse et eum per scelus occu-
8 pata periculosius dimissurum. At ille eo processit ut nihil
gloriosum nisi tutum et omnia retinendae dominationis 10
9 honesta aestumet. Itaque illa quies et otium cum libertate,
quae multi probi potius quam laborem cum honoribus
10 capessebant, nulla sunt: hac tempestate seruiundum aut
imperitandum, habendus metus est aut faciundus, Quiri-
11 tes. Nam quid ultra? Quaeue humana superant aut diuina 15
inpolluta sunt? Populus Romanus, paulo ante gentium
moderator, exutus imperio gloria iure, agitandi inops
despectusque, ne seruilia quidem alimenta relicua habet.
12 Sociorum et Lati magna uis ciuitate pro multis et egregiis
factis a uobis data per unum prohibentur, et plebis 20
innoxiae patrias sedes occupauere pauci satellites merce-
13 dem scelerum. Leges iudicia aerarium prouinciae reges
14 penes unum, denique necis ciuium et uitae licentia: simul
humanas hostias uidistis et sepulcra infecta sanguine
15 ciuili. Estne uiris relicui aliud quam soluere iniuriam aut 25
mori per uirtutem? Quoniam quidem unum omnibus
finem natura uel ferro saeptis statuit, neque quisquam
extremam necessitatem nihil ausus nisi muliebri ingenio
expectat.

16 'Verum ego seditiosus, uti Sulla ait, qui praemia tur- 30
barum queror, et bellum cupiens, qui iura pacis repeto;
17 scilicet quia non aliter salui satisque tuti in imperio eritis,

2 prauissimeque *ed. Mant.*: paru- *V*   6 illum *ed. Brix. 1495, fort.*
recte, sed cf. §§ 2, 12   15 -ue *secl. Wirz, fort. recte*

nisi Vettius Picens et scriba Cornelius aliena bene parta
prodegerint, nisi adprobaritis omnes proscriptionem
innoxiorum ob diuitias, cruciatus uirorum inlustrium,
uastam urbem fuga et caedibus, bona ciuium miserorum
5 quasi Cimbricam praedam uenum aut dono datam. At 18
obiectat mihi possessiones ex bonis proscriptorum: quod
quidem scelerum illius uel maxumum est, non me neque
quemquam omnium satis tutum fuisse, si recte faceremus.
Atque illa quae tum formidine mercatus sum, pretio soluto
10 iure dominis tamen restituo, neque pati consilium est
ullam ex ciuibus praedam esse. Satis illa fuerint quae rabie 19
contracta tolerauimus, manus conserentis inter se Romanos exercitus et arma ab externis in nosmet uorsa.
Scelerum et contumeliarum omnium finis sit; quorum
15 adeo Sullam non paenitet ut et facta in gloria numeret et, si
liceat, auidius fecerit.

    'Neque iam quid existumetis de illo, sed quantum 20
audeatis uereor, ne alius alium principem expectantes
ante capiamini, non opibus eius, quae futiles et corruptae
20 sunt, sed uostra socordia, qua raptum ire licet et quam
audeas, tam uideri felicem. Nam praeter satellites con- 21
maculatos quis eadem uolt aut quis non omnia mutata
praeter uictoriam? Scilicet milites, quorum sanguine
Tarulae Scirtoque, pessumis seruorum, diuitiae partae
25 sunt? An quibus praelatus in magistratibus capiundis
Fufidius, ancilla turpis, honorum omnium dehonestamen-
tum? Itaque maxumam mihi fiduciam parit uictor exer- 22
citus, quoi per tot uolnera et labores nihil praeter
tyrannum quaesitum est. Nisi forte tribuniciam potes- 23
30 tatem euorsum profecti sunt, per arma conditam a
maioribus suis, utique iura et iudicia sibimet extorquerent:

    1 parta *Orelli*: parata *V*   6 possessionis *V*[1]   9 pretio *secl.*
Jordan   10 iure tamen dominis *Linker*   dominus *coni. Dietsch*
20 qua raptum ire *Madvig*: quam raptum iri *V*   21 audeat *Laetus*
23 uictorem *Kritz*

egregia scilicet mercede, quom relegati in paludes et siluas
contumeliam atque inuidiam suam, praemia penes paucos
intellegerent.

24 'Quare igitur tanto agmine atque animis incedit? Quia
secundae res mire sunt uitiis obtentui—quibus labefactis, 5
quam formidatus est, tam contemnetur—nisi forte specie
concordiae et pacis, quae sceleri et parricidio suo nomina
indidit. Neque aliter rem publicam et belli finem ait, nisi
maneat expulsa agris plebes, praeda ciuilis acerbissuma,
ius iudiciumque omnium rerum penes se quod populi 10
25 Romani fuit. Quae si uobis pax et conposita intelleguntur,
maxuma turbamenta rei publicae atque exitia probate,
adnuite legibus inpositis, accipite otium cum seruitio, et
tradite exemplum posteris ad rem publicam suimet
26 sanguinis mercede circumueniundam! Mihi quamquam 15
per hoc summum imperium satis quaesitum erat nomini
maiorum, dignitati atque etiam praesidio, tamen non fuit
consilium priuatas opes facere, potiorque uisa est pericu-
27 losa libertas quieto seruitio. Quae si probatis, adeste,
Quirites, et bene iuuantibus diuis M. Aemilium consulem 20
ducem et auctorem sequimini ad recipiundam libertatem!'

*Vaticanus lat. 3864, ff. 119ᵛ – 120ᵛ. Libro primo attribuunt Diomedes
et Arusianus, qui pauca ex oratione excerpserunt (Diom. i. 412. 20, Arus.
vii. 480. 4, 505. 9 (267, 486 Della Casa))*

63. Quin lenones et uinarii laniique ⟨et⟩ quorum prae- 25
terea uolgus in dies usum habet pretio conpositi.

Nonius Marcellus 257. 46 *Conponere pro redimere. Sallustius lib.
I:* 'quin . . . conpositi.'   Charisius i. 75. 20 (96. 1 Barwick) *Lanius
dicitur, ut Terentius (Eu. 257) 'lani coci', et Sallustius:* 'quin uinarii
laniique'.   30

8 rem publicam ⟨firmam⟩ *coni. Dietsch (cf. C. 52. 9): fort.* ⟨quietam⟩ *(cf.
C. 34. 2, H. 1. 77. 1)*   finem ⟨futurum⟩ *coni. Dietsch (cf. H. 4. 69. 16)*
17 praesidio *Aldus*: praedio *V*   25 quin *B*ᴬ: cum *A*ᴬ: quum *L*
umarii *A*ᴬ   et *add. Müller*   30 laniique *in N iam legi non potest: ex C
suppl. Putschius*

64*. Tyrannumque et Cinnam maxuma uoce appellans.

Seruius auct., *A.* 4. 215 PARIS *similis Paridi. Et iniuria a persona; probrosis enim nominibus ueteres conuicia dicebant, ut Sallustius:* 'tyrannumque ... appellans'. *A.* 1. 5 MVLTA QVOQVE ET BELLO PASSVS
5 ... *Sane duas coniunctiones separatas naturaliter nemo coniungit, sed ... Sallustius:* 'tyrannumque et Cinnam'. Marius Victorinus, *Ad Cic. rhet.* 1. 24 (215. 17 Halm) *interdum enim ex libidine et quadam obtrectatione nomen inponitur, ut illud in Sallustio:* 'tyrannumque et Cinnam appellantes'.

10 **65*.** Magna uis hominum conuenerat agris pulsa aut ciuitate eiecta.

Seruius auct., *A.* 1. 271 VI ... *alias pro 'magna copia' ... Sallustius:* 'magna ... eiecta.'

66. Vti Lepidus et Catulus decretis exercitibus matur-
15 rume proficiscerentur.

Charisius i. 205. 17 (266. 24 Barwick) *Maturrime. . . . Sallustius historiarum I:* 'uti ... proficiscerentur.' *Cf. Placidus, Gloss. Lat. iv. 27—8 Sallustius in historiis 'maturrimum' magis quam 'maturissimum' dicit.*

20 **67.** Tum uero Etrusci cum ceteris eiusdem causae ducem se nactos rati maxumo gaudio bellum inritare.

Nonius Marcellus 31. 23 *Inritare dictum est proprie prouocare ... Sallustius historiae lib. I:* 'tunc ... inritare.' Arusianus Messius vii. 486. 10 (315 Della Casa) *Inrito bellum. Sal. hist. I:* 'maximo ...
25 inritare.'

---

1 Cinnam *Vict., T* (*Seru. auct. 4. 215*): cinitam *FG* (*ibid.*): cinuam *C,* caunam *f* (*Seru. auct. 1. 5*) maxima uoce *Seru.:* om. *Vict.* appellans *Seru.:* -antes *Vict.* 3 nominibus *Commelinus:* nonlinibus *FG:* non lenibus *T* 20 tum *Gerlach:* tunc *Non.* Etrusci *Mercier:* et posci *codd.* ceteris *Mercier:* ceteri *codd.* 21 nactos *Mercier:* -tus *codd.*

69. Etruria omnis cum Lepido suspecta in tumultum erat.

Arusianus Messius vii. 484. 18 (306 Della Casa) *In illam rem pro*
'causa eius rei'... (*cf. frg. 1. 13*). *Idem:* 'Etruria ... erat.'

75*. Qui aetate et consilio ceteros anteibat.

Seruius, *A.* 9. 244 ANNIS GRAVIS ATQVE ANIMI MATVRVS ALETES 5
Sallustius de Philippo: 'qui ... anteibat.'

77. Oratio Philippi in senatu

1 'Maxume uellem, patres conscripti, rem publicam
quietam esse aut in periculis a promptissumo quoque
defendi, denique praua incepta consultoribus noxae esse. 10
Sed contra seditionibus omnia turbata sunt, et ab iis quos
prohibere magis decebat; postremo quae pessumi et
stultissumi decreuere, ea bonis et sapientibus faciunda
2 sunt. Nam bellum atque arma, quamquam uobis inuisa,
tamen, quia Lepido placent, sumunda sunt, nisi forte quoi 15
3 pacem praestare et bellum pati consilium est. Pro di boni,
qui hanc urbem omissa cura adhuc tegitis, M. Aemilius,
omnium flagitiosorum postremus, qui peior an ignauior sit
deliberari non potest, exercitum opprimundae libertatis
habet et se ⟨e⟩ contempto metuendum effecit: uos mus- 20
santes et retractantes uerbis et uatum carminibus pacem
optatis magis quam defenditis, neque intellegitis mollitia
4 decretorum uobis dignitatem, illi metum detrahi. Atque id
iure, quoniam ex rapinis consulatum, ob seditionem
prouinciam cum exercitu adeptus est. Quid ille ob bene 25
facta cepisset, quoius sceleribus tanta praemia tribuistis?
5 At scilicet eos qui ad postremum usque legatos pacem
concordiam et alia huiusce modi decreuerunt gratiam ab
eo peperisse. Immo despecti et indigni re publica habiti

---

1 tumultu *N, corr.* 5   7 ORATIO PHILIPPI IN SEA *V*   10 praua *ed.*
Mant.: parua *V*   17 cura ⟨nostra⟩ *Wirz*   20 e *suppl. Asulanus*
21 carminibus *ed. Rom.*: carminis *V*   28–9 ab eo *ed. Mant.*: habeo *V*

praedae loco aestumantur, quippe metu pacem repetentes
quo habitam amiserant.

'Equidem a principio, quom Etruriam coniurare, pro- 6
scriptos adcersi, largitionibus rem publicam lacerari
5 uidebam, maturandum putabam et Catuli consilia cum
paucis secutus sum. Ceterum illi qui gentis Aemiliae bene
facta extollebant et ignoscundo populi Romani magnitudinem auxisse, nusquam etiam tum Lepidum progres-
sum aiebant quom priuata arma opprimundae libertatis
10 cepisset, sibi quisque opes aut patrocinia quaerundo consilium publicum corruperunt. At tum erat Lepidus latro 7
cum calonibus et paucis sicariis, quorum nemo diurna
mercede uitam mutauerit: nunc est pro consule cum
imperio, non empto sed dato a uobis, cum legatis adhuc
15 iure parentibus, et ad eum concurrere homines omnium
ordinum corruptissumi, flagrantes inopia et cupidinibus,
scelerum conscientia exagitati, quibus quies in seditionibus, in pace turbae sunt. Hi tumultum ex tumultu, bellum
ex bello serunt, Saturnini olim, post Sulpici, dein Mari
20 Damasippique, nunc Lepidi satellites. Praeterea Etruria 8
atque omnes reliquiae belli adrectae, Hispaniae armis
sollicitae; Mithridates, in latere uectigalium nostrorum
quibus adhuc sustentamur, diem bello circumspicit: quin
praeter idoneum ducem nihil abest ad subuortundum
25 imperium. Quod ego uos oro atque obsecro, patres con- 9
scripti, ut animaduortatis neu patiamini licentiam scelerum quasi rabiem ad integros contactu procedere. Nam
ubi malos praemia secuntur, haud facile quisquam gratuito bonus est.

30   'An expectatis dum exercitu rursus admoto ferro atque 10
flamma urbem inuadat? Quod multo propius est ab eo quo
agitat statu quam ex pace et concordia ad arma ciuilia,
quae ille aduorsum diuina et humana omnia cepit, non pro

2 amiserunt *Steup*   11 tunc *Kritz, sed cf. I. III. 1*   12 nemo
⟨non⟩ *Carrio*   26 neu *Carrio*: ne *V*

sua aut quorum simulat iniuria, sed legum ac libertatis
11 subuortundae. Agitur enim ac laceratur animi cupidine et
noxarum metu: expers consili, inquies, haec atque illa
temptans, metuit otium, odit bellum; luxu atque licentia
carendum uidet, atque interim abutitur uostra socordia. 5
12 Neque mihi satis consili est, metum an ignauiam an
dementiam eam appellem, qui uidemini tanta mala quasi
fulmen optare se quisque ne adtingat, sed prohibere ne
conari quidem.

13   'Et quaeso considerate quam conuorsa rerum natura sit: 10
antea malum publicum occulte, auxilia palam instrue-
bantur, et eo boni malos facile anteibant; nunc pax et
concordia disturbantur palam, defenduntur occulte. Qui-
14 bus illa placent in armis sunt, uos in metu. Quid expectatis, nisi forte pudet aut piget recte facere? An Lepidi 15
mandata animos mouere? Qui placere ait sua quoique
reddi et aliena tenet, belli iura rescindi quom ipse armis
cogat, ciuitatem confirmari quibus ademptam negat, concordiae gratia tribuniciam potestatem restitui, ex qua
15 omnes discordiae adcensae. Pessume omnium atque 20
inpudentissume, tibine egestas ciuium et luctus curae
sunt, quoi nihil est domi nisi armis partum aut per
iniuriam? Alterum consulatum petis quasi primum reddi-
deris, bello concordiam quaeris, quo parta disturbatur,
nostri proditor, istis infidus, hostis omnium bonorum: ut 25
te neque hominum neque deorum pudet, quos per fidem
16 aut periurio uiolasti! Qui quando talis es, maneas in sententia et retineas arma, te hortor, neu prolatandis seditionibus, inquies ipse, nos in sollicitudine adtineas. Neque
te prouinciae neque leges neque di penates ciuem patiun- 30
tur: perge qua coeptasti, ut quam maturrume merita
inuenias.

7 tanta *ed. Mant.*: itanta *V*: intuentes *Dietsch* (*conl. Dem. Phil. 3. 33*)
19 ⟨plebei⟩ tribuniciam *ex Prisc. ii. 243. 11 Carrio*   31 coeptasti *Steup*
(*conl. I. 102. 9*): coeptas *V*: coepisti *Aldus*

'Vos autem, patres conscripti, quo usque cunctando 17
rem publicam intutam patiemini et uerbis arma tempta-
bitis? Dilectus aduorsum uos habiti, pecuniae publice et
priuatim extortae, praesidia deducta atque inposita: ex
5 lubidine leges imperantur, quom interim uos legatos et
decreta paratis. Quanto mehercule auidius pacem petieri-
tis, tanto bellum acrius erit, quom intelleget se metu magis
quam aequo et bono sustentatum. Nam qui turbas et 18
caedem ciuium odisse ait et ob id armato Lepido uos
10 inermos retinet, quae uictis toleranda sunt, ea quom facere
possitis, patiamini potius censet; ita illi a uobis pacem,
uobis ab illo bellum suadet. Haec si placent, si tanta torpedo 19
animos oppressit ut obliti scelerum Cinnae, quoius in
urbem reditu decus ordinis huius interiit, nihilo minus uos
15 atque coniuges et liberos Lepido permissuri sitis, quid opus
decretis, quid auxilio Catuli? Quin is et alii boni rem publi- 20
cam frustra curant. Agite ut lubet, parate uobis Cethegi
atque alia proditorum patrocinia, qui rapinas et incendia
instaurare cupiunt et rursus aduorsum deos penatis manus
20 armare. Sin libertas et uera magis placent, decernite digna
nomine et augete ingenium uiris fortibus. Adest nouos exer- 21
citus, ad hoc coloniae ueterum militum, nobilitas omnis,
duces optumi. Fortuna meliores sequitur: iam illa quae
socordia nostra conlecta sunt dilabentur.

25 'Quare ita censeo: quoniam ⟨M.⟩ Lepidus exercitum 22
priuato consilio paratum cum pessumis et hostibus rei
publicae contra huius ordinis auctoritatem ad urbem
ducit, uti Ap. Claudius interrex cum Q. Catulo pro
consule et ceteris quibus imperium est urbi praesidio sint
30 operamque dent ne quid res publica detrimenti capiat.'

*Vaticanus lat. 3864, ff. 120ᵛ–122ʳ. Libro primo attribuunt Nonius
Marcellus (229. 3) et Arusianus (vii. 480. 19 (272 Della Casa)).*

6 mehercules *V*¹   7 intellegat *Steup*   8 turbas ⟨se⟩ *Madvig*
13 obrepsit *codd. plurimi Non. 229. 4, fort. recte*   16 ali *V*   21 nomine *Aldus*: -ini *V*   25 M. *add. Orelli*

88. Magna gloria tribunus militum in Hispania T. Didio imperante, magno usui bello Marsico paratu militum et armorum fuit, multaque tum ductu eius ⟨manu⟩que patrata primo per ignobilitatem, deinde per inuidiam scriptorum incelebrata sunt, quae uiuos facie sua ostenta- 5 bat aliquot aduorsis cicatricibus et effosso oculo. Quin ille dehonestamento corporis maxume laetabatur neque illis anxius, quia relicua gloriosius retinebat.

Gellius 2. 27. 2 *Haec (Dem., De cor. 67) aemulari uolens Sallustius de Sertorio duce in historiis ita scripsit:* 'Magna . . . retinebat.' Don- 10 atus, *Ter. Eu.* 482 *Haec sunt uirtutis insignia, ut Sallustius quoque fatetur:* 'dehonestamento [tamen esse] corporis maxime laetabatur.'

†**100.** Quas duas insulas, propinquas inter se et decem ⟨milia⟩ stadium procul a Gadibus sitas, constabat suopte 15 ingenio alimenta mortalibus gignere.

Nonius Marcellus 495. 6 *Accusatiuus numeri singularis positus pro genetiuo plurali . . . Sallustius hist. lib. I:* 'cuius duas . . . gignere.'

101* Seruius, *A.* 5. 735:

Secundum philosophos Elysium est Insulae Fortunatae, quas ait 20 *Sallustius inclutas esse Homeri carminibus.*

102. Traditur fugam in Oceani longinqua agitauisse.

Seruius auct., *A.* 2. 640 AGITATE *disponite, cogitate. Sallustius:* 'traditur . . . agitauisse.' *Breuis expositio in Verg. G.* 2. 197 LONGIN-

---

1 tribunus militum *A*: tribus milibus *VPR*   T. *VPR*: ET *A*
2 usui *A*: usi *VPR*   3 manu *add. Linker (cf. Plut. Sert. 4. 3)*: iussu
Hertz   4 patrata *Dietsch*: rapta *VPR*   5 incelebrata *J. Gronovius*: celebrata *VPR*   facie sua *Carrio*: faciem suam *VPR*   6 quin
Hertz: quid *VPR*   12 *secl. Wessner*   14 quas *Roth*: cuius *codd.*
15 milia *suppl. Mercier*   sitas *Carrio*: satis *codd.*   18 I *Gerlach*: XI
A^A*B*^A: *om. L*^1*C*^A

QVA *porro sita, ut apud Sallustium in primo:* 'traditur . . . agitauisse.'   Pseudacro, *Hor. Epod.* 16. 41 OCEANUS . . . *in quo sunt Insulae Fortunatae, ad quas Sallustius in historia dicit uictum uoluisse ire
Sertorium.*

LIBER II

16*. Oris probi, animo inuerecundo.

Suetonius, *De gramm.* 15 *Lenaeus, Magni Pompei libertus . . . tanto amore erga patroni memoriam exstitit ut Sallustium historicum, quod eum* 'oris probi, animo inuerecundo' *scripsisset, acerbissima satura lacerauerit, lastaurum et lurconem et nebulonem popinonemque appellans et* 5 *uita scriptisque monstrosum, praeterea priscorum Catonisque uerborum ineruditissimum furem.* Cf. *Sacerdos vi. 461. 30 Et illud de Pompeio, qui coloris erat rubei, sed animi inuerecundi, 'quem non pudet et rubet, non est homo, sed ropio'; Plin. Nat. 7. 53, 37. 14, Sen. Ep. 11. 4.*

17. Modestus ad alia omnia, nisi ad dominationem. 10

Donatus, *Ter. Ph.* 170 *'Modeste' moderate. Sallustius libro secundo:* 'Modestus . . . dominationem.'

19*. Cum alacribus saltu, cum uelocibus cursu, cum ualidis uecte certabat.

Vegetius, *Mil.* 1. 9 *De exercitio Cn. Pompei Magni Sallustius memo-* 15 *rat:* 'cum alacribus . . . certabat.' *Neque enim ille aliter potuisset par esse Sertorio, nisi seque et milites frequentibus exercitiis praeparasset ad proelia.*

21. Nam Sullam consulem de reditu eius legem ferentem ex conposito tribunus plebis C. Herennius prohibuerat. 20

Gellius 10. 20. 10 *Sallustius quoque proprietatum in uerbis retinentissimus consuetudini concessit et priuilegium quod de Cn. Pompei reditu ferebatur 'legem' appellauit. Verba ex secunda eius historia haec sunt:* 'Nam . . . prohibuerat.' *Ad Cn. Pompeium Strabonem refert E. Badian: cf. Hermes, 83 (1955), 107–12, 89 (1961), 254–6, MRR Suppl. 161.* 25

1 probi *codd. Suet. OW*[1]*BVL (cf. Plin., Sen.):* probri *W*[2]: probrum *D:* improbi *rell.* 6 -que[2] *secl. Statius*

172

42. * * * ⟨apud⟩ quem ex̣erc̣ịtus fuerạṭ legionem misit
dịspecta uanitate, idque illi in sapịentiam cesserat. Dein
Ḷ. Octauius et C. Cọ⟨t⟩ta consulatum ingress⟨i⟩, quorum
Octauius langụ⟨i⟩de et incuriose fuit, C⟨ot⟩ta promptius
5 sed ambiti.̣.e tum ingẹṇịọ largit.... cupiens gratia
sịṇg⟨ul⟩orum * * *

*Codicis palimpsesti Floriacensis col. 1. Bifolium in quo haec continentur
in duas particulas olim discissum fortuna ita iactauit ut nunc prior pars
cuiusque uersus in codice Aurelianensi f. 20ᵛ, altera in folio Berolini*
10 *adseruato (Bʳ) tradatur. De hoc fragmento uide in primis G. H. Pertz,
Abh. Kön. Akad. der Wiss. zu Berlin, 1847, Phil.-hist. Abh., 221–39, E.
Hauler, Wiener Studien, 8 (1886), 315–30, 9 (1887), 27–8, 40–1,
Jordan³ (1887), 127; G. Perl, Eirene, 12 (1972), 324–9.*

43. P.que Lentulus Marcelḷ⟨inus⟩ eodem auctore quaes-
15 t⟨or⟩ in nouam prouinci⟨am⟩ Curenas missus est, c⟨um⟩ ea
mortui regis Apio⟨nis⟩ testamento nobis d⟨ata⟩ pruden-
tiore quam ⟨adu⟩lescentis et minus q⟨uam⟩ ille auide
imperio co⟨nti⟩nenda fuit. Praetere⟨a di⟩uersorum
or..... * * *
20 *Col. 2, in Bᵛ tradita. Vide Perl, Klio, 52 (1970), 321.*

1 ⟨apud⟩ *Hauler, cui debentur supplementa alii non nominatim adscripta*
ex̣erc̣ịtus] E *uel* T, E *uel* I, R *potius quam* N, I *uel* E fuerạṭ] T *legit Mommsen,* E *Pertz* 2 dịspecta] I *uel* E: dispecta *malit Perl, conl. I. 38. I*
sapịentiam (I *uel* T) *Hauler:* sapientia Appius *Perl, qui in codice Aurelianensi*
AP. *pro* M *legit: locus incertus* 4 promptius *Hauler:* E *pro* P *prima
legerunt Pertz et Jordan post* promptius *dist. Jordan, post* ambiti.̣.e
Hauler 5 ambiti⟨os⟩e *uel* ambiti⟨on⟩e *Hauler* ingẹṇịọ (G *uel* C,
O *uel* TA) largit.... (*ultimo loco* Ẹ *legit Hauler,* T *Pertz et Jordan*): ingenio
largitore *Hauler* (*conl. I. 64. 1, 95. 3, H. 2. 47. 4*): ingenti a largitione *Madvig*:
ingenio largitor et *Perl* 5–6 gratia singulorum ⟨omnium fauorem
sibi parare⟩ *uel sim. Hauler* (*conl. H. 2. 47, Q. Cic. Pet. 12. 47*): gratiam singulorum ⟨obtinere⟩ *Mommsen* 6 singulorum *Mommsen:* sịṇg *A,*
.̣.orịṭụ *B* 14 auctore *Kreyssig:* actore *B* 15 c⟨um⟩ *Perl:*
q⟨uod⟩ *Pertz* 16 Apio⟨nis⟩ *Pertz* d⟨ata⟩ *Pertz* 17 ⟨adu⟩-
lescentis ... auide *partim dispexit, partim suppleuit Perl:* ⟨illas⟩ per gentis et
minus g⟨lo⟩riae auidi *Pertz* 18 co⟨nti⟩nenda *Kreyssig* prae-
tere⟨a⟩ *Kreyssig* ⟨di⟩uersorum ordin⟨um⟩ *Pertz*

45. * * *is saeuitia. Qua re fati⟨ga⟩ta plebes forte consu⟨les⟩ ambo Q. Metellum, cui ⟨pos⟩tea Cretico cognome⟨ntu⟩m fuit, candidatu⟨m pr⟩aetorium sacra uia de⟨du⟩c⟨en⟩tis cum magno tu⟨m⟩ultu inuadit fugien⟨tis⟩que secuta ad Octaui do⟨mu⟩m, quae propior erat, 5 in . . . . um perue* * *

Col. 3, in B^v tradita. Vide in primis Pertz, l.c., Jordan, Hermes, 2 (1867), 81–5, et ed.³, 128.

47. Oratio C. Cottae consulis ad populum Romanum

A ⟨Post⟩ paucos dies Cotta mutata ueste permaestus, quod 10 pro cupita uo̦lu̦⟨n⟩ta̦te †pleuis auaria̦ funera†, hoc modo in contione populi disseru⟨it⟩:

1 'Quirites, multa mihi pericula domi militiaeque, multa aduorsa fuere, quorum alia toleraui, partim reppuli deorum auxiliis et uirtute mea. In quis omnibus numquam 15 animus negotio defuit neque decretis labos: malae secun-

2 daeque res opes, non ingenium mihi mutabant. At contra in his miseriis cuncta me cum fortuna deseruere. Praeterea senectus, per se grauis, curam duplicat, quoi misero acta iam aetate ne mortem quidem honestam sperare licet. 20

3 Nam si parricida uostri sum et bis genitus hic deos penatis meos patriamque et summum imperium uilia habeo, quis

---

1 ⟨annonae intolerabil⟩is (⟨intolerabil⟩is *iam Pertz*) *Roth*   fati⟨ga⟩ta *Pertz*   2 consu⟨les⟩ *Pertz*   ⟨pos⟩tea *Pertz*   cognomentum *Heerwagen*: cognome.m *B*   4 deducentis *Dietsch*: de.ctis *B*   tu.ultum *B*   fugient⟨is⟩que *Kreyssig*   5 propior *Kreyssig*: propriore *B*   6 *lectio ualde incerta*: in ipsum domicilium peruenit *Perl*   9 ORATIO CAI COTTAE COS. AD P̄R *V*   10 post *suppl. Hauler (conl. C. 30. 1, I. 90. 2)*   ueste permaestus *Wölfflin*: ulter *B*, ermoestus *A*   11 uo̦lu̦ta̦te (o *uel* G, т *uel* E) *A*   pleuisa *A*, uaria̦ *B* (a *uel* N *uel* M), funera *A*: plebis alienata (*uel* abalienata) fuerat *Bücheler*: plebes abalienata fuerat *Maurenbrecher*: plebis inualide fuerat *Wölfflin*   12 disseru⟨it⟩ *Roth*   19–20 senecta iam aetate *Seru. A. 11. 165, ad alium fortasse locum spectans*

174

mihi uiuo cruciatus satis est aut quae poena mortuo? Quin
omnia memorata apud inferos supplicia scelere meo uici.

'A prima adulescentia in ore uostro priuatus et in magis- 4
tratibus egi: qui lingua, qui consilio meo, qui pecunia
5 uoluere, usi sunt; neque ego callidam facundiam neque
ingenium ad male faciundum exercui. Auidissumus
priuatae gratiae maxumas inimicitias pro re publica
suscepi; quis uictus cum illa simul, quom egens alienae
opis plura mala expectarem, uos, Quirites, rursus mihi
10 patriam deosque penatis cum ingenti dignitate dedistis.
Pro quibus beneficiis uix satis gratus uidear, si singulis 5
animam, quam nequeo, concesserim; nam uita et mors
iura naturae sunt: ut sine dedecore cum ciuibus fama et
fortunis integer agas, id dono datur atque accipitur.

15 'Consules nos fecistis, Quirites, domi bellique inpedi- 6
tissuma re publica. Namque imperatores Hispaniae
stipendium milites arma frumentum poscunt, et id res
cogit, quoniam defectione sociorum et Sertori per montis
fuga neque manu certare possunt neque utilia parare;
20 exercitus in Asia Ciliciaque ob nimias opes Mithridatis 7
aluntur, Macedonia plena hostium est nec minus Italiae
marituma et prouinciarum, quom interim uectigalia, parua
et bellis incerta, uix partem sumptuum sustinent: ita
classe, quae conmeatus tuebatur, minore quam antea
25 nauigamus. Haec si dolo aut socordia nostra contracta 8
sunt, agite ut monet ira, supplicium sumite; sin fortuna
communis asperior est, quare indigna uobis nobisque et re
publica incipitis?

'Atque ego, quoius aetati mors propior est, non depre- 9
30 cor, si quid ea uobis incommodi demitur; neque mox
ingenio corporis honestius quam pro uostra salute finem
uitae fecerim. Adsum en C. Cotta consul, facio quod saepe 10
maiores asperis bellis fecere: uoueo dedoque me pro re

23 sumptuum *ed. Rom.*: sumptum *V*   31 ingenio] senio *coni.*
Dietsch

11 publica. Quam deinde quoi mandetis circumspicite; nam
talem honorem bonus nemo uolet, quom fortunae et maris
et belli ab aliis acti ratio reddunda aut turpiter moriundum
12 sit. Tantummodo in animis habetote non me ob scelus aut
auaritiam caesum, sed uolentem pro maxumis beneficiis 5
13 animam dono dedisse. Per uos, Quirites, et gloriam
14 maiorum, tolerate aduorsa et consulite rei publicae. Multa
cura summo imperio inest, multi ingentes labores, quos
nequiquam abnuitis et pacis opulentiam quaeritis, quom
omnes prouinciae regna, maria terraeque aspera aut fessa 10
bellis sint.'

*Verba paucos dies . . . disseru⟨it⟩ (p. 174. 10—12) et ipsius oratio-
nis initium (usque ad. u. 15 mea. In) in col. 4 codicis palimpsesti tradita
sunt, inter duas infelicis illius bifolii particulas ita diuisa ut prior pars
cuiusque uersus hodie exstet in folio Berolinensi (B^v), altera in codice* 15
*Aurelianensi (f. 20^r): cf. frg. 42. Vide in primis E. Hauler, Wiener
Studien, 8 (1886), 315–30, 9 (1887), 28, 41–2, 16 (1894), 247–8,
Jordan³, 128. Oratio ipsa exstat in codice Vaticano, ff. 122^r – 123^r; libri
indicium dat Anon. Bob. i. 549. 23 (28.4 De Nonno).*

70. At Metellus in ulteriorem Hispaniam post annum 20
regressus magna gloria concurrentium undique, uirile et
muliebre secus, per uias et tecta omnium uisebatur. Eum
quaestor C. Vrbinus aliique cognita uoluntate cum ad
cenam inuitauerant, ultra Romanum ac mortalium etiam
morem curabant, exornatis aedibus per aulaea et insignia, 25
scenisque ad ostentationem histrionum fabricatis; simul
croco sparsa humus et alia in modum templi celeberrimi.
Praeterea tum sedenti transenna demissum Victoriae
simulacrum cum machinato strepitu tonitruum coronam

5 uolentem *ed. Mant.*: uolente *V*   20 at *Non., codd. PT Macr.*: ac
Macr. rell. codd.   21 concurrentium *Non.*: -tibus *Macr.*   et *Non.,*
Macr.: ac *Probus*   22 omnibus *Dietsch*   24 inuitassent (*ex* -et)
P   25 signa *Ciacconius* (*cf. E. 1. 8. 1*)   28 in transenna *Macr.*
dimissum *codd. plerique Non. et Macr.*   28–9 demissum Victoriae
simulacrum *post* strepitu *Non. 286*   29 cum *om. Seru.*   tonitruum
Macr.: om. *Non., Seru.*

capiti inponebat, tum uenienti ture quasi deo supplica-
batur. Toga picta plerumque amiculo erat accumbenti,
epulae uero quaesitissumae neque per omnem modo
prouinciam, sed trans maria ex Mauretania uolucrum et
5 ferarum incognita antea plura genera. Quis rebus ali-
quantam partem gloriae dempserat, maxumeque apud
ueteres et sanctos uiros superba illa, grauia, indigna
Romano imperio aestumantis.

Macrobius, *Sat.* 3. 13. 6–9 *Metellus Pius in quam foueam luxus et*
10 *superbiae successuum continuatione peruenit? Et ne multis morer, ipsa de
eo Sallustii uerba subieci:* 'ac Metellus . . . aestimantes.' *Haec Sallustius, grauissimus alienae luxuriae obiurgator et censor.* Nonius
Marcellus 222. 19 *Sexus masculini generis esse manifestum est; neutro
Sallustius dixit historiarum lib. II:* 'at Metellus . . . uisebatur.' Pro-
15 bus, *Cath.* iv. 21. 5 *Sallustius:* 'uirile ac muliebre secus'. Charisius i. 80. 15 (101. 13 Barwick) *Secus neutri generis est nomen, unde et
Sallustius* 'uirile secus' *dixit.* Nonius Marcellus 180. 15 *Transenna non, ut quidam putant, transitus, sed est fenestra. . . . Sallustius
historiarum lib. II:* 'transenna demissum Victoriae simulacrum
20 cum machinato strepitu coronam capiti inponebat'; 286. 16 *De-
mittere, desuper mittere. . . . Sallustius hist. lib. II:* 'cum machinato
strepitu demissum Victoriae simulacrum coronam capiti inponebat'. Seruius, *A.* 5. 488 TRAIECTO *extento, unde transenna
dicitur extentus funis; Sallustius:* 'machinato strepitu transenna
25 corona in caput inponebatur.'

87. ✱ ✱ ✱re. Dẹin signo dato praecipiti iam sẹcunda uigilia **A**
simụl uṭrimque pugnaṃ occipiunt, magno tumuḷtu primo
eminus pe⟨r⟩ obscuram nocṭẹm tela in incertum
iacien⟨te⟩s, post, ubi Romani de industria noṇ tela neque
30 clamorem ṛeddebant, perculsos formidine aut desertam

1 capiti *Non.*: in caput *Seru.*: ei *Macr.* (*cf. V. Max. 9. 1. 5*)   inponebat
codd. Macr. plerique, Non. 180: inponebant *codd.* P¹RA *Macr., Non. 286*:
(corona . . .) inponebatur *Seru.*   3 exquisitissimae *P*   20 cum
om. L   21 II] III *codd.*   machinis *codd.*   28–9 incertum
iacientes *Hauler*: inceptum iaciens *A*

munitionem rati auide in fǫssas et inde uelocissumuɱ
genus per uallum ⟨p⟩rǫperat. At superstantes tum denique
saxa pila sudes i̯acere et multos prope egrǫssos çomminus
plagis aut umbonibus deturbare; qua repeṇtina formidine
B pars uallo transfixa, alii super te‖la sua praecipitati 5
ruinaque multorum fossae semi̯pletae sunt, ceteris fuga
tuta fuit incerto noctis et metu i̯nsidiarum. Dein post
paucos dies ǫgestate aquae coacta deditio est, oppidum
incensum et cultores uenundati̯ eoque terrore moẋ Isaura
Noua ḻegati pacem orantes uenere obsidesque et iussa fac- 10
turos promittebant.
Igitur Seruilius prudens ferociae hostium, neque i̯llis
taedium belḻi sed repentinam formidinem pacem suadere,
ne de missione mutarent a̯nimos, quam pri̯mum moenia
C eorum cum omṇibus copi̯is accessit, mol‖lia interim legatis 15
ǫṣtentans et deditionem cunctis praesentibus facilius
conuenṭuram. Praeterea ɱilites a p⟨o⟩pulationibus agro-
rum et omni noxa retinebat; frumentum et alios co⟨m⟩-
meatus oppidani dabant ex eorum uoluntate; ne ⟨se⟩
suspectum haberent, castra̯ in plano locauerat. Deinde ex 20
imperio datis centum obsidibus ubi perfugae arma
tǫrmentaque omnia poscebantur, iuniores primum ex
çonsilio, deinde uti quisque acci̯derat, per totam urbem
maẋimo clamore tumultum faciunt, neque se arma neque

---

1 rati *Hauler*: grati *A*   2 properat *Mommsen*: ̣rǫperat (o *uel* v) *A*
at] ad *A*   4 umbonibus deturbare *Heraeus* (*conl. Liu. 5. 47. 4, Tac.
Hist. 4. 29, Ann. 4. 51, al.*): omnịb(us) ḍecurbare (DE *uel* PV: *in* depulsare
*fort. corr. man.*²) *A*   5 praecipitati (P *uel* T) *A*   6 semi̯pletae (I
uel E) *A*: seminpletae *Mommsen*   8 paucos] P *uel* B   9 moẋ]
mota *Krüger*   10 orantes *Hauler*: morantes *A*   14 de missione *obscurum nisi* obsidum *subaudiri potest*   17 a populationibus
Mommsen: appellationibus *A*: a praedationibus *Hauler*   18 noxam
*A*¹   19–20 ⟨se⟩ suspectum *Heerwagen*: suspectum ⟨sese⟩ *Hauler*
(*conl. I. 71. 5*)   20 haberent *Hauler*: -et *A*   22 tǫrmentaque] o
potius quam v   23 acci̯derat (I *potius quam* E) *A*: accedebat *Heerwagen*
et Bücheler   totam] tu̯tam (v *potius quam* o) *A*

socios, dum | animae essent, prodituros firmabant. At illi **D**
quibus a̧etas i̧⟨n⟩bellior et uetustat⟨e⟩ uis Romanorum
multum cognita ȩrat, cupere pacȩm, sed conscientia
noxa̧rum metuere ne daţis a̧rm̧is mox tamen ex̧trema uicţis
5 paterentur. I̧nter quae trepida cunctisque i̧n uņum̧ tumul-
tuoşe consu̧ļtantibus Seruilius fut[t]ilem deditionem ratus
ni met⟨u⟩s urgeret, de inpro̧uiso montem, ex quo in
†fugam† oppidi teli coniectus erat, occupauit sacrum
Matri Magnae; et in eo credebatur ep̧ulari ḑiȩbus certis
10 dea cuius erat ḑe nomine, exaudiri sonores * * *

Codicis palimpsesti coll. 7–10 (A ff. 15ᵛ, 18ʳ, 18ᵛ, 15ʳ). De hoc frag-
mento uide in primis E. Hauler, Revue de philologie, 10 (1886), 126–31,
Neue Bruchstücke zu Sallusts Historien (Vindobonae, 1887), 9–29 =
Sitzungsberichte der Akad. d. Wiss. Wien, 113 (1886), 621–4, Wiener
15 *Studien, 9 (1887), 29–30, 42–4, 16 (1894), 248–51, 45 (1926), 260–*
1, 49 (1933), 134–42. Jordan³, 129–31, É. Chatelain, La Paléographie
des classiques latins (Lutetiae, 1884–1900), p. 31, tab. LIa.

91. Neque uirgines nuptum a parentibus mittebantur, sed
ipsae belli promptissimos deligebant.

20   Arusianus Messius vii. 503. 13 (467 Della Casa) *Promptus illius*
rei. Sal. hist. II: 'neque uirgines . . . deligebant.'

92. ⟨A matribus parentum facino⟩ra militaria uiri⟨s
memora⟩bantur in bellum a⟨ut ad la⟩tro̧cinia pergenţ⟨i-
bus, ubi il⟩lorum fortia facta ⟨ca⟩nebant. Ea postqua⟨m
25 Pom⟩peius infenso exeŗ⟨citu⟩ aḑu̧entare comper⟨tus⟩ eşt,
m̧aioribus natu p⟨acem⟩ et iussa uti faceren⟨t sua⟩denti-
bus, ub̧i nihi̧l ab̧⟨nu⟩endo pro̧fi̧ciunt, se⟨para⟩ţae a uiris

1 dum] duma *A*   3 sed] et *A*¹, sed *fort. s.s. A*²   4 uicti *von*
Hartel   5 uno *A*¹, *in* unum *ut uid. corr. A*²   6 serbilius *A*
8 iuga *Mommsen: nondum feliciter emendatum*   9 certis] c *ex* D *corr. A*²
10 deam *A*¹   22–3 a matribus . . . memorabantur *corr. Hauler ex*
Seru. A. 10. 281   24 ubi *Maurenbrecher:* qui *Hauler*   eo *Mauren-*
brecher: eae *coni. Jordan*   25 infenso] F *uel* T   27 ad-
monendo *von Hartel*

arma cep⟨ere⟩. Occupato propę Meǫ. . . . quam ţutissimo
loç⟨o, e⟩os testabantur ino⟨pes pa⟩triae parientumque ⟨et⟩
libertatis, eoque ubęr⟨a⟩, partus et cetera muļ⟨ierum⟩
muniạ uiris manę⟨re⟩. Quis reḅus accensa iu⟨uen⟩tus
decreta senior⟨um⟩ * * *   5

Col. 11, in A f. 16ᵛ tradita. Accedit Seruius, A. 10. 281 REFERTO
FACTA PATRVM . . . *Et secutus Sallustium hoc dixit, qui ait Hispanorum
fuisse ⟨morem⟩ ut in bella euntibus iuuenibus parentum facta memoraren-
tur a matribus. De hoc fragmento uide in primis E. Hauler, Neue Bruchstücke, 29–46 (641–58), Wiener Studien, 9 (1887), 30–1, 44–5,* 10
*Jordan³, 131–2. Supplementa nulli uiro docto nominatim adscripta
Haulero debentur.*

93. * * * interposita, sị exemp⟨ti ob⟩sidione forent, fidem
⟨et soci⟩eţatem acturos; nam ⟨ant⟩ęa inter illum
Pom⟨peiu⟩mque fluxa pace dubi⟨tau⟩erant. Ţum Roma-   15
nus ⟨exe⟩rcitus frumenti gra⟨tia⟩ remotus in Ɣascones
. . . .emque Sertorius mon. . . .e, cuius multum in⟨terer⟩aţ
ne ei perinde Asịae . . . . atque uadi e facultate ⟨Pom⟩pęius
aliquot dies ⟨cas⟩ţra statiua ḥabuit, ⟨mo⟩ḍica ualle dis-
iunctis ⟨ab eo⟩ hostibus, neque propin⟨quae⟩ ciuitates   20
Mutudurei ⟨et⟩ . . . .ęores hunç aut illum ⟨com⟩meatibus

1 *post* cepere *dist. Hauler, post* loco *Jordan* propę] E *uel* I   meǫ. . . .
(E *potius quam* I, O *uel* C) A: Meorigam *coni. Hauler (conl. Ptol. Geog. 2. 6. 50)*:
Medobrigam *Schulten dub.*   2 eos *suppl. Hauler*: illos *Maurenbrecher*
pariuntumque A   3 ubera *von Hartel: in A litterae* UB *tantum certae*
mul⟨ierum⟩ *Wölfflin*   5 senior⟨um aspernatur⟩ *Hauler*
8 morem *suppl. Stephanus*   13 ⟨nulla mora⟩ interposita (⟨tridui
mora⟩ iam *Wölfflin) Perl dub.*   sị] I *uel* T *uel* E   13–14 fidem ⟨et
soci⟩etatem⟩ *Perl, qui* et *de suo suppleuit:* fidem . . . . ieţatem A: fide
⟨soci⟩etatem *Hauler*   14 ⟨ant⟩ęa] E *uel* T   16 gra⟨tia⟩ *Wölfflin*
17–18 . . . .emque . . . ⟨Pom⟩pęius] *textus incertus et fortasse corruptus*
17 ⟨est it⟩emque *Wölfflin*   mon. . . .e (e *in* et *fort. corr. man. sec.*) A:
mouit se *Hauler*   in⟨terer⟩aţ] T *uel* I   18 atque uadi e] aquandi
Wölfflin   19 aliquod A   ⟨mo⟩ḍica] D *potius quam* O *uel* Q
20 ⟨ab eo⟩ *Wölfflin*   21 ęores] E *potius quam* T

iuuere: fames ⟨am⟩bos fatigauit. Dein ta⟨me⟩n Pompeius
quadrato * * *

*Col. 12, in A f. 16ʳ tradita. De hoc fragmento uide opuscula ad frag. 92
citata necnon G. Perl, Wissenschaftliche Zeitschrift der Universität*
5 *Rostock, 12 (1963), 267–73. Lacunarum spatia, quae minimum binum,
summum quinum litterarum esse uidentur, subtiliter notare conati non
sumus.*

98. Epistula Cn. Pompei ad senatum

'Si aduorsus uos patriamque et deos penatis tot labores 1
10 et pericula suscepissem, quotiens a prima adulescentia
ductu meo scelestissumi hostes fusi et uobis salus quaesita
est, nihil amplius in absentem me statuissetis quam adhuc
agitis, patres conscripti, quem contra aetatem proiectum
ad bellum saeuissumum cum exercitu optume merito,
15 quantum est in uobis, fame, miserruma omnium morte,
confecistis. Hacine spe populus Romanus liberos suos ad 2
bellum misit? Haec sunt praemia pro uolneribus et totiens
ob rem publicam fuso sanguine? Fessus scribendo mittun-
doque legatos omnis opes et spes priuatas meas con-
20 sumpsi, quom interim a uobis per triennium uix annuos
sumptus datus est. Per deos inmortalis, utrum me uicem 3
aerari praestare censetis an | exercitum sine frumento et **(A)**
stipendio habere posse?

'Equidem fateor me ad hoc bellum maiore studio quam 4
25 consilio profectum, quippe qui nomine modo imperi a
uobis accepto diebus quadraginta exercitum paraui hostisque in ceruicibus iam Italiae agentis ab Alpibus in
Hispaniam submoui; per eas iter aliud atque Hannibal,
nobis opportunius, patefeci. Recepi Galliam Pyrenaeum 5
30 Lacetaniam Indigetis et primum impetum Sertori uictoris

2 quadrato ⟨agmine incedit (*uel* procedit)⟩ *Hauler* (*conl. I. 100. 1*)
8 EPISTVLA CN. POMPEI AD SENATVM *V*   21–2 utrum uicem me aerari
praestare creditis *Diom. 1. 366. 12–13*   27 ceruibus *A*
29 nouis *A*   (pa)tefeci ... Galliam *om. A*

nouis militibus et multo paucioribus sustinui hiememque
(B) castris inter saeuissumos hostis, non per oppida | neque ex
6 ambitione mea egi. Quid deinde proelia aut expeditiones
hibernas, oppida excisa aut recepta enumerem, quando
res plus ualet quam uerba? Castra hostium apud Sucro- 5
nem capta et proelium apud flumen Turiam et dux
hostium C. Herennius cum urbe Valentia et exercitu deleti
satis clara uobis sunt. Pro quis, o grati patres, egestatem et
famem redditis.

7 'Itaque meo et hostium exercitui par condicio est; 10
namque stipendium neutri datur, uictor uterque in Italiam
8 uenire potest. Quod ego uos moneo quaesoque ut anim-
(C) aduortatis | neu cogatis necessitatibus priuatim mihi
9 consulere. Hispaniam citeriorem, quae non ab hostibus
tenetur, nos aut Sertorius ad internecionem uastauimus 15
praeter maritumas ciuitatis, ultro nobis sumptui onerique.
Gallia superiore anno Metelli exercitum stipendio fru-
mentoque aluit et nunc malis fructibus ipsa uix agitat. Ego
non rem familiarem modo, uerum etiam fidem consumpsi.

10 Relicui uos estis: qui nisi subuenitis, inuito et praedicente 20
me exercitus hinc et cum eo omne bellum Hispaniae in
(D) Italiam transgradien|tur.'

Hae litterae principio sequentis anni recitatae in senatu.
Sed consules decretas a patribus prouincias inter se
parauere: Cotta Galliam citeriorem habuit, Ciliciam 25
Octauius. Dein proxumi consules L. Lucullus et M. Cotta
litteris nuntiisque Pompei grauiter perculsi, cum
summ(a)e rei gratia tum ne exercitu in Italiam deducto

---

1 nobis *A* sustinuit *A* 3 ambitionem egi *A* 6 Turiam
Ciacconius: Durium *AV* (*cf. Cic. Balb. 5*) 7 exercitus *A*
8 nobis *A* quois *A* 15 uastabimus *A* 16 ⟨quae⟩ ultro
Aldus onerique *apog. Decembrii*: onorique *V*: aerique sunt *A*
18 agitate *A* 19 non *om. A* etiam *om. A* 20 nise *A*
inuito] etuito *A* 22 transgredientur *V* 24 set *A*
25 partiuere *Wölfflin* (*cf. I. 43. 1*), *sed u. TLL x. 1. 423. 12 sqq.*

nęq(ue) lauṣ suạ neque dignitas esseṭ, omni modo
sṭipẹṇdium ⟨e⟩t su⟨p⟩plemeṇtum parauere, adnitẹnte
maxime nobịlitaṭẹ, cuius pḷerique iam tum lingua feṛociạm
suam et dicta factis sequẹ* * *

5   *Epistula Pompei traditur in codice Vaticano, f. 125ʳ⁻ᵛ; libro secundo*
    attribuit Diomedes (*i. 366. 12*). *Verba* exercitum sine frumento . . .
    dicta factis sequẹ (*p. 181. 22–183. 4*) *leguntur in codice Aurelianensi*
    (*coll. 13–16, ff. 16ʳ, 17ᵛ, 17ʳ, 16ᵛ*). *De col. 16* (= *frg. 98*D) *uide in*
    primis Hauler, Neue Bruchstücke, *47–52* (*659–64*), Wiener
10 Studien, *9* (*1887*), *32–3,* Jordan³, *132–3.*

    2 et] E *periit*   4 suam ⟨ostentabant⟩ nec dicta *Shackleton Bailey*
seque (Q – E *uel* Q·E *uel* ME *dispexit Hauler, idem dubius num ea litterarum*
uestigia ad Sallustium pertinerent) *A*: sequebantur *Hauler dub.*: aequabant
Diggle, fort. recte (*conl. C. 3. 2, Liu. 6. 20. 8, Plin. Epist. 8. 4. 3, Sil. 7. 235–6, al.*)

LIBER III

3. Perdundae pecuniae genitus et uacuos a curis nisi instantibus.

Arusianus Messius vii. 476. 7 (244 Della Casa) *Genitus illi rei faciundae. Sal. hist. III:* 'perdendae pecuniae genitus.' Pseudasconius *ad Cic. Verr.* i. 60 *Hic est M. Antonius, dissolutissimus largitor* 5 *et totius curator orae maritimae, Cretae mortuus, de quo ipse dicet (Verr. 2. 8):* 'Et post M. Antonii infinitum illud imperium senserant', *et quem Sallustius ait* 'perdundae pecuniae genitum et uacuum a curis nisi instantibus'. *Cf. ad Verr. 2. 8 Hic est M. Antonius qui, gratia Cottae consulis et Cethegi factione in senatu curationem infinitam* 10 *nactus totius orae maritimae, et Siciliam et prouincias omnes depopulatus est et ad postremum inferens Cretensibus bellum morbo interiit; ad Diu. Caec. 55 M. Antonius curator tuendae totius orae maritimae qua Romanum erat imperium, non solum ipse nequam, uerum etiam comitibus pessimis.* 15

4*. Antonius paucis ante diebus erupit ex urbe.

Audax *Exc.* vii. 353. 24 *At uero quando 'ante' non cum casu suo et cum acuto accentu profertur, aduerbium iudicatur, ut... apud Sallustium:* 'Antonius . . . ex urbe'. Probus, *Inst.* iv. 149. 1 *Vt puta 'ante' significat et aduerbium temporis, ut . . . apud Sallustium:* 'Antonius 20 paucis ante diebus'.

5. * * * ⟨co⟩pias Antonius ha⟨ud fa⟩cile prohibens a ⟨nauibus⟩, quia periacị telu⟨m pote⟩rat angusto intr⟨oitu. Ne⟩que Mamercus ḥost⟨es⟩ in dexṭera commu⟨nis⟩ classis

---

4 III ς : II *codd.*   5–6 largitor et totius curator *Stangl.*: curator largitatis *codd.*   16 Antonius *om. cod.* B *Probi*   23 ⟨nauibus⟩ *Maurenbrecher*   periacị] I *uel* L   intr⟨oitu⟩ *Wölfflin*
24 host⟨es⟩ *Maurenbrecher*

aestate qu⟨ieta⟩ tutior in aperto ş⟨eque⟩batuŗ. Iamque
diebus ąl⟨iquot⟩ per dubitationem ⟨tritis⟩, cum Lįgurum
praeş.... in Alpis Terentun....citu quaestįo fac....
Sertorium peŗụe⟨hi. Quom⟩ Antonio ceterisque p⟨lace⟩ret
5 nauibus in Hispa⟨niam⟩ maturare, post qua⟨driduom⟩ in
Aresinarios uę⟨nere om⟩ni copia nauium l⟨onga⟩rum quas
ŗepąŗąt⟨as ha⟩bebanţ quaeque no* * *

Col. 17, A f. 15ʳ. Sinistro columnae margine deciso damna uix possunt
subtiliter aestimari; quaternae quinaeue uel summum senae litterae in fine
10 *cuiusque uersus perierunt. Supplementa nulli uiro docto nominatim*
adscripta Haulero sunt imputanda. De hoc fragmento uide in primis E.
Hauler, Neue Bruchstücke, 53–66 (665–78), Wiener Studien, 9 (1887),
33–4, 48–50, 44 (1925), 189–210, 48 (1930), 122–30; A. Schulten,
Hermes, 60 (1925), 66–73, 63 (1928), 366–8.

15 **6.** * * *o flumine Dil̦uno ⟨ab hos⟩tibus, quem trans⟨gradi⟩
uel paucis prohiben⟨tibus ne⟩quibat. Simulatis ....ţibus
aliis aut longe ....şto classe quam e....t temere nexis
ra⟨tibus ex⟩ercitum transdu⟨xit. Tum⟩ praemisso cum
equi⟨tibus Af⟩ŗanio legato et par⟨te na⟩ụium longarum ad
20 .... insulam peruenit, ⟨ratus⟩ inprouiso metu ⟨posse⟩
ŗecįpi ciuitatem com⟨meati⟩bus Italicis opportu⟨nam⟩.
Ąęque ...i loco fŗęti ni⟨hil de⟩ sententia muţaue⟨re;

1 qu⟨ieta⟩ *Wölfflin* s⟨eque⟩batur. Iamque *Hauler:* ş. ...batuiamque
(s *uel* P *uel* D: R *supra* U *add. ut uid.* A²) A 2 ąl⟨iquot⟩] AL *uel* U
3 praes⟨idia issent⟩ *Hauler* Terentun⟨orum ac⟩citu *Hauler* fac⟨ta
est ad⟩ *Hauler* 4 p⟨lace⟩ret] P *uel* E 6 Aresinarios *Hauler:*
-arţos (T *potius quam* E) A uę⟨nere⟩] E *potius quam* I 7 ŗepąŗą-
t⟨as⟩] R *uel* P, E *uel* I, A (*prima*) *potius quam* R, A (*altera*) *uel* M *uel* O
no⟨uae accesserant⟩ *Hauler* 15 Dil̦uno] L *potius quam* I
16 ⟨transi⟩tibus *Hauler* 17 aut] haud *Maurenbrecher* ⟨a loco
i⟩sto *Hauler* nexis *Hauler:* mexis A 19 ad ⟨Dianium⟩ *Hauler,*
qui litteras DE *post* ad *pallidius additas dispexisse sibi uisus est, quod ualde dubium*
est 21 ŗecįpi (C *uel* R) *olim uidit Hauler: nunc* PI *tantum dispiciuntur*
22 ąęque ...i] E *potius quam* T: *post* Q· *litteras* ŗąT *uel* ȘąT *uidit Hauler*
fŗęti] E *ualde incerta*

qu⟩ippę tumulum late⟨ribus i⟩n mare et tęrgo editis
. . . . ut angusto ⟨et har⟩enoso ingressu du∗ ∗ ∗

*Col. 18, A. f. 15ᵛ; dextro columnae margine deciso quinae fere primae
cuiusque uersus litterae, putrescente deinde membrana paucae aliae
perierunt. De ceteris uide quae ad frag. 5 adnotaui.*   5

46. Namque iis praeter solita uitiosis magistratibus, quom
per omnem prouinciam infecunditate bienni proxumi
graue pretium fructibus esset.

Nonius Marcellus 314. 19 *Graue 'multum'* [*ualde*] *significare
ueteres probant. . . . Sallustius hist. lib. III:* 'namque . . . esset.'   10

47. Post reditum eorum quibus senatus belli Lepidiani
gratiam fecerat.

Arusianus Messius vii. 476. 10 (245 Della Casa) *Gratiam illi
criminis facio. Sal. hist. III:* 'post reditum . . . fecerat.'

48. Oratio Macri tribuni plebis ad plebem   15

1 'Si, Quirites, parum existumaretis quid inter ius a
maioribus relictum uobis et hoc a Sulla paratum seruitium
interesset, multis mihi disserundum fuit docendique ⟨uos⟩
quas ob iniurias et quotiens a patribus armata plebes
secessisset utique uindices parauisset omnis iuris sui 20
2 tribunos plebis: nunc hortari modo relicuom est et ire
3 primum uia qua capessundam arbitror libertatem. Neque
me praeterit quantas opes nobilitatis solus, inpotens, inani
specie magistratus pellere dominatione incipiam, quan-
toque tutius factio noxiorum agat quam soli innocentes. 25
4 Sed praeter spem bonam ex uobis, quae metum uicit,

1 mare *Hauler:* mari *A*   1–2 *inter* editis *et* ut *litterae fere undecim
decisae aut exesae sunt: Hauler credidit ultimas fuisse* FRONT. *uel* MONT.
2 ⟨et har⟩enoso *Wölfflin*   6 his *LB*ᴬ: eis *A*ᴬ   uitiis *A*ᴬ
8 esset *ed. princ.:* esse *codd.*   9 *secl. Onions*   15 ORATIO MACRI
TRIB. PLEB. AD P̄L̄ *V*

statui certaminis aduorsa pro libertate potiora esse forti
uiro quam omnino non certauisse.

'Quamquam omnes alii, creati pro iure uostro, uim 5
cunctam et imperia sua gratia aut spe aut praemiis in uos
5 conuortere meliusque habent mercede delinquere quam
gratis recte facere. Itaque omnes concessere iam in pau- 6
corum dominationem, qui per militare nomen aerarium
exercitus regna prouincias occupauere et arcem habent ex
spoliis uostris, quom interim more pecorum uos multitudo
10 singulis habendos fruendosque praebetis, exuti omnibus
quae maiores reliquere, nisi quia uobismet ipsi per suffragia, ut praesides olim, nunc dominos destinatis. Itaque 7
concessere illuc omnes, at mox, si uostra receperitis, ad
uos plerique; raris enim animus est ad ea quae placent
15 defendunda, ceteri ualidiorum sunt.

'An dubium habetis num officere quid uobis uno animo 8
pergentibus possit, quos languidos socordesque pertimuere? Nisi forte C. Cotta, ex factione media consul, aliter
quam metu iura quaedam tribunis plebis restituit. Et
20 quamquam L. Sicinius, primus de potestate tribunicia
loqui ausus, mussantibus uobis circumuentus erat, tamen
prius illi inuidiam metuere quam uos iniuriae pertaesum
est. Quod ego nequeo satis mirari, Quirites; nam spem
frustra fuisse intellexistis. Sulla mortuo, qui scelestum 9
25 inposuerat seruitium, finem mali credebatis: ortus est
longe saeuior Catulus. Tumultus intercessit Bruto et 10
Mamerco consulibus: dein C. Curio ad exitium usque
insontis tribuni dominatus est. Lucullus superiore anno 11
quantis animis ierit in L. Quintium uidistis. Quantae
30 denique nunc mihi turbae concitantur! Quae profecto in
cassum agebantur, si prius quam uos seruiundi finem, illi
dominationis facturi erant: praesertim quom his ciuilibus

---

11 ipsi *Laetus*: ipsis *V* (*cf. C. 20. 6 adn.*)   13 at *Kritz*: et *V*
22 metuere *ed. Mant.*: mutuere *V*

armis dicta alia, sed certatum utrimque de dominatione in
12 uobis sit. Itaque cetera ex licentia aut odio aut auaritia in
tempus arsere, permansit una res modo quae utrimque
quaesita est, et erepta in posterum uis tribunicia, telum a
13 maioribus libertati paratum. Quod ego uos moneo quae- 5
soque ut animaduortatis neu nomina rerum ad ignauiam
mutantes otium pro seruitio appelletis. Quo iam ipso frui,
si uera et honesta flagitium superauerit, non est condicio;
fuisset, si omnino quiessetis: nunc animum aduortere et,
nisi uiceritis, quoniam omnis iniuria grauitate tutior est, 10
artius habebunt.
14 '"Quid censes igitur?" aliquis uostrum subiecerit. Primum omnium omittundum morem hunc quem agitis
inpigrae linguae, animi ignaui, non ultra contionis locum
15 memores libertatis. Deinde—ne uos ad uirilia illa uocem, 15
quo tribunos plebei, modo patricium magistratum, libera
ab auctoribus patriciis suffragia maiores uostri parauere—
quom uis omnis, Quirites, in uobis sit et quae iussa nunc
pro aliis toleratis pro uobis agere aut non agere certe
possitis, Iouem aut alium quem deum consultorem expec- 20
16 tatis? Magna illa consulum imperia et patrum decreta uos
exequendo rata efficitis, Quirites, ultroque licentiam in
17 uos auctum atque adiutum properatis. Neque ego uos
ultum iniurias hortor, magis uti requiem cupiatis, neque
discordias, ut illi criminantur, sed earum finem uolens 25
iure gentium res repeto et, si pertinaciter retinebunt, non
arma neque secessionem, tantummodo ne amplius sangui-
18 nem uostrum praebeatis censebo. Gerant habeantque suo

---

1 utrimque] *scil. ab omnibus qui* 'sub honesto patrum aut plebis nomine
dominationes adfectabant' (*cf. H. 1. 12, C. 38. 3*)   1–2 in uos *Dietsch*
(*conl. H. 1. 55. 2*)   4 quaesita est, et erepta in posterum uis tribunicia *dist. Madvig*: quaesita est et erepta in posterum, uis tribunicia *alii*
13 amittendum *Arus. vii. 453. 10*   14 contionis *ex* conditionis *V*
16 modo] *scil.* postmodo (*cf. TLL viii. 1311. 27 sqq.*)   18 quom]
quam *ex* qum *V*   23 ego *om. Arus. vii. 477. 29*

modo imperia, quaerant triumphos, Mithridatem, Sertorium et reliquias exulum persequantur cum imaginibus
suis: absit periculum et labos quibus nulla pars fructus est;
nisi forte repentina ista frumentaria lege munia uostra 19
5 pensantur. Qua tamen quinis modiis libertatem omnium
aestumauere, qui profecto non amplius possunt alimentis
carceris. Namque ut illis exiguitate mors prohibetur,
senescunt uires, sic neque absoluit cura familiari tam
parua res et ignauiam quoiusque tenuissuma spe frus-
10 tratur. Quae tamen quamuis ampla, quoniam seruiti 20
pretium ostentaretur, quoius torpedinis erat decipi et uos-
trarum rerum ultro iniuriae gratiam debere? Cauendus 21
dolus est; namque alio modo neque ualent in uniuorsos
neque conabuntur. Itaque simul conparant delenimenta et
15 differunt uos in aduentum Cn. Pompei, quem ipsum, ubi
pertimuere sublatum in ceruices suas, mox dempto metu
lacerant. Neque eos pudet, uindices uti se ferunt liber- 22
tatis, tot uiros sine uno aut remittere iniuriam non audere
aut ius non posse defendere. Mihi quidem satis spectatum 23
20 est Pompeium, tantae gloriae adulescentem, malle principem uolentibus uobis esse quam illis dominationis socium
auctoremque in primis fore tribuniciae potestatis. Verum, 24
Quirites, antea singuli ciues in pluribus, non in uno cuncti
praesidia habebatis; neque mortalium quisquam dare aut
25 eripere talia unus poterat.

'Itaque uerborum satis dictum est; neque enim ignoran- 25
tia res claudit, uerum occupauit nescio quae uos torpedo, 26
qua non gloria mouemini neque flagitio, cunctaque
praesenti ignauia mutauistis, abunde libertatem rati,

---

5 quinis modiis *ed. Mant.*: quin is modis *V*   8 absoluit *Putschius*:
absolui *V*   9 ignauiam quoiusque tenuissima spe frustratur *Orelli*:
ignam quiuusque tenuissimas perfrustratur *V*: ignaui cuiusque tenuissimas spes frustratur *Gronovius*   12 iniuriae *Kritz*: -ia *V*
12–13 cauendus dolus est *post* conabuntur (*u. 14*) *V*: *huc transp. Fabri*
27 quae *Carrio*: qua *V*

⟨scilicet⟩ quia tergis abstinetur et huc ire licet atque illuc,
27 munera ditium dominorum. Atque haec eadem non sunt
agrestibus, sed caeduntur inter potentium inimicitias
28 donoque dantur in prouincias magistratibus. Ita pugnatur
et uincitur paucis: plebes, quodcumque adcidit, pro uictis 5
est et in dies magis erit, si quidem maiore cura dominationem illi retinuerint quam uos repetiueritis libertatem.'

> *Vaticanus lat. 3864, ff. 123ʳ–124ᵛ. Libro tertio attribuit Arusianus*
> *(vii. 453. 10, 477. 29, 486. 30, 488. 23, 500. 14 (26, 256, 323, 343, 436*
> *Della Casa)).*   10

74*. Namque omnium ferocissumi ad hoc tempus Achaei
atque Tauri sunt, quod, quantum ego conicio, locorum
egestate rapto uiuere coacti.

> *Schol. Iuu.* 15. 115 *Iuxta Maiotim paludem Taurici sunt, quorum rex*
> *Thoas aduenas immolare consueuerat usque in aduentum Orestis et* 15
> *Pyladis. . . . Et Salustius:* 'namque . . . coacti.'

†76. Scythae nomades tenent, quibus plaustra sedes sunt.

> Porphyrio, *Hor. Carm.* 3. 24. 9 *Campestres Scythae, quod in campis*
> *sine tectis uiuant, dicti sunt; de quibus et Sallustius sic ait:* 'Scythae . . .
> sunt.' Pseudacro, ibid. *Campestri dicti ideo quod in campis sine tectis* 20
> *sub tentoriis uiuant, quae carpentis mouentur. Vt Sallustius tertio:*
> 'quibus plaustra sedes sunt.'

88. Sed Pompeius a prima adulescentia, sermone fau-
torum similem fore se credens Alexandro regi, facta con-
sultaque eius quidem aemulus erat.   25

> Nonius Marcellus 239. 1 *Aemulus est sectator uel imitator. . . .*
> *Sallustius historiarum lib. III:* 'sed Pompeius . . . erat.'; 501.
> 34 *Accusatiuus pro genetiuo. . . . Sallustius hist. lib. III:* 'sed Pompeius
> . . . regi * * *'.

---

1 scilicet *Seru. A. 1. 211*: om. *V*   21 tertio *Pauly*: in *codd.*
24 se fore *D*ᴬ   25 aemulus *Victorius*: aemulatus *codd.*

89* De uictis Hispanis tropaea in Pyrenaei iugis constituit.

Seruius, *A.* 11. 6 CONSTITVIT TVMVLO *in colle, quia tropaea non figebantur nisi in eminentioribus locis. Sallustius de Pompeio ait:* 'De
5 uictis . . . constituit.'

96. * * * ⟨sudes ig⟩ni torrere, quibus praeter speciem **A**
bello necessariam haud multo secus quam ferro noceri
poterat. At Varinius, dum haec aguntur a fugitiuis, aegra
parte militum autumni grauitate neque ex postrema fuga,
10 cum seuero edicto iuberentur, ullis ad signa redeuntibus
et qui reliqui erant per summa flagitia detractantibus
militiam, quaestorem suum C. Thoranium, ex quo praesente uera facillime noscerentu⟨r, Roma⟩m miserat. Et
tamen interim cum uolentibus numero quattuor | ⟨milium⟩ **B**
15 . . . . ua . . . . ⟨mag⟩nis operibus communi⟨ta⟩.
Deinde fugitiui con⟨sump⟩tis iam alimentis, ne p⟨rae⟩dantibus ex propin⟨quo hos⟩tis instaret, soliti m⟨ore mi⟩litiae
uigilias stat⟨iones⟩que et alia munia ex⟨equi⟩, secunda
uigilia ⟨silentio⟩ cuncti egrediu⟨ntur, re⟩licto bucinato⟨re
20 in cas⟩tris; et ad uigil⟨um speciem⟩ procul uisen⟨tibus
ere⟩xerant fulta ⟨palis fixis⟩ recentia ca⟨dauera et cre⟩bros
igni⟨s fecerant for⟩midine f . . . . rini . . . . tę (*tres
desunt uersus*) | . . . . oa . . . . inuiis conuertere. At **C**
⟨Var⟩inius multa iam luce ⟨desi⟩derans solita a fugi⟨tiuis⟩

1 de uictis *Dietsch*: deuictis *codd.* 6 ⟨sudes ig⟩ni torrere *Kritz,
conl. Seru. A. 9. 740*: ⟨hastas ig⟩ni *Maurenbrecher* 10 iuberentur
Dousa: iuu- *R* redeuntibus *Dousa*: deeunt- *R* 13 noscerentur
Freinshemius, Romam *excidisse perspexit Dousa*: noscerentum *R* miserat
Dousa: -ant *R* 14 cum] quom *R* ⟨milium⟩ *hoc loco Hauler*
16 con⟨sump⟩tis *Freinshemius* 18 stat⟨iones⟩que *Bimardus*
19 silentio *ex Frontino uulgo suppletum*: noctis *Kreyssig*: furtim *Dietsch*
19–20 egrediu⟨ntur . . . cas⟩tris *Freinshemius* 20 uigil⟨um⟩, uisen-
⟨tibus⟩ *Kreyssig* 20–1 ⟨speciem⟩, ⟨ere⟩xerant *Freinshemius*
21 palis fixis *ex Frontino suppl. Kritz*: stipitibus *Hauler* 22 ⟨i⟩te⟨r⟩
Hauler 23 at *Mai*: ad *R* 24 ⟨Var⟩inius *Niebuhr*

conuicia et in cas⟨tra c⟩oniectus lapidum, ⟨ad hoc⟩ strepitus tumul⟨tusque e⟩t sonores undique ⟨urgenti⟩um, mittit
equites ⟨in tumul⟩um circum pro⟨minentem⟩ ut explora-
rent ....s propere uesti....os credens lon....to tamen
ag....ş pauens se.......m dupli.......cu- 5
D mas.......ga (quattuor desunt uersus) | ⟨post⟩ aliquot dies
contra morem fiducia augeri nostris coepit et promi
lingua. Qua Varinius contra spectatam rem incaute motus
nouos incognitosque et aliorum casibus perculsos milites
ducit tamen ad castra fugitiuorum presso gradu, silentis 10
iam neque tam magnifice sumentis proelium quam postu-
lauerant. Atque illi certamine consilii inter se iuxta seditionem erant, Crixo et gentis eiusdem Gallis atque
Germanis obuiam ire et ultro ⟨of⟩ferre pugnam cupienti-
bus, contra Sparta⟨co⟩ * * * 15

Hoc et quod proxime sequitur fragmentum (3. 98) in ea parte exstant
codicis Floriacensis quae nunc nomine codicis Vaticani Reginensis 1283B
(= R) censetur. Constat e duobus foliis binis columnis scriptis, quorum
alterum (f. 92ʳ⁻ᵛ = coll. 1–4) frag. 96, alterum (f. 93ʳ⁻ᵛ = coll. 5–8)
frag. 98 continet. Columnae uicenos singulos habuerunt uersus ab 18 ad 23 20
litteras complexos, sed ita decisae et laceratae sunt ut paucis litteris exceptis
bini priores uersus ubique perierint, quidam alii prima uel media uel
extrema sui parte careant. In textu exhibendo lacunarum spatia subtiliter
notare conati non sumus. Quae si diligentius indagaturus uel pleniorem
codicis notitiam uel tabulam lithographicam quaeras, opuscula consulas 25
quae scripserunt cum alii tum praecipue I. T. Kreyssig, Commentatio de C.
Sallusti Crispi historiarum lib. III. fragmentis (Misenae, 1835); A. Mai,
Classici Auctores e Vaticanis codicibus editi, tom. I (Romae, 1828), 414–
25; H. Jordan, 'De Vaticanis Sallusti Historiarum L. III. Reliquiis',
Hermes, 5 (1871), 396–412, et ed.³ 134–8; E. Hauler, 'Beiträge zur 30
Geschichte und Lesung des Vaticanischen Fragments zu Sallusts His-
torien', Wiener Studien, 10 (1888), 136–49. In locis maxime lacunosis ea

2 tumul⟨tusque e⟩t Hauler   urgenti⟨um⟩ Hauler: ruenti⟨um⟩ Kreyssig
4 s propere] ante s fuit ᴜ uel ᴏ uel ɴ   6 ga] ɢ uel ᴄ uel ᴘ   ⟨post⟩
aliquot Dousa: aliquod R   8 incaute Dousa: -tae R   12 iuxta
Dousa: iusta R   14 offerre Dousa: ferre R

tantum restitui quae haud ita longe a ueritate distare uidentur; audaciora non desunt. Kreyssig tot damna tanto acumine reparauit ut omnia supplementa quae in apparatu critico silentio praetermisi ei sint imputanda.

  Dolum a Spartaco id temporis Varinio illatum narrat Frontinus, Str. 1.
5 *5. 22* Idem, cum a P. Varinio proconsule praeclusus esset, palis per modica intervalla fixis ante portam erecta cadauera, adornata ueste atque armis, alligauit, ut procul intuentibus stationis species esset, ignibus per tota castra factis; imagine uana deluso hoste copias silentio noctis eduxit.

10 **98.** * * *enis et ẹ̣ị.......ẹ ne qua........ ⟨a⟩d id **A**
temp⟨us⟩ ....m que seclu.......m et
extin.......l curam ....ịsset hau⟨d⟩ ....ṭaque
quam ç.......ạud aliam f........ capiendam ....
prudentes ....mi nobiles .... laudantque
15 ọ.......ere pars sto........is adfluent.......ṇịo fi-
dens alị....e patriae inme⟨mores, at plur⟩rumi seruilị
.... ultra prae⟨dam et crudeli⟩ṭatem (*desunt duo*
uersus) | cons⟨ilium .... op⟩timum uidebatur. Dein- **B**
ceps monet in ⟨l⟩axioris agros magisque pecuarios ut egre-
20 diantur, ubi priu⟨s⟩quam refecto exercitu adesset
Varinius, auger⟨e⟩tur numerus lectis uir⟨is⟩; et propere
nanctus idoneum ex captiuis ducem Picentinis, deinde
Eburinis iugis occultus ad N⟨a⟩ris Lucanas atque inde
prima luce peruenit ad Anni Forum ignaris cultoribus. Ac
25 statim fugitiui co⟨n⟩tra praeceptum ducis rapere ad
stuprum uirg⟨i⟩nes matr⟨ona⟩sque et alii ç (*desunt duo*

10 enis] e *supra scriptum perspexit Hauler* ẹị] E *potius quam* I, I *uel* L *uel*
P *uel* D ẹ] ß *Hauler* 12 ịsset] I *uel* M hau⟨d⟩ *Mai* ⟨i⟩taque
Hauler 13 ç] C *uel* G *uel* Q *uel* O ạud] A *uel* R *uel* M *uel* P
capie|endam *R* 14 *post* prudentes *uel* B *uel* D *uel* P 15 ọ] O
uel C *uel* G *uel* Q 16 ali⟨i⟩ *Jordan* inm⟨emores, at plu⟩rumi *Jor-*
dan 17 prae⟨dam et crudelita⟩tem *Hauler* 18 cons⟨ilium . . .
op⟩timum *Mai* 19 ⟨l⟩axioris *Mai* pecuarios] *a s.s.* R²
20 priu⟨s⟩quam *Freinshemius* 21 auger⟨e⟩tur *Mai* uir⟨is⟩ *Mai*
23 N⟨a⟩ris *Freinshemius* 24–6 Ac statim . . . matronasque *adfert*
Nonius Marcellus 456. 14 26 ç] C *uel* G *uel* O *uel* Q

C *uersus*) | . . . . ⟨n⟩unc restantes et ẹludebant, simul
nefandum in modum peruerso uolnere, et interdum
lacerum corpus semianimum omittentes; alii in tecta
iaciebant ignis multique ex loco serui, quos ingenium
socios dabat, abdita a dominis aut ipsos trahebant ex 5
occulto: neque sanctum aut nefandum quicquam fuit irae
barbarorum et seruili ingenio. Quae Spartacus nequiens
prohibere, multis precibus quom oraret, celeritate prae-
D uerterent . . . . nuntios (*desunt duo uersus*) | . . . . .ṭụṛ
neque e. . . . . . . .m in se ọ. . . . . . . .s crudel. 10
⟨occ⟩upatos a. . . . . . . grauis pler. . . . . . . .ṭ illum diem
⟨et proxumam⟩ noctem iḅ. . . . . . . .s duplica⟨to⟩
. . . . .orum nume⟨ro⟩ . . . . ⟨p⟩rima cum luc⟨e⟩
. . . . in campo sat⟨is⟩ . . . . .nos aedific⟨i⟩is
e. . . . . . . et tum mat⟨ura in agri⟩s erant autu⟨mni 15
frume⟩nta. Sed in . . . . .no die gnari ex f⟨uga finit⟩u-
morum fugi̯⟨tiuos⟩ . . . . ⟨a⟩ḍuentar⟨e⟩ p. . . . . . .
⟨o⟩mnibus * * *

*Hoc fragmentum in R f. 93ʳ⁻ᵛ (coll. 5–8) conseruatur. Duo frustula
tradunt grammatici:* Nonius Marcellus 456. 14 *Sallustius hist. lib.* 20
III: 'Ac statim fugitiui contra praeceptum ducis rapere ad
stuprum uirgines matronasque'; Porphyrio, *Hor. Ep.* 2. 1.
140 *Nam et* 'autumni frumenta' *Sallustius dixit.*

1 ⟨n⟩unc *Mai* ẹludebant] ᴇ *uel* ᴘ 8 praeuerterent ⟨de re⟩
Hauler, qui ᴅᴇ *dispexisse sibi uisus est* 10 ọ] ᴏ *uel* ᴄ *uel* ɢ *uel* ǫ
11 ⟨occ⟩upatos *Mai* 12 iḅ] ʙ *uel* ᴘ 14 sat⟨is⟩ *Kritz*
edific|is *R* 15–16 autumni frumenta *suppl. edd. ex Porph. Hor. Ep. 2. 1.*
140 16 sed] ꜱ ἔκκειται *post* in *uel* ᴏ *uel* ᴄ *uel* ɢ *uel* ǫ: in⟨colae⟩
Kritz 17 fugi⟨tiuos⟩ *Kreyssig:* fugi⟨tiuos ad se⟩ *Kritz* 17–18 p⟨ro-
perare cum o⟩mnibus ⟨suis⟩ *Hauler*

LIBER IV

1. At Cn. Lentulus patriciae gentis, conlega eius, quoi cognomentum Clodiano fuit, perincertum stolidior an uanior, legem de pecunia quam Sulla emptoribus bonorum remiserat exigunda promulgauit.

5   Gellius 18. 4. 3–4 *'Hesterno enim die' (inquit Apollinaris) 'quaerebatur ex me quidnam uerba haec eius in quarto historiarum libro de Cn. Lentulo scripta significent, de quo incertum fuisse ait stolidiorne esset an uanior', eaque ipsa uerba, uti sunt a Sallustio scripta, dixit:* 'at Cn. Lentulus ... promulgauit.'

10 **25.** Ad Siciliam uergens faucibus ipsis non amplius patet milibus quinque et triginta.

    Arusianus Messius vii. 500. 17 (437 Della Casa) *Patet tot pedibus. Sal. hist. IV:* 'ad Siciliam ... triginta.'

26*. Italiae Siciliam coniunctam constat fuisse, sed 15 medium spatium aut per humilitatem obrutum est aut per angustiam scissum. Vt autem curuom sit facit natura mollioris ⟨et humilioris⟩ Italiae, in quam asperitas et altitudo Siciliae aestum relidit.

    Seruius, *A*. 3. 414 HAEC LOCA *ut etiam Sallustius dicit:* 'Italiae ... 20 relidit.' Isidorus, *Orig.* 13. 18. 3 *Fretum Siciliae, quod Rhegium dicitur, Sallustius tali ex causa uocari scribit dicens Italiae olim Siciliam coniunctam fuisse, et dum esset una tellus, medium spatium aut per humilitatem obrutum est aquis aut per angustiam scissum. Et inde* Ῥήγιον

---

1 at *Fγ: om.* δ   2 clodiano *Fγ:* claud- δ   7 stolidiorne γ: -que *F*δ   14 coniunctam siciliam *VWNBPaM (Seru.)* 15 obrutum] obruptum *T (Isid.), et sic corr. Ta (Seru.):* abruptum *NTa*[1] *(Seru.)*   16 scissum est *G (Seru. auct.)*   17 et humilioris *addidi*, humilioris et *ante* mollioris *iam Dietsch*   qua *FG (Seru. auct.)*

nominatum, quia Graece abruptum hoc nomine nuncupatur. Cf. Orig.
14. 6. 34.

27*. Scyllam accolae saxum mari inminens appellant,
simile celebratae formae procul uisentibus. Vnde et
monstruosam speciem fabulae illi dederunt, quasi formam 5
hominis capitibus caninis succinctam, quia conlisi ibi
fluctus latratus uidentur exprimere.

Isidorus, *Orig.* 13. 18. 4 (*Sallustio non laudato*) 'Scyllam . . .
exprimere.' Seruius, *A.* 3. 420 *Homerus hanc dicit inmortale
monstrum fuisse. Sallustius* 'saxum' *esse dicit* 'simile formae cele- 10
bratae procul uisentibus'. *Canes uero et lupi ob hoc ex ea nati esse
finguntur, quia ipsa loca plena sunt monstris marinis et saxorum asperitas
illic imitatur latratus.*

28. Charybdis, mare uorticosum, quod forte inlata nauigia sorbens gurgitibus occultis milia sexaginta Tauro- 15
menitana ad litora trahit, ubi se laniata naufragia fundo
emergunt.

Seruius auct. *A.* 1. 117 *De quo ait Sallustius* 'Charybdis, mare
uerticulosum'. Seneca, *Nat.* 7. 8. 2 *Vt Sallusti utar uerbis,* 'uerti-
cosus'. Seruius auct. *A.* 3. 425 TRAHENTEM *Sallustius:* 'quo forte 20
. . . trahit.' *Ergo et* 'sorbet' *et* 'trahentem' *de Sallustio.* Seruius,
A. 3. 420 *Nam (Charybdis) sorbet universa et secundum Sallustium ea
circa Tauromenitanum egerit litus.* Arusianus Messius 472. 16 (206
Della Casa) *Emergit se. Sal. hist. IV:* 'ubi se . . . emergunt.' *Nomine
auctoris non laudato accedunt:* Plinius, *Nat.* 3. 87 *Item Charybdis,* 25
mare uerticosum; *Pan. Lat.* 2. 26. 4 *Charybdim loquar? Quae cum
plena nauigia sorbuerit, dicitur tamen reiectare naufragia et contortas
fundo rates Tauromenitanis litoribus exponere*; Isidorus, *Orig.* 13. 18.
5 *Charybdis dicta, quod gurgitibus occultis naues obsorbeat; est enim mare*

3–7 *quanta fide Isidorus Sallustiana uerba attulerit incertum*   14–
17 *tres huius fragmenti particulas* (Charybdis . . . uorticosum, quod . . .
trahit, ubi . . . emergunt) *primus coniunxit Kritz*   14 quod *Daniel*:
quo *codd.*   nauigia *Pan. Lat.* (*cf.* naues *Isid.*): naufragia *Seru.*
16 ubi *Arus.*: et inde ibi *Isid.*   naufragia *Pan. Lat., Isid.*: nauigia *Arus.*
profundo *Isid.*   19 uerticulosum] uerticosum *Thilo*

uerticosum, et inde ibi laniata naufragia profundo emergunt. Cf. Sen.
Dial. 6. 17. 2, Epist. 79. 1.

32*. C. Verres litora Italia propinqua firmauit.

> Arusianus Messius vii. 500. 28 (440 Della Casa) *Propinquum illa*
> 5 *re. Sal. hist.:* 'C. Verres . . . firmauit.'

42. Multisque suspicionibus uolentia plebi facturus
habebatur.

> Nonius Marcellus 186. 22 *Volentia, id est, quae uellent. Sallustius*
> *historiarum lib. IV:* 'multisque . . . habebatur.'

10 **43*.** M. Lollius Palicanus, humili loco Picens, loquax
magis quam facundus.

> Quintilianus 4. 2. 2 (*auctore non nominato*) 'M. Lollius . . .
> habebatur.' Gellius 1. 15. 12–13 λαλεῖν ἄριστος, ἀδυνατώτατος
> λέγειν (*Eupolis, fr. 116 Kassel et Austin*), *quod Sallustius noster imitari*
> 15 *uolens sic scribit:* 'loquax' inquit 'magis quam facundus.'

44. Magnus exorsus orationem.

> Arusianus Messius 472. 18 (207 Della Casa) *Exorsus orationem.*
> *Sal. hist. IV:* 'magnus . . . orationem.'

45. Si nihil ante aduentum suum inter plebem et patres
20 conuenisset, coram se daturum operam.

> Priscianus iii. 52. 10 (*s.u.* coram) *Sallustius in IV historiarum:* 'si
> nihil . . . operam.'

---

3 Italiae *Dietsch, fort. recte*   5 C. (*sed is* G.) *Lindemann*: G. G.
codd.: IV: C. *Kritz*   Verres *Lindemann*: verris *codd.*   10 Lollius
Pighius: ollius *A*: acilius *B*   14–15 quod . . . sic scribit *Hertz*: quod
. . . as(s)cribit *VP*: salustius quoque noster *R*

46. Qui quidem mos ut tabes in urbem coniectus.

Festus 359. 2 M (490. 31 L) *Tabem eam, quae faceret tabescere, apud antiquos usurpatam Sallustius quoque frequenter . . . et in lib. IV historiarum:* 'Qui . . . coniectus.'

47. Multitudini ostendens, quam colere plurumum, ut 5 mox cupitis ministram haberet, decreuerat.

Arusianus Messius vii. 494. 7 (386 Della Casa) *Minister his. Sal. hist. IV:* 'multitudini . . . decreuerat.'

48. Conlegam minorem et sui cultorem expectans.

Arusianus Messius vii. 461. 10 (103 Della Casa) *Cultorem sui.* 10 *Sal. hist. IV:* 'conlegam . . . expectans.'

49. Exercitum dimisit, ut primum Alpes degressus est.

Arusianus Messius vii. 464. 26 (136 Della Casa) *Degredior illum locum. Sal. hist. IV:* 'exercitum . . . est.'

51. Crassus obtrectans potius conlegae quam boni aut 15 mali publici grauis exactor.

Arusianus Messius vii. 496. 30 (411 Della Casa) *Obtrectans illi. Sal. hist. IV:* 'Crassus . . . exactor.'

69. Epistula Mithridatis

1 'Rex Mithridates regi Arsaci salutem. Omnes qui 20 secundis rebus suis ad belli societatem orantur conside-
rare debent liceatne tum pacem agere, dein quod quaesi-
2 tur satisne pium tutum gloriosum an indecorum sit. Tibi si perpetua pace frui licet, nisi hostes opportuni et scelestis-

---

1 mos *Antonius Augustinus*: nos *codd.*   5 ostendens] obsequens
van der Hoeven: se ostendens *Linker*   6 cupitis ministram haberet
van der Hoeven: cupit is ministrum habere *codd.*   9 collega *N, corr. ς*
12 digressus (*et u. 13* digredior) *codd.*   16 grauis *ς*: grauus *N*: gnauus
Keil   19 EPISTVLA MITHRIDATIS *V*   21 societate morantur *V*

sumi, egregia fama si Romanos oppresseris futura est,
neque petere audeam societatem et frustra mala mea cum
bonis tuis misceri sperem. Atque ea quae te morari posse 3
videntur, ira in Tigranem recentis belli et meae res parum
5 prosperae, si uere aestumare uoles, maxume hortabuntur.
Ille enim obnoxius qualem tu uoles societatem accipiet, 4
mihi fortuna multis rebus ereptis usum dedit bene sua-
dendi et, quod florentibus optabile est, ego non ualidis-
sumus praebeo exemplum quo rectius tua conponas.
10 'Namque Romanis cum nationibus populis regibus 5
cunctis una et ea uetus causa bellandi est, cupido profunda imperi et diuitiarum. Qua primo cum rege Macedo-
num Philippo bellum sumpsere, dum a Carthaginiensibus
premebantur amicitiam simulantes. Ei subuenientem 6
15 Antiochum concessione Asiae per dolum auortere, ac
mox fracto Philippo Antiochus omni cis Taurum agro et
decem milibus talentorum spoliatus est. Persen deinde, 7
Philippi filium, post multa et uaria certamina apud
Samothracas deos acceptum in fidem callidi et repertores
20 perfidiae, quia pacto uitam dederant, insomniis occidere.
Eumenen, quoius amicitiam gloriose ostentant, initio 8
prodidere Antiocho pacis mercedem; post, habitum custodiae agri captiui, sumptibus et contumeliis ex rege
miserrumum seruorum effecere, simulatoque inpio testa-
25 mento filium eius Aristonicum, quia patrium regnum
petiuerat, hostium more per triumphum duxere, Asia ab
ipsis obsessa est. Postremo Bithyniam Nicomede mortuo 9
diripuere, quom filius Nysa, quam reginam appellauerat,
genitus haud dubie esset.
30 'Nam quid ego me appellem? quem diiunctum undique 10
regnis et tetrarchiis ab imperio eorum, quia fama erat
diuitem neque seruiturum esse, per Nicomedem bello

---

1 ⟨ni⟩ egregia *Madvig*   4 parum *ed. Mant.*: rarum *V*   5 uere
aestimare *Madvig*: uera existimare *V*   21 Eumenen *Maurenbrecher*
(Eumenem *iam Asulanus*): eum en *V*   24 effecere *ed. Mant.*: efficere *V*

lacessiuerunt, sceleris eorum haud ignarum et ea quae
adcidere testatum antea Cretensis, solos omnium liberos
11 ea tempestate, et regem Ptolemaeum. Atque ego ultus
iniurias Nicomedem Bithynia expuli Asiamque, spolium
regis Antiochi, recepi et Graeciae dempsi graue seruitium. 5
12 Incepta mea postremus seruorum Archelaus exercitu
prodito inpediuit. Illique quos ignauia aut praua calliditas,
ut meis laboribus tuti essent, armis abstinuit acerbissumas
poenas soluunt, Ptolemaeus pretio in dies bellum pro-
latans, Cretenses inpugnati semel iam neque finem nisi 10
13 excidio habituri. Equidem quom mihi ob ipsorum interna
mala dilata proelia magis quam pacem datam intelle-
gerem, abnuente Tigrane, qui mea dicta sero probat, te
remoto procul, omnibus aliis obnoxiis, rursus tamen
bellum coepi, Marcumque Cottam Romanum ducem 15
apud Calchedona terra fudi, mari exui classe pulcher-
14 ruma. Apud Cyzicum magno cum exercitu in obsidio
moranti frumentum defuit, nullo circum adnitente; simul
hiems mari prohibebat. Ita sine ui hostium regredi conatus
in patrium regnum naufragiis apud Parium et Heracleam 20
15 militum optumos cum classibus amisi. Restituto deinde
apud Caberam exercitu et uariis inter me atque Lucullum
proeliis inopia rursus ambos incessit. Illi suberat regnum
Ariobarzanis bello intactum, ego uastis circum omnibus
locis in Armeniam concessi; secutique Romani non me, 25
sed morem suom omnia regna subuortundi, quia multitudinem artis locis pugna prohibuere, inprudentiam
Tigranis pro uictoria ostentant.
16 'Nunc quaeso considera nobis oppressis utrum firmi-
orem te ad resistundum an finem belli futurum putes? Scio 30
equidem tibi magnas opes uirorum, armorum et auri esse;
et ea re a nobis ad societatem, ab illis ad praedam peteris.

11 habituri *ed. Mant.* : habitur *V*   19 conatus (-atus *in ras.*) *V*: coactus *Aldus*   20 Parium *Cortius*: patrium *V*   22 Cabera *Cortius*:
Cabira *ed. Ven. 1560* (*cf. Eutrop. 6. 8. 3*)   32 a] ab *Char. i. 196. 19*

Ceterum consilium est, Tigranis regno integro, meis
militibus ⟨belli prudentibus⟩, procul ab domo paruo
labore per nostra corpora bellum conficere, quoniam
neque uincere neque uinci sine tuo periculo possumus. An 17
5 ignoras Romanos, postquam ad occidentem pergentibus
finem Oceanus fecit, arma huc conuortisse, neque quicquam a principio nisi raptum habere, domum coniuges
agros imperium? Conuenas olim sine patria parentibus,
peste conditos orbis terrarum, quibus non humana ulla
10 neque diuina obstant quin socios amicos, procul iuxta
sitos, inopes potentisque trahant excindant, omniaque
non serua, et maxume regna, hostilia ducant? Namque 18
pauci libertatem, pars magna iustos dominos uolunt; nos
suspecti sumus, aemuli et in tempore uindices adfuturi.
15 Tu uero, quoi Seleucea, maxuma urbium, regnumque 19
Persidis inclutis diuitiis est, quid ab illis nisi dolum in
praesens et postea bellum expectas? Romani arma in 20
omnis habent, acerruma in eos quibus uictis spolia
maxuma sunt; audendo et fallundo et bella ex bellis
20 serundo magni facti: per hunc morem extinguent omnia 21
aut occident, quod haud difficile est, si tu Mesopotamia,
nos Armenia circumgredimur exercitum sine frumento,
sine auxiliis, fortuna aut nostris uitiis adhuc incolumem.
Teque illa fama sequetur, auxilio profectum magnis 22
25 regibus latrones gentium oppressisse. Quod uti facias 23
moneo hortorque, neu malis pernicie nostra tuam prola-
tare quam societate uictor fieri.'

Vaticanus lat. 3864, ff. 126ʳ–127ʳ. Libro quarto attribuunt Charisius
(i. 119. 11, 196. 18 (pp. 152. 26, 255. 20 Barwick)) et Arusianus (vii. 487.
30 *6 (326 Della Casa)).*

2 belli prudentibus *Char.*: *om. V*   ab] a *Char.*   paruo ⟨tuo⟩ *Gertz*
2–3 paruo labore *om. Char., del. Linker*   3 quoniam *per compend.*
(quō) *V*   7 raptum *Ciacconius*: partum *V*: ui partum *Klotz*: armis
partum *Dousa*   9 peste *V*: perte *uel* pestem (*ut uoluit Linker*) *codd.*
Seru. A. 7. 303

APPENDIX SALLVSTIANA
PARS I

EPISTVLAE AD CAESAREM SENEM
DE RE PVBLICA

SIGLA

V   = Vaticanus lat. 3864   S. IX
V¹ = V nondum correctus
V² = V a secunda manu correctus

EPISTVLAE AD CAESAREM SENEM

DE RE PVBLICA

I

Pro uero antea optinebat regna atque imperia fortunam **1**
dono dare, item alia quae per mortaleis auide cupiuntur,
quia et apud indignos saepe erant quasi per libidinem data
neque cuiquam incorrupta permanserant. Sed res docuit **2**
5 id uerum esse quod in carminibus Appius ait, fabrum esse
suae quemque fortunae, atque in te maxume, qui tantum
alios praegressus es ut prius defessi sint homines laudando
facta tua quam tu laude digna faciundo. Ceterum ut **3**
fabricata sic uirtute parta quam magna industria haberei
10 decet, ne incuria deformentur aut corruant infirmata.
Nemo enim alteri imperium uolens concedit, et quamuis **4**
bonus atque clemens sit, qui plus potest tamen, quia malo
esse licet, formeidatur. Id eo euenit quia plerique rerum **5**
potentes peruorse consulunt et eo se munitiores putant
15 quo illei quibus imperitant nequiores fuere. At contra id **6**
eniti decet, cum ipse bonus atque strenuus sis, uti quam
optumis imperites, nam pessumus quisque asperrume
rectorem patitur.

Sed tibi hoc grauius est quam ante te omnibus, armis **7**
20 parta componere, quod bellum aliorum pace mollius
gessisti. Ad hoc uictores praedam petunt, uicti ciues sunt. **8**
Inter has difficultates euadendum est tibi atque in posterum firmanda res publica non armis modo neque
aduorsum hostis, sed, quod multo multoque asperius est,
25 pacis bonis artibus. Ergo omnes magna, mediocri sapi- **9**
entia res huc uocat, quae quisque optima potest utei

AD CAESAREM SENEM DE RE PVBLICA INCIPIT FELICITER *V*   1 fortunam
Laetus: -una *V*   25 mediocri *Asulanus*: -cris *V*

10 dicant. Ac mihi sic uidetur: qualeicumque modo tu uic-
2 toriam composuereis, ita alia omnia futura. Sed iam, quo
   melius faciliusque constituas, paucis quae me animus
   monet accipe.

2   Bellum tibi fuit, imperator, cum homine claro, magnis 5
   opibus, auido potentiae, maiore fortuna quam sapientia,
   quem secuti sunt pauci per suam iniuriam tibi inimici,
3 item quos adfinitas aut alia necessitudo traxit. Nam
   particeps dominationis neque fuit quisquam neque, si pati
4 potuisset, orbis terrarum bello concussus foret. Cetera 10
   multitudo, uolgi more magis quam iudicio, post alius
5 alium quasi prudentiorem secuti. Per idem tempus maledictis ineiquorum occupandae rei publicae in spem
   adducti homines, quibus omnia probro ac luxuria polluta
   erant, concurrere in castra tua et aperte quieteis mortem 15
   rapinas, postremo omnia quae corrupto animo lubebat
6 minitari. Ex queis magna pars, ubi neque creditum con-
   donare neque te ciuibus sicuti hostibus uti uident, defluxere, pauci restitere quibus maius otium in castris quam
7 Romae futurum erat: tanta uis creditorum inpendebat. Sed 20
   ob easdem causas immane dictust quanti et quam multi
   mortales postea ad Pompeium discesserint, eoque per
   omne tempus belli quasi sacro atque inspoliato fano
   debitores usi.

3   Igitur quoniam tibi uictori de bello atque pace agitan- 25
   dum est, hoc uti ciuiliter deponas, illa ⟨ut⟩ quam iustis-
   sima et diuturna sit, de te ipso primum, quia ea
2 compositurus es, quid optimum factu sit existima. Equidem ego cuncta imperia crudelia magis acerba quam
   diuturna arbitror, neque quemquam multis metuendum 30
   esse quin ad eum ex multis formido reccidat: eam uitam
   bellum aeternum et anceps gerere, quoniam neque ad-
   uersus neque ab tergo aut lateribus tutus sis, semper in
3 periculo aut metu agites. Contra qui benignitate et

17 condonari *coni. Cortius*: -arei *Jordan*   26 ut *add. Aldus*

clementia imperium temperauere, iis laeta et candida
omnia uisa, etiam hostes aequiores quam aliis ciues. Haud 4
scio an qui me his dictis corruptorem uictoriae tuae
nimisque in uictos bona uoluntate praedicent. Scilicet
5 quod ea quae externis nationibus natura nobis hostibus
nosque maioresque nostri saepe tribuere, ea ciuibus danda
arbitror neque barbaro ritu caede caedem et sanguinem
sanguine expianda. An illa quae paulo ante hoc bellum in 4
Cn. Pompeium uictoriamque Sullanam increpabantur
10 obliuio intercepit: Domitium, Carbonem, Brutum, alios
item non armatos neque in proelio belli iure sed postea
supplices per summum scelus interfectos, plebem Romanam in uilla publica pecoris modo conscissam? Eheu 2
quam illa occulta ciuium funera et repentinae caedes, in
15 parentum aut liberorum sinum fuga mulierum et puero-
rum, uastatio domuum ante partam a te uictoriam saeua
atque crudelia erant! Ad quae te idem illi hortantur: [et] 3
scilicet id certatum esse, utrius uestrum arbitrio iniuriae
fierent, neque receptam sed captam a te rem publicam, et
20 ea causa exercitus stipendiis confectis optimos et ueter-
rimos omnium aduorsum fratres parentisque [alii liberos]
armis contendere, ut ex alienis malis deterrumi mortales
uentri atque profundae lubidini sumptus quaererent atque
essent obprobria uictoriae, quorum flagitiis commacula-
25 retur bonorum laus. Neque enim te praeterire puto quali 4
quisque eorum more aut modestia etiam tum dubia
uictoria sese gesserit quoque modo in belli administra-
tione scorta aut conuiuia exercuerint nonnulli, quorum
aetas ne per otium quidem talis uoluptatis sine dedecore
30 attigerit.

De bello satis dictum. De pace firmanda quoniam tuque 5

2 aequiores quam aliis *Asulanus*: nequiores quam alii *V*   5 ea
fort. secludendum   10 intercepit *Faernus* (*cf. Plin. Pan. 75. 1*): -fecit *V*
13 concisam *Gronovius*   17 et *del. Burnouf*   21 alii liberos *del.*
Jordan   30 attigerit *ed. Rom.*: attingerit *V*

et omnes tui agitatis, primum id quaeso considera, quale
sit de quo consultas: ita bonis malisque dimotis patenti uia
2 ad uerum perges. Ego sic existimo: quoniam orta omnia
intereunt, qua tempestate urbi Romanae fatum excidii
aduentarit, ciuis cum ciuibus manus conserturos, ita 5
defessos et exsanguis regi aut nationi praedae futuros.
Aliter non orbis terrarum neque cunctae gentes conglo-
batae mouere aut contundere queunt hoc imperium.
3 Firmanda igitur sunt [uel] concordiae bona et discordiae
4 mala expellenda. Id ita eueniet, si sumptuum et rapinarum 10
licentiam dempseris, non ad uetera instituta reuocans,
quae iam pridem corruptis moribus ludibrio sunt, sed si
suam quoique rem familiarem finem sumptuum statueris:
5 quoniam is incessit mos ut homines adulescentuli sua
atque aliena consumere, nihil libidinei atque aliis roganti- 15
bus denegare pulcherrimum putent, eam uirtutem et
magnitudinem animi, pudorem atque modestiam pro
6 socordia aestiment. Ergo animus ferox praua uia ingressus, ubi consueta non suppetunt, fertur accensus in socios
modo, modo in ciuis, mouet composita et res nouas ueteri- 20
7 bus †aec conquirit†. Quare tollendus est fenerator in pos-
8 terum, uti suas quisque res curemus. Ea uera atque
simplex uia est, magistratum populo, non creditori gerere
et magnitudinem animi in addendo, non demendo rei
publicae ostendere. 25

6   Atque ego scio quam aspera haec res in principio futura
sit, praesertim iis qui se in uictoria licentius liberiusque
quam artius futuros credebant. Quorum si saluti potius
quam lubidini consules, illosque nosque et socios in pace
firma constitues; sin eadem studia artesque iuuentuti 30
erunt, ne ista egregia tua fama simul cum urbe Roma breui

---

1 quale *Orelli*: qualis *V*   9 uel *del. Kroll*   20–1 ueteribus
aec conquirit *V, qui* aec *haesitans, ut uid., scripsit, spatio duarum litt. ante* conquirit *relicto*: pro ueteribus concupit *coni. Jordan*: ueteribus abiectis
(neclectis *Kurfess*) conquirit *Kroll*: *locus desperatus est*   27 iis] is *V*

concidet. Postremo sapientes pacis causa bellum gerunt, 2
laborem spe otii sustentant: nisi illam firmam efficis, uinci
an uicisse quid retulit? Quare capesse, per deos, rem 3
publicam et omnia aspera, uti soles, peruade. Namque aut 4
5 tu mederi potes aut omittenda est cura omnibus. Neque
quisquam te ad crudelis poenas aut acerba iudicia inuocat,
quibus ciuitas uastatur magis quam corrigitur, sed ut
prauas artis malasque libidines ab iuuentute prohibeas. Ea 5
uera clementia erit, consuluisse ne merito ciues patria
10 expellerentur, retinuisse ab stultitia et falsis uoluptatibus,
pacem et concordiam stabiliuisse, non si flagitiis opse-
cutus, delicta perpessus praesens gaudium quom mox
futuro malo concesseris.

Ac mihi animus quibus rebus alii timent maxume fretus 7
15 est, negotii magnitudine et quia tibi terrae et maria simul
omnia componenda sunt. Quippe res paruas tantum
ingenium attingere nequeiret, magnae curae magna
merces est. Igitur prouideas oportet uti pleps, largitioni- 2
bus et publico frumento corrupta, habeat negotia sua
20 quibus ab malo publico detineatur: iuuentus probitati et
industriae, non sumptibus neque diuitiis studeat. Id ita 3
eueniet, si pecuniae, quae maxuma omnium pernicies est,
usum atque decus dempseris. Nam saepe ego quom animo 4
meo reputans quibus quisque rebus clari uiri magnitudi-
25 nem inuenissent quaeque res populos nationesue magnis
auctibus auxissent, ac deinde quibus causis amplissima
regna et imperia corruissent, eadem semper bona atque
mala reperiebam, omnesque uictores diuitias contemp-
sisse et uictos cupiuisse. Neque aliter quisquam extollere 5
30 sese et diuina mortalis attingere potest, nisi omissis pecuniae et corporis gaudiis animo indulgens, non adsentando

---

9 ciuis *V*   11 flagitis *V*   12 quom] *sic V (cf. 7. 4, H. 3. 96A, TLL
iv. 1339. 65 sqq.*)   16 paruas *ed. Rom.*: prauas *V*   23 decus
Asulanus: dedecus *V*   quom] *cf. u. 12 adn.*   26 auctibus *Ciacconius*: auctoribus *V (cf. Fro. 229. 12–13)*

neque concupita praebendo, peruorsam gratiam gratifi-
cans, sed in labore patientia bonisque praeceptis et factis
8 fortibus exercitando. Nam domum aut uillam exstruere,
eam signis aulaeis alieisque operibus exornare et omnia
potius quam semet uisendum efficere, id est non diuitias 5
2 decori habere, sed ipsum illis flagitio esse. Porro ei quibus
bis die uentrem onerare, nullam noctem sine scorto qui-
escere mos est, ubi animum, quem dominari decebat,
seruitio oppressere, nequeiquam eo postea hebeti atque
3 claudo pro exercito uti uolunt. Nam inprudentia pleraque 10
et se praecipitat. Verum haec et omnia mala pariter cum
honore pecuniae desinent, si neque magistratus neque alia
uolgo cupienda uenalia erunt.
4   Ad hoc prouidendum est tibi quonam modo Italia atque
prouinciae tutiores sint: id quod factu haut obscurum est. 15
5 Nam idem omnia uastant, suas deserendo domos et per
6 iniuriam alienas occupando. Item ne, uti adhuc, militia
iniusta aut inaequalis sit, cum alii triginta, pars nullum
stipendium facient. Et frumentum id quod antea praemium ignauiae fuit per municipia et colonias illis dare 20
conueniet qui stipendiis emeritis domos reuerterint.
7   Quae rei publicae necessaria tibique gloriosa ratus sum
8 quam paucissimis apsolui. Non peius uidetur pauca nunc
9 de facto meo disserere. Plerique mortales ad iudicandum
satis ingenii habent aut simulant; uerum enim ad repre- 25
hendunda aliena facta aut dicta ardet omnibus animus, uix
satis apertum os aut lingua prompta uidetur quae meditata
pectore euoluat. Quibus me subiectum haud paenitet,
10 magis reticuisse pigeret. Nam siue hac seu meliore alia uia

---

6 ii *Aldus*: eis *V*   15 obscurum *durum est, si non corruptum*: absurdum *coni. Jordan* (*cf. C. 3. 1, 25. 5, E. 2. 8. 1*): *an* asperum? (*cf. 1. 8, E. 2. 1. 1, C.
40. 4, I. 83. 3, al.*)   19 faciunt *Jordan dub.*   23 non peius] *scil.*
οὐ χεῖρον   27 meditata *Faernus*: medita *V*   28 euoluat *Aldus*:
euolat *V*

perges, a me quidem pro uirili parte dictum et adiutum fuerit. Relicuum est optare uti quae tibi placuerint, ea di immortales adprobent beneque euenire sinant.

3 *post* sinant *spatium duorum uersuum relictum est in* V

II

1 Scio ego quam difficile atque asperum factu sit consilium
dare regi aut imperatori, postremo quoiquam mortali
quoius opes in excelso sunt, quippe cum et illis consulto-
rum copiae adsint neque de futuro quisquam satis callidus
2 satisque prudens sit. Quin etiam saepe praua magis quam 5
bona consilia prospere eueniunt, quia plerasque res
3 fortuna ex libidine sua agitat. Sed mihi studium fuit
adulescentulo rem publicam capessere, atque in ea cog-
noscenda multam magnamque curam habui, non ita ut
magistratum modo caperem, quem multi malis artibus 10
adepti erant, sed etiam ut rem publicam domi militiaeque
quantumque armis uiris opulentia posset cognitum habu-
4 erim. Itaque mihi multa cum animo agitanti consilium fuit
famam modestiamque meam post tuam dignitatem
haberei et quoius rei lubet periculum facere, dum quid tibi 15
5 ex eo gloriae accederet. Idque non temere neque ex
fortuna tua decreui, sed quia in te praeter ceteras artem
unam egregie mirabilem comperi, semper tibi maiorem in
6 aduersis quam in secundis rebus animum esse. Sed per
ceteros mortalis illa res clarior est, quod prius defessi sunt 20
homines laudando atque admirando munificentiam tuam
2 quam tu [in] faciundo quae gloria digna essent. Equidem
mihi decretum est nihil tam ex alto reperiri posse quod
2 non cogitanti tibi in promptu sit. Neque eo quae uisa sunt
de re publica tibi scripsi quia mihi consilium atque inge- 25
nium meum amplius aequo probaretur, sed inter labores
militiae interque proelia uictorias imperium statui ad-

15 habere *Aldus*   16 accederet *Aldus*: acciderit *V*
19–20 sed per ceteros *sqq.*] *locus ex E. 1. 1. 2 uix feliciter huc translatus*
22 quam tu *ex* quantum *V²*   in *del. ed. Rom.*   23 repeti *Ciacconius*
24 eo] ego *V²*

monendum te de negotiis urbanis. Namque tibi si id modo 3
in pectore consilii est, ut te ab inimicorum impetu
uindices quoque modo contra aduersum consulem beneficia populi retineas, indigna uirtute tua cogitas. Sin in te 4
5 ille animus est qui iam a principio nobilitatis factionem
disturbauit, plebem Romanam ex graui seruitute in libertatem restituit, in praetura inimicorum arma inermis
disiecit, domi militiaeque tanta et tam praeclara facinora
fecit ut ne inimici quidem queri quicquam audeant nisi de
10 magnitudine tua, quin tu accipe ea quae dicam de summa
re publica. Quae profecto aut uera inuenies aut certe haud
procul a uero.

Sed quoniam Cn. Pompeius, aut animi prauitate aut 3
quia nihil eo maluit quod tibi obesset, ita lapsus est ut hos-
15 tibus tela in manus iaceret, quibus ille rebus rem publicam
conturbauit, eisdem tibi restituendum est. Primum 2
omnium summam potestatem moderandi de uectigalibus
sumptibus iudiciis senatoribus paucis tradidit, plebem
Romanam, quoius antea summa potestas erat, ne aequeis
20 quidem legibus in seruitute reliquit. Iudicia tametsi, sicut 3
antea, tribus ordinibus tradita sunt, tamen idem illi
factiosi regunt, dant adimunt quae lubet, innocentis
circumueniunt, suos ad honorem extollunt; non facinus, 4
non probrum aut flagitium obstat quo minus magistratus
25 capiant; quos commodum est trahunt rapiunt; postremo
tamquam urbe capta libidine ac licentia sua pro legibus
utuntur. Ac me quidem mediocris dolor angeret, si uirtute 5
partam uictoriam more suo per seruitium exercerent; sed 6
homines inertissimi, quorum omnis uis uirtusque in
30 lingua sita est, forte atque alterius socordia dominationem
oblatam insolentes agitant. Nam quae seditio aut dissensio 7
ciuilis tot tam inlustris familias ab stirpe euertit? Aut
quorum umquam in uictoria animus tam praeceps tamque

6 disturbauit *ed. Mant.*: -abit *V*   22 lubet *ed. Mant.*: luget *V*
31 nam quae *ed. Rom.*: namque *V*

4 inmoderatus fuit? L. Sulla, cui omnia in uictoria lege belli licuerunt, tametsi supplicio hostium partis suas muniri intellegebat, tamen paucis interfectis ceteros beneficio
2 quam metu retinere maluit. At hercule M. Catoni, L. Domitio ceterisque eiusdem factionis quadraginta sena- ₅ tores, multi praeterea cum spe bona adulescentes sicutei hostiae mactati sunt, quom interea inportunissima genera hominum tot miserorum ciuium sanguine satiari nequie- runt: non orbi liberi, non parentes exacta aetate, non luctus gemitus uirorum mulierum immanem eorum ani- ₁₀ mum inflexit quein acerbius in dies male faciundo ac
3 dicundo dignitate alios, alios ciuitate euersum irent. Nam quid ego de te dicam, cuius contumeliam homines ig- nauissimi uita sua commutare uolunt, si liceat? Neque illis tantae uoluptati est, tametsi insperantibus accidit, ₁₅ dominatio quanto maerori tua dignitas: quein optatius habent ex tua calamitate periculum libertatis facere quam per te populi Romani imperium maximum ex magno fieri.
4 Quo magis tibi etiam atque etiam animo prospiciendum
5 est quonam modo rem stabilias communiasque. Mihi ₂₀ quidem quae mens suppetit eloqui non dubitabo; ceterum tuei erit ingenii probare quae uera atque utilia factu putes.
5 In duas partes ego ciuitatem diuisam arbitror, sicut a maioribus accepi, in patres et plebem. Antea in patribus
2 summa auctoritas erat, uis multo maxuma in plebe. Itaque ₂₅ saepius in ciuitate secessio fuit semperque nobilitatis opes
3 deminutae sunt et ius populi amplificatum. Sed plebs eo libere agitabat quia nullius potentia super leges erat neque diuitiis aut superbia sed bona fama factisque fortibus nobilis ignobilem anteibat: humillimus quisque in aruis ₃₀ aut in militia nullius honestae rei egens satis sibi satisque

---

4 hercule M. Catoni *Orelli*: herculem catonem *V*: hercule a M. Catone *Mommsen*   16 maerori *ed. Rom. iterata*: -ore *V*   21 mente sup- petunt *Vretska*: mens suppedit *Klotz dub.*   30 aruis *Dousa*: armis *V*: agris *Pohlmann*   31 in *secl. Gerlach*

patriae erat. Sed ubi eos paulatim expulsos agris inertia 4
atque inopia incertas domos habere subegit, coepere
alienas opes petere, libertatem suam cum re publica
uenalem habere. Ita paulatim populus, qui dominus erat, 5
5 cunctis gentibus imperitabat, dilapsus est et pro communi
imperio priuatim sibi quisque seruitutem peperit. Haec 6
igitur multitudo primum malis moribus inbuta, deinde in
artis uitasque uarias dispalata, nullo modo inter se con-
gruens, parum mihi quidem idonea uidetur ad capessen-
10 dam rem publicam. Ceterum additis nouis ciuibus magna 7
me spes tenet fore ut omnes expergiscantur ad libertatem,
quippe cum illis libertatis retinendae, tum his seruitutis
amittendae cura orietur. Hos ego censeo permixtos cum 8
ueteribus nouos in coloniis constituas: ita et res militaris
15 opulentior erit et plebs bonis negotiis impedita malum
publicum facere desinet.

Sed non inscius neque inprudens sum, quom ea res 6
agetur, quae saeuitia quaeque tempestates hominum
nobilium futurae sint, quom indignabuntur omnia fundi-
20 tus misceri, antiquis ciuibus hanc seruitutem inponi,
regnum denique ex libera ciuitate futurum, ubi unius
munere multitudo ingens in ciuitatem peruenerit. Equi- 2
dem ego sic apud animum meum statuo: malum facinus in
se admittere qui incommodo rei publicae gratiam sibi
25 conciliet; ubi bonum publicum etiam priuatim usui est, id
uero dubitare adgredi socordiae atque ignauiae duco. M. 3
Druso semper consilium fuit in tribunatu summa ope niti
pro nobilitate, neque ullam rem in principio agere intendit, nisi illei auctores fuerant. Sed homines factiosi, quibus 4
30 dolus atque malitia fide cariora erant, ubi intellexerunt per
unum hominem maximum beneficium multis mortalibus
dari, uidelicet sibi quisque conscius malo atque infido

animo esse, de M. Druso iuxta ac se existumauerunt.
5 Itaque metu ne per tantam gratiam solus rerum poteretur,
6 contra eam nisi sua et ipseius consilia disturbauerunt. Quo
tibi, imperator, maiore cura fideique amici et multa praesidia paranda sunt.   5

7   Hostem aduersum deprimere strenuo homini haud
difficilest, occulta pericula neque facere neque uitare
2 bonis in promptu est. Igitur, ubi eos in ciuitatem ad-
duxeris, quoniam quidem renouata plebs erit, in ea re
maxume animum exerceto, ut colantur boni mores, con- 10
3 cordia inter ueteres et nouos coalescat. Sed multo maxumum bonum patriae ciuibus, parentibus liberis, postremo
humanae genti pepereris, si studium pecuniae aut sustu-
leris aut, quoad res feret, minueris. Aliter neque priuata
res neque publica neque domi neque militiae regi potest; 15
4 nam ubi cupido diuitiarum inuasit, neque disciplina
neque artes bonae neque ingenium ullum satis pollet quin
animus magis aut minus mature, postremo tamen suc-
5 cumbat. Saepe iam audiui qui reges, quae ciuitates et
nationes per opulentiam magna imperia amiserint quae 20
per uirtutem inopes ceperant: id adeo haud mirandum est.
6 Nam ubi bonus deteriorem diuitiis magis clarum
magisque acceptum uidet, primo aestuat multaque in
pectore uoluit; sed ubi gloria honorem, magis in dies
uirtutem opulentia uincit, animus ad uoluptatem a uero 25
7 deficit. Quippe gloria industria alitur, ubi eam dempseris,
8 ipsa per se uirtus amara atque aspera est. Postremo, ubi
diuitiae clarae habentur, ibi omnia bona uilia sunt, fides
9 probitas, pudor pudicitia. Nam ad uirtutem una ardua uia
est, ad pecuniam qua cuique lubet nititur: et malis et bonis 30
rebus ea creatur.

---

   1 iuxta se *Jordan*: iuxta ac de se *Aldus* (*cf. 7. 12*)   3 eum *Burnouf*
4 maiore *Laetus*: maior *V*   12 parentibus *Hornstein*: tibi *V*
14 feret *Aldus*: referet *V*   21 id adeo *Asulanus*: ideo *V*
24 honore *Eussner*   29 una et ardua *Aldus*   uia *om. V*[1]*, s.s. V*[2]

Ergo in primis auctoritatem pecuniae demito. Neque de 10
capite neque de honore ex copiis quisquam magis aut
minus iudicauerit, sicut neque praetor neque consul ex
opulentia uerum ex dignitate creetur. Sed de magistratu 11
5 facile populi iudicium fit: iudices a paucis probari regnum
est, ex pecunia legi inhonestum. Quare omnes primae
classis iudicare placet, sed numero plures quam iudicant.
Neque Rhodios neque alias ciuitates umquam iudiciorum 12
suorum paenituit, ubi promiscue diues et pauper, ut
10 cuique fors tulit, de maximis rebus iuxta ac de minimis
disceptat. Sed magistratibus creandis haud mihi quidem **8**
apsurde placet lex quam C. Gracchus in tribunatu pro-
mulgauerat, ut ex confusis quinque classibus sorte centuriae uocarentur. Ita coaequantur dignitate pecunia, 2
15 uirtute antire alius alium properabit.

Haec ego magna remedia contra diuitias statuo. Nam 3
perinde omnes res laudantur atque adpetuntur ut earum
rerum usus est. Malitia praemiis exercetur: ubi ea dempseris, nemo omnium gratuito malus est. Ceterum auaritia 4
20 belua fera inmanis intoleranda est: quo intendit, oppida
agros, fana atque domos uastat, diuina cum humanis
permiscet, neque exercitus neque moenia obstant quominus ui sua penetret; fama pudicitia liberis patria atque
parentibus cunctos mortalis spoliat. Verum, si pecuniae 5
25 decus ademeris, magna illa uis auaritiae facile bonis
moribus uincetur.

Atque haec ita sese habere tametsi omnes aequi atque 6
iniqui memorant, tamen tibi cum factione nobilitatis haut
mediocriter certandum est. Quoius si dolum caueris, alia
30 omnia in procliui erunt. Nam ii, si uirtute satis ualerent, 7
magis aemuli bonorum quam inuidi essent. Quia desidia
et inertia, stupor eos atque torpedo inuasit, strepunt

---

11 sed ⟨de⟩ *Aldus*   14 coaequatur *Jordan*   pecuniae *Orelli*
20 quod V^1, *corr. man. rec.*   incendit V^2 28 haut *ed. Mant.*:
aut *V*

obtrectant, alienam famam bonam suum dedecus aestumant.

9 Sed quid ego plura quasi de ignotis memorem? M. Bibuli fortitudo atque animi uis in consulatum erupit; hebes lingua, magis malus quam callidus ingenio. Quid 5 ille audeat quoi consulatus, maximum imperium, maxumo 2 dedecori fuit? An L. Domiti magna uis est, quoius nullum membrum a flagitio aut facinore uacat? Lingua uana, manus cruentae, pedes fugaces, quae honeste nominari 3 nequeunt inhonestissima. Vnius tamen M. Catonis inge- 10 nium uersutum loquax callidum haud contemno. Parantur haec disciplina Graecorum; sed uirtus uigilantia labor apud Graecos nulla sunt: quippe qui domi libertatem suam per inertiam amiserint, censesne eorum praeceptis 4 imperium haberi posse? Reliqui de factione sunt inertis- 15 simi nobiles, in quibus sicut in titulo praeter bonum nomen nihil est additamenti. L. Postumii, M. Fauonii mihi uidentur quasi magnae nauis superuacuanea onera esse: ubi salui peruenere, usui sunt; si quid aduersi coortum est, de illeis potissimum iactura fit, quia pretii minimi sunt. 20

10 Nunc quoniam, sicut mihi uideor, de plebe renouanda corrigendaque satis disserui, de senatu quae tibi agenda 2 uidentur dicam. Postquam mihi aetas ingeniumque adoleuit, haud ferme armis atque equis corpus exercui, sed animum in litteris agitaui: quod natura firmius erat, id in 25 3 laboribus habui. Atque ego in ea uita multa legendo atque audiendo ita comperi, omnia regna, item ciuitates et nationes usque eo prosperum imperium habuisse, dum apud eos uera consilia ualuerunt: ubicumque gratia timor uoluptas ea corrupere, post paulo inminutae opes, deinde 30 ademptum imperium, postremo seruitus imposita est. 4 Equidem ego sic apud animum meum statuo: cuicumque in sua ciuitate amplior inlustriorque locus quam aliis est,

6 cui *Laetus*: qui *V*   16 in titulo *Jordan*: instituto *V*   17 nihil
est. Additamenta *Orelli*   19 peruenire *V*¹, *corr. V*²

ei magnam curam esse rei publicae. Nam ceteris salua urbe 5
tantummodo libertas tuta est: qui per uirtutem sibi diuitias
decus honorem pepererunt, ubi paulum inclinata res
publica agitari coepit, multipliciter animus curis atque
5 laboribus fatigatur; aut gloriam aut libertatem aut rem
familiarem defensat, omnibus locis adest festinat, quanto in
secundis rebus florentior fuit, tanto in aduersis asperius
magisque anxie agitat. Igitur ubi plebs senatui sicuti corpus 6
animo oboedit eiusque consulta exsequitur, patres consilio
10 ualere decet, populo superuacuanea est calliditas. Itaque 7
maiores nostri, cum bellis asperrumis premerentur, equis
uiris pecunia amissa, numquam defessi sunt armati de
imperio certare: non inopia aerarii, non uis hostium, non
aduersa res ingentem eorum animum subegit quin quae
15 uirtute ceperant simul cum anima retinerent. Atque ea 8
magis fortibus consiliis quam bonis proeliis patrata sunt;
quippe apud illos una res publica erat, ei omnes consule-
bant, factio contra hostis parabatur, corpus atque ingenium
patriae, non suae quisque potentiae exercitabat. At hoc 9
20 tempore contra ea homines nobiles, quorum animos
socordia atque ignauia inuasit, ignarei laboris hostium
militiae, domi factione instructi per superbiam cunctis
gentibus moderantur. Itaque patres, quorum consilio antea 11
dubia res publica stabiliebatur, oppressi ex aliena libidine
25 huc atque illuc fluctuantes agitantur: interdum alia deinde
alia decernunt, uti eorum qui dominantur simultas aut
gratia fert, ita bonum malumque publicum aestumant.
Quodsi aut libertas aequa omnium aut sententia obscurior 2
esset, maioribus opibus res publica et minus potens
30 nobilitas esset. Sed quoniam coaequari gratiam omnium 3
difficile est, quippe cum illis maiorum uirtus partam

9 patris *V*   11 premerenter *V*   12 armati] *litterae* ti *in fine*
uersus euanuerunt   14 quin quae *ed. Mant.* : quique *V*   19 at *ed.*
Mant. : ad *V*   27 fert *ed. Mant.* : fertur *V*   30 gratiam *Aldus* :
-tia *V*

reliquerit gloriam dignitatem clientelas, cetera multitudo
pleraque insiticia sit, sententias eorum a metu libera: ita in
4 occulto sibi quisque alterius potentia carior erit. Libertas
iuxta bonis et malis, strenuis atque ignauis optabilis est;
uerum eam plerique metu deserunt! stultissimi mortales, 5
quod in certamine dubium est quorsum accidat, id per
inertiam in se quasi uicti recipiunt.
5   Igitur duabus rebus confirmari posse senatum puto: si
numero auctus per tabellam sententiam feret. Tabella
obtentui erit, quo magis animo libero facere audeat; in 10
6 multitudine et praesidii plus et usus amplior est. Nam fere
his tempestatibus alii iudiciis publicis, alii priuatis suis
atque amicorum negotiis inplicati haud sane rei publicae
consiliis adfuerunt; neque eos magis occupatio quam
superba imperia distinuerunt. Homines nobiles cum 15
paucis senatoriis, quos additamenta factionis habent,
quaecumque libuit probare reprehendere decernere, ea,
7 uti lubido tulit, fecere. Verum ubi numero senatorum
aucto per tabellam sententiae dicentur, ne illi superbiam
suam dimittent, ubi iis oboediendum erit quibus antea 20
crudelissime imperitabant.
12   Forsitan, imperator, perlectis litteris desideres quem
numerum senatorum fieri placeat, quoque modo is in
multa ⟨et⟩ uaria officia distribuatur; iudicia quoniam
omnibus primae classis committenda putem, quae di- 25
2 scriptio, quei numerus in quoque genere futurus sit. Ea
mihi omnia generatim discribere haud difficile factu fuit;
sed prius laborandum uisum est de summa consilii, idque
tibi probandum uerum esse. Si hoc itinere uti decreueris,
3 cetera in promptu erunt. Volo ego consilium meum 30

6 accidit V^1, corr. V^2 10 audiat V^1, corr. V^2 16 senatoriis]
senatorii ordinis *Stiewe*   17 probari V^1, corr. man. rec.   24 et
periit cum interiore folii margine (*sim.* ⟨com⟩mittenda *u. 25,* du⟨bi⟩um *p. 222.*
2: grauiora tantum notaui)   27 factu *ed. Rom.*: factum V

220

prudens maxumeque usui esse; nam ubicumque tibi res
prospere cedet, ibi mihi bona fama eueniet. Sed me illa 4
magis cupido exercet, ut quocumque modo quam primum
res publica adiutetur. Libertatem gloria cariorem habeo, 5
5 atque ego te oro hortorque ne clarissimus imperator
Gallica gente subacta populi Romani summum atque
inuictum imperium tabescere uetustate ac per summam
socordiam dilabi patiaris. Profecto, si id accidat, neque 6
tibi nox neque dies curam animi sedauerit quin insomniis
10 exercitus, furibundus atque amens alienata mente feraris.
Namque mihi pro uero constat omnium mortalium uitam 7
diuino numine inuisier; neque bonum neque malum
facinus quoiusquam pro nihilo haberi, sed ex natura
diuorsa praemia bonos malosque sequi. Interea si forte ea 8
15 tardius procedunt, suus quoique animus ex conscientia
spem praebet.
   Quodsi tecum patria atque parentes possent loqui, 13
scilicet haec tibi dicerent: 'O Caesar, nos te genuimus
fortissimi uiri, in optima urbe, decus praesidiumque
20 nobis, hostibus terrorem. Quae multis laboribus et peri- 2
culis ceperamus, ea tibi nascenti cum anima simul
tradidimus, patriam maxumam in terris, domum famil-
iamque in patria clarissimam, praeterea bonas artis, honestas diuitias, postremo omnia honestamenta pacis et
25 praemia belli. Pro iis amplissimis beneficiis non flagitium 3
a te neque malum facinus petimus, sed utei libertatem
euersam restituas. Qua re patrata profecto per gentes 4
omnes fama uirtutis tuae uolitabit. Namque hac tem- 5
pestate tametsi domi militiaeque praeclara facinora egisti,
30 tamen gloria tua cum multis uiris fortibus aequalis est. Si
uero urbem amplissimo nomine et maxumo imperio prope
iam ab occasu restitueris, quis te clarior, quis maior in

---

1 maximoque *Jordan dub.* (*cf. I. 4. 1, 14. 1*)   14 diuersa *Aldus*:
diuisa *V*   si *paene euanuit*   26 malum . . . libertatem *in spatio
maiore suppl. V*[2]

6 terris fuerit? Quippe si morbo iam aut fato huic imperio
secus accidat, cui dubium est quin per orbem terrarum
uastitas bella caedes oriantur? Quodsi tibi bona lubido
fuerit patriae parentibusque gratificandi, posteroque tempore re publica restituta super omnes mortales gloriam 5
7 agitabis tuaque unius mors uita clarior erit. Nam uiuos
interdum fortuna, saepe inuidia fatigat: ubi anima naturae
cessit, demptis optrectatoribus, ipsa se uirtus magis
magisque extollit.'
8   Quae mihi utilissima factu uisa sunt quaeque tibi usui 10
fore credidi quam paucissimis potui perscripsi. Ceterum
deos inmortales optestor ut, quocumque modo ages, ea res
tibi reique publicae prospere eueniat.

4 postero quoque *Orelli*
poterat: nunc agita *tantum restat*
quae sequuntur ad omnes homines pertinent

6 agitabis *Jordan, qui* agitabi *dispicere*
unius *obscure dictum, ne dicam inepte, si*

EXPLICIT *V*

APPENDIX SALLVSTIANA

PARS II

[SALLVSTI] IN CICERONEM
ET
[CICERONIS] IN SALLVSTIVM

ORATIONES QVAE
INVECTIVAE VOCANTVR

SIGLA

α = consensus codicum AFKTX

  π = consensus codicum AFK

    A = Gudianus lat. 335   S. XI

    F = Laurentianus 50. 45   S. X

    K = Harleianus 2682   S. XI

  ϕ = consensus codicum TX

    T = Monacensis lat. 19472   S. XII

    X = Sanctae Crucis 228   S. XII

β = consensus codicum CDSEHM

  ψ = consensus codicum CD

    C = Parisinus lat. 11127   S. X

    D = Bodleianus Dorvillianus 77   S. X

  γ = consensus codicum SEHM

    S = Edinburgensis Adv. 18. 7. 8   S. XI/XII

  δ = consensus codicum EHM

    E = Monacensis lat. 14714   S. XII

  ϵ = consensus codicum HM

    H = Harleianus 2716   S. X

    M = Monacensis lat. 19474   S. XII

ω = omnium codicum consensus

ς = correctiones uel coniecturae in uno uel pluribus
    codicibus recentioribus inuentae

$A^1 F^1$ etc. = A F etc. nondum correcti

$A^2 F^2$ etc. = A F etc. a secunda manu correcti

IN M. TVLLIVM CICERONEM
ORATIO

GRAUITER et iniquo animo maledicta tua paterer, M. 1 1
Tulli, si te scirem iudicio magis quam morbo animi
petulantia ista uti. Sed cum in te neque modum neque
modestiam ullam animaduerto, respondebo tibi, ut si
5 quam male dicendo uoluptatem cepisti, eam male
audiendo amittas.

Vbi querar, quos implorem, patres conscripti, diripi
rem publicam atque audacissimo cuique esse praedae?
Apud populum Romanum? qui ita largitionibus corruptus
10 est ut se ipse ac fortunas suas uenales habeat. An apud uos,
patres conscripti? quorum auctoritas turpissimo cuique et
sceleratissimo ludibrio est. Vbiubi ⟨est⟩ M. Tullius, leges
iudicia rem publicam defendit atque in hoc ordine ita
moderatur quasi unus reliquus e familia uiri clarissimi,
15 Scipionis Africani, ac non reperticius, accitus ac paulo
ante insitus huic urbi ciuis.

SALVSTIVS IN CICERONEM *A*: SALVSTII IN CICERONIS *F*: SALVSTII IN CICERONEM
KT: INCIPIT ORATIO SALLVSTII IN CICERONEM *C*: INCIPIT ORATIO SALLVSTII
CONTRA CICERONEM *D*: EPISTVLA SALVSTI CRISPI IN CICERONEM *S*: CONTROVER-
SIAE SALVSTII IN TVLLIVM *E*: INCIPIT G. SALVSTII INVECTIVA IN TVLLIVM CM. V.C. *H*:
INCIPIVNT INVECTIVA SALVSTII IN MARCVM TVLLIVM CICERONEM *M*: *in X nulla
inscriptio*

3 ista petulantia γ   cum] quoniam *Halm*   6 audiendo ς:
dicendo ω   7 quos implorem *secl. Wölfflin* (*cf. Cic. Flacc. 4, Sall. I. 14.
17*)   8 praedae *Eussner*: perfidiae ω   11–12 et sceleratissimo
om. a   12 ubi *K*¹ς   est *addidi*   13 iudicia β: audacia α (*cf.
Cic. Phil. 8. 8, Sest. 98, Cass. Dion. 46. 20. 2, al.*)   rem publicam] r.p. ω
hoc *om. π*

2 An uero, M. Tulli, facta tua ac dicta obscura sunt? An
non ita a pueritia uixisti ut nihil flagitiosum corpori tuo
putares quod alicui collibuisset?· Aut scilicet istam in-
moderatam eloquentiam apud M. Pisonem non pudicitiae
iactura perdidicisti! Itaque minime mirandum est quod 5
2 eam flagitiose uenditas quam turpissime parasti. Verum,
ut opinor, splendor domesticus tibi animos tollit, uxor
sacrilega ac periuriis delibuta, filia matris paelex, tibi
iucundior atque obsequentior quam parenti par est.
Domum ipsam tuam ui et rapinis funestam tibi ac tuis 10
comparasti: uidelicet ut nos commonefacias quam con-
uersa res sit, cum in ea domo habites, homo flagitiosis-
3 sime, quae P. Crassi, uiri clarissimi, fuit. Atque haec cum
ita sint, tamen se Cicero dicit in concilio deorum inmor-
talium fuisse, inde missum huic urbi ciuibusque custodem 15
* * * absque carnificis nomine, qui ciuitatis incommodum
in gloriam suam ponit. Quasi uero non illius coniurationis
causa fuerit consulatus tuus et idcirco res publica disiecta
eo tempore quo te custodem habebat.

Sed, ut opinor, illa te magis extollunt quae post consula- 20
tum cum Terentia uxore de re publica consuluisti, cum
legis Plautiae iudicia domo faciebatis, ex coniuratis alios
⟨exilio, alios⟩ pecunia condemnabas, cum tibi alius Tusculanam, alius Pompeianam uillam exaedificabat, alius
domum emebat: qui uero nihil poterat, is erat Catilinae 25
proximus, is aut domum tuam oppugnatum uenerat aut
insidias senatui fecerat, denique de eo tibi compertum

---

1 tua ac (aut *X*) dicta α: ac (an *E*) dicta tua β   3 alicui] alteri
Orelli (*conl. In Sall. 13*)   aut] at *X*: *del. Cortius*   8 delibuta *T*: de-
bilitata *rell.*   12 res sit πT ψ: sit res p. *XSH*, sit r.p. *EM*   habites
S: -ares *rell.*   13 haec cum β: cum haec α   14 se cicero β:
cicero se α   15 *post* custodem *lacunam latere suspicatus est Reitzenstein*
16 absque . . . nomine *obscurum*   19 quo] quod *Baiter, fort. recte*
22 domi ς   23 exilio alios *suppl. Halm*: morte alios *priores*
23 tusculanam *EM*: -um *rell.*   25 Catilinae *Wirz* (*conl. C. 14. 3*):
calumniae ω   26 aut¹] autem φ*M*

erat. Quae si tibi falsa obicio, redde rationem quantum 4
patrimonii acceperis, quid tibi litibus accreuerit, qua ex
pecunia domum paraueris, Tusculanum et Pompeianum
infinito sumptu aedificaueris, aut, si retices, cui dubium
5 potest esse quin opulentiam istam ex sanguine et miseriis
ciuium paraueris?

   Verum, ut opinor, homo nouus Arpinas, ex L. Crassi 3
familia, illius uirtutem imitatur, contemnit simultatem
hominum nobilium, rem publicam caram habet, neque
10 terrore neque gratia remouetur a uero, amicitia tantum ac
uirtus est animi. Immo uero homo leuissimus, supplex 5
inimicis, amicis contumeliosus, modo harum, modo illa-
rum partium, fidus nemini, leuissimus senator, mercen-
narius patronus, cuius nulla pars corporis a turpitudine
15 uacat: lingua uana, manus rapacissimae, gula immensa,
pedes fugaces, quae honeste nominari non possunt inhonestissima. Atque is cum eius modi sit, tamen audet
dicere: 'O fortunatam natam me consule Romam!'
⟨Romam⟩ te consule fortunatam, Cicero? Immo uero
20 infelicem et miseram, quae crudelissimam proscriptionem
eam perpessa est cum tu perturbata re publica metu
perculsos omnes bonos parere crudelitati tuae cogebas,
cum omnia iudicia, omnes leges in tua libidine erant, cum
tu sublata lege Porcia, erepta libertate omnium nostrum
25 uitae necisque potestatem ad te unum reuocaueras. Atque 6
parum quod impune fecisti, uerum etiam commemorando

---

4 exaedificaueris π   4–5 dubium potest esse α: potest dubium
esse β   5 quin *om.* H   et α: ac β   6 paraueris *ed. princ.*:
parasti ω: pararis *Jordan*   7 L. *Rawson*: M. ω   8 eius γ
10 mouetur *ed. Ven.*   remouetur a uero *Reitzenstein, bene, si* amicitia . . .
animi *ferri potest*: remouetur. aliud uero ω: aliud uero . . . animi *secl.*
Jordan   amicitia πT²: -iae φβ   11 leuissimus] uilissimus
Petzold   18 Cic. Cons. fr. 17 Morel   19 Romam *suppl. Winter-*
bottom   fortunatam consule (-ulere K¹) π   21 eam *om.* S: ciuium
ς   26 parum est ς

exprobras neque licet obliuisci [iis] seruitutis suae. Egeris,
oro te, Cicero, profeceris quidlibet: satis est perpessos
esse: etiamne aures nostras odio tuo onerabis, etiamne
molestissimis uerbis insectabere? 'Cedant arma togae,
concedat laurea linguae.' Quasi uero togatus et non arma- 5
tus ea quae gloriaris confeceris, atque inter te Sullamque
dictatorem praeter nomen imperii quicquam interfuerit.

7 **4**   Sed quid ego plura de tua insolentia commemorem,
quem Minerua omnis artis edocuit, Iuppiter Optimus
Maximus in concilio deorum admisit, Italia exulem ume- 10
ris suis reportauit? Oro te, Romule Arpinas, qui egregia
tua uirtute omnis Paulos, Fabios, Scipiones superasti,
quem tandem locum in hac ciuitate obtines? Quae tibi
partes rei publicae placent? Quem amicum, quem inimicum habes? Cui in ciuitate insidias fecisti, ⟨ei⟩ ancil- 15
laris; quo auctore de exilio tuo Dyrrhachio redisti, eum
insequeris; quos tyrannos appellabas, eorum potentiae
faues; qui tibi ante optimates uidebantur, eosdem
dementes ac furiosos uocas. Vatini causam agis, de Sestio
male existimas; Bibulum petulantissimis uerbis laedis, 20
laudas Caesarem; quem maxime odisti, ei maxime obse-
queris. Aliud stans, aliud sedens sentis de re publica; his
male dicis, illos odisti, leuissime transfuga, neque in hac
neque in illa parte fidem habens.

1 iis $AF\phi D^1$: hiis $K^1 D^2$: his $K^2 CHM$: piis S: *om. E, del. F. Schmidt*: ciuibus *Peiser*   3 etiamne² *ed. Ven.*: etiam in $\alpha\psi H$: etiam *SEM*
4 inspectabere CD^1 *Cic. Cons. fr. 16 Morel*   7 interfuerit ς:
-fuit ω 10 concilium $EH^2 M$: -ia F 12 Scipiones ⟨Metellos⟩
Reitzenstein (conl. In Sall. 4)   14 quem² $D\gamma$: et quem $AF\phi C$: et K
15 ei *add. Wirz*   ancillaris E: -es *rell.*   16 auctore *Wirz*: iure
cum ω 17 insequeris ς: sequeris ω 23 maledictis $A^2 T^1 X$
24 habes *ed. princ.*

EXPLICIT ORATIO SALLVSTII DICTA IN SENATV CONTRA CICERONEM D: EXPLICIVNT
M: *in ceteris nulla subscriptio*

IN C. SALLVSTIVM CRISPVM
ORATIO

Ea demum magna uoluptas est, C. Sallusti, aequalem ac 1 1
parem uerbis uitam agere neque quicquam tam obscae-
num dicere cui non ab initio pueritiae omni genere
facinoris aetas tua respondeat, ut omnis oratio moribus
5 consonet. Neque enim qui ita uiuit ut tu aliter ac tu loqui
potest, neque qui tam inloto sermone utitur uita honestior
est.

Quo me praeuertam, patres conscripti, unde initium
sumam? Maius enim mihi dicendi onus imponitur quo
10 notior est uterque nostrum, quod aut si de mea uita atque
actibus huic conuiciatori respondero, inuidia gloriam
consequetur, aut si huius facta mores omnem aetatem
nudauero, in idem uitium incidam procacitatis quod huic
obicio. Id uos si forte offendimini, iustius huic quam mihi
15 suscensere debetis, qui initium introduxit. Ego dabo 2
operam ut et pro me minimo cum fastidio respondeam et
in hunc minime mentitum esse uideatur. Scio me, patres
conscripti, in respondendo non habere magnam exspecta-
tionem, quod nullum uos scio nouum crimen in Sallustium

CONTROVERSIA CICERONIS IN SALVSTIVM INCIPIT π: ORATIO CICERONIS IN
SALVSTIVM INCIPIT C: INCIPIT ORATIO CICERONIS IN SALLVSTIVM D: RESPONSIO
CICERONIS IN SALVSTIVM S: INVECTIVAE M. T. CICERONIS IN CRISPVM SALVSTIVM M:
in E aliquid in textu erasum est, in marg. Responsio Tullii: in ceteris libris nulla
inscriptio

4 oratio ς: ratio ω 10 si aut $A^2\phi$ uita mea ϕ 11 acti-
bus] actibus nostris A^1FK^2: actionibus Vogel   12 consequetur A^1:
-atur rell.   15 suscensere FTD: succ- rell.   debetis K^2M^2:
debeatis ω 17 mentitus esse uidear ς 19 scio ς: sciatis ω

audituros, sed omnia uetera recognituros, quis et meae et
uestrae iam et ipsius aures calent. Verum eo magis odisse
debetis hominem qui ne incipiens quidem peccare minimis rebus posuit rudimentum, sed ita ingressus est ut
neque ab alio uinci possit neque ipse se omnino reliqua 5
3 aetate praeterire. Itaque nihil aliud studet nisi ut lutulen-
tus sus cum quouis uolutari. Longe uero fallitur opinione;
non enim procacitate linguae uitae sordes eluuntur, sed
est quaedam calumnia quam unus quisque nostrum
testante animo suo fert [de eo qui falsum crimen bonis 10
obiectat]. Quod si uita istius memoriam uicerit, illam,
patres conscripti, non ex oratione sed ex moribus suis
spectare debebitis. Iam dabo operam, quam maxime
potuero, breue ut faciam. Neque haec altercatio nostra
uobis inutilis erit, patres conscripti; plerumque enim res 15
publica priuatis crescit inimicitiis, ubi nemo ciuis qualis
sit uir potest latere.

4 2 Primum igitur, quoniam omnium maiores C. Sallustius
ad unum exemplum et regulam quaerit, uelim mihi
respondeat num quid his quos protulit Scipiones et 20
Metellos ante fuerit aut opinionis aut gloriae quam eos res
suae gestae et uita innocentissime acta commendauit.
Quod si hoc fuit illis initium nominis et dignitatis, cur non
aeque ⟨de⟩ nobis existimetur, cuius et res gestae illustres et
uita integerrime acta? Quasi uero tu sis ab illis, Sallusti, 25
ortus! Quod si esses, nonnullos iam tuae turpitudinis
5 pigeret. Ego meis maioribus uirtute mea praeluxi, ut, si

---

3 debetis $K\epsilon$: debebitis *rell.*   6 ut *om.* ɕ, *del. F. Schmidt*
7 sus *EM*: *om. rell.*   9–10 quam . . . fert] *cf. Cic. Fam. 8. 8. 1, Sen. Con.*
9. 4. 18   10–11 de eo . . . obiectat *secl. Jordan*   10 qui $K^2\beta$:
quia FK^1: quod $A\phi$ 11 illam *Cortius*: aliam ω 14 breue ut
α: ut breue ψ: breue γ 17 *post* latere *habent* **K** (*scil.* caput)
AFTψE, **R** (*scil.* rubrica) K^1X 20 his *F. Schmidt*: hos α: hi ψSH:
hii *M*: *om. E*   21 uel Fabios *post* Metellos *add.* ɕ   fuerit *F.*
Schmidt: fuerint ω 24 de *suppl.* ɕ   25 illis α: illis uiris β
27 maioribus meis ϕ proluxi π

prius noti non fuerunt, a me accipiant initium memoriae
suae: tu tuis uita quam turpiter egisti magnas offudisti
tenebras, ut, etiamsi fuerint egregii ciues, per te uenerint
in obliuionem. Quare noli mihi antiquos uiros obiectare;
5 satius est enim me meis rebus gestis florere quam maiorum opinione niti et ita uiuere ut ego sim posteris meis
nobilitatis initium et uirtutis exemplum. Neque me cum
iis conferri decet, patres conscripti, qui iam decesserunt
omnique odio carent et inuidia, sed cum eis qui mecum
10 una in re publica uersati sunt. Sed [si] fuerim aut in 6
honoribus petendis nimis ambitiosus—non hanc dico
popularem ambitionem, cuius me principem confiteor,
sed illam perniciosam contra leges, cuius primos ordines
Sallustius duxit—aut in gerundis magistratibus aut in
15 uindicandis maleficiis tam seuerus aut in tuenda re
publica tam uigilans, quam tu proscriptionem uocas,
credo, quod non omnes tui similes incolumes in urbe
uixissent: at quanto meliore loco res publica staret, si tu
par ac similis scelestorum ciuium una cum illis adnumera-
20 tus esses? An ego tunc falso scripsi 'cedant arma togae', 7
qui togatus armatos et pace bellum oppressi? An illud
mentitus sum 'fortunatam me consule Romam', qui tantum intestinum bellum ac domesticum urbis incendium
exstinxi? Neque te tui piget, homo leuissime, cum ea 3
25 culpas quae ⟨in⟩ historiis mihi gloriae ducis? An turpius
est scribentem mentiri quam [illum] palam hoc ordine

2 uita *ed. princ.*: uitae ω   3 per te *van der Hoeven*: certe ω
4 mihi noli π   5 enim] etenim ψ   gestis rebus γ   6 ego
om. α   10 si *delendum coni. Cortius*   14 magistratibus ⟨tam
seuerus⟩ *Eussner*   15 seuerus] saeuus *Eussner*   15–16 tuenda
re p. ψSE: tuendam r.p. ε: r.p. α   18 uenissent ψSH¹   20 *Cic.
Cons. fr. 16 Morel*   21 armatos *om.* αM   22 *Cic. Cons. fr. 17
Morel*   fortunatam αε: fortunatam natam F²ψSE   24 neque α:
ne quid ψM: nec quid EH: numquid S: ecquid *Heraeus*   25 in
suppl. ς   26 illum πXψ: illam T: illinc S: illud E: ullum ε: *del. Heraeus*: uel *Norden*

dicentem? Nam quod in aetatem increpuisti, tantum me
abesse puto ab impudicitia quantum tu a pudicitia.

8   Sed quid ego de te plura querar? Quid enim mentiri
turpe ducis, qui mihi ausus sis eloquentiam ut uitium
obicere, cuius semper nocens eguisti patrocinio? An ullum 5
existimas posse fieri ciuem egregium qui non his artibus et
disciplinis sit eruditus? An ulla alia putas esse rudimenta
et incunabula uirtutis quibus animi ad gloriae cupiditatem
aluntur? Sed minime mirum est, patres conscripti, si homo
qui desidiae ac luxuriae plenus sit, haec ut noua atque 10

9 inusitata miratur. Nam quod ista inusitata rabie petulanter
in uxorem et in filiam meam inuasisti, quae facilius
mulieres se a uiris abstinuerunt quam tu uir [a uiris], satis
docte ac perite fecisti. Non enim me sperasti mutuam tibi
gratiam relaturum, ut uicissim tuos compellarem; unus 15
enim satis es materiae habens, neque quicquam domi tuae
turpius est quam tu. Multum uero te, opinor, fallit, qui
mihi parare putasti inuidiam ex mea re familiari, quae
mihi multo minor est quam habere dignus sum. Atque
utinam ne tanta quidem esset quanta est, ut potius amici 20
mei uiuerent quam ego testamentis eorum locupletior
essem!

10   Ego fugax, C. Sallusti? Furori tribuni plebis cessi:
utilius duxi quamuis fortunam unus experiri quam uni-
uerso populo Romano ciuilis essem dissensionis causa. 25
Qui postea quam ille suum annum in re publica per-
bacchatus est omniaque quae commouerat pace et otio
resederunt, hoc ordine reuocante atque ipsa re publica

4 turpe] te ε   ducis *AK²ψSε*: dicis *FK¹φE*   5 ullum α*EM*:
illum *ψSH*   7 rudimenta *A*: erud- *rell.*   10 sit] est *Baiter*
11 rabies π   12 meam *om.* δ   inuasisti *om.* α   13 a uiris *del.*
Holford-Strevens   16 domui *AEM*   17 uero *om.* α: enim *M*
opinor] ut opinor *A*: opinio ς   qui] quae π: quod *K²M*: si *Jordan*
21 ego] mihi *FK¹*: *del. K², om. A*   27 omniaque quae *K²ψS*: omnia
quaeque *FK¹φ*: omnia quae *Aδ*   28 ipsa r.p. *ψSEM*: ipsa p.r.
KφH: ipsa p. et *F*: ipso p.r. *A*

manu retrahente me reuerti. Qui mihi dies, si cum omni
reliqua uita conferatur, animo quidem meo superet, cum
uniuersi uos populusque Romanus frequens aduentu meo
gratulatus est: tanti me, fugacem, mercennarium patro-
5 num, hi aestimauerunt! Neque hercules mirum est, si ego **4** 11
semper iustas omnium amicitias aestimaui; non enim uni
priuatim ancillatus sum neque me addixi, sed quantum
quisque rei publicae studuit, tantum mihi fuit aut amicus
aut aduersarius. Ego nihil plus uolui ualere quam pacem:
10 multi priuatorum audacias nutriuerunt. Ego nihil timui
nisi leges: multi arma sua timeri uoluerunt. Ego numquam
uolui quicquam posse nisi pro uobis: multi ex uobis
potentia freti in uos suis uiribus abusi sunt. Itaque non est
mirum, si nullius amicitia usus sum qui non perpetuo rei
15 publicae amicus fuit. Neque me paenitet, si aut petenti 12
Vatinio reo patrocinium pollicitus sum aut Sesti insolentiam repressi aut Bibuli patientiam culpaui aut uirtutibus
Caesaris faui. Hae enim laudes egregii ciuis et unicae sunt;
quae si tu mihi ut uitia obicis, temeritas tua reprehendetur,
20 non mea uitia culpabuntur. Plura dicerem, si apud alios
mihi esset disserendum, patres conscripti, non apud uos,
quos ego habui omnium mearum actionum monitores.
Sed ubi rerum testimonia adsunt, quid opus est uerbis?
  Nunc ut ad te reuertar, Sallusti, patrem tuum praeter- **5** 13
25 eam, qui si numquam in uita sua peccauit, tamen
maiorem iniuriam rei publicae facere non potuit quam
quod te talem filium genuit. Neque tu si qua in pueritia
peccasti, exsequar, ne parentem tuum uidear accusare, qui
eo tempore summam tui potestatem habuit, sed qualem

5–6 neque hercules … aestimaui *om. πT, marg. add. K²* 5 hercules *K²ψE*: hercule *XS*: ercule *M*: hercle *H* 9 aduersarius]
inimicus δ 13 in *EM*: *om. rell.* 16 uatinio ς: uatino ω
18 egregiae *F¹Kφ* 19 reprehendetur ς: -atur ω 21 disserendum *S*: discern- *rell.* 22 ego *om. αE* actionum mearum π
24 ut ad te] ad te ut *FK*: ad te *A* patrem ε: patremque *rell.*
28 qui *SM²*: si *rell.*

adolescentiam egeris; hac enim demonstrata facile intellegetur quam petulanti pueritia tam impudicus et procax
adoleueris. Postea quam immensae gulae impudicissimi
corporis quaestus sufficere non potuit et aetas tua iam ad
ea patienda quae alteri facere collibuisset exoleuerat, 5
cupiditatibus infinitis efferebaris, ut quae ipse corpori tuo
14 turpia non duxisses in aliis experireris. Ita non est facile
exputare, patres conscripti, utrum inhonestioribus corporis partibus rem quaesierit an amiserit. Domum paternam uiuo patre turpissime uenalem habuit [uendidit]; et 10
cuiquam dubium potest esse quin mori coegerit eum, quo
hic nondum mortuo pro herede gesserit omnia? Neque
pudet eum a me quaerere quis in P. Crassi domo habitet,
cum ipse respondere non queat quis in ipsius habitet
paterna domo. 'At hercules lapsus aetatis tirocinio postea 15
se correxit.' Non ita est, sed abiit in sodalicium sacrilegi
Nigidiani; bis iudicis ad subsellia attractus extrema
fortuna stetit et ita discessit ut non hic innocens esse sed
15 iudices peierasse existimarentur. Primum honorem in
quaestura adeptus hunc locum et hunc ordinem despectui 20
⟨habuit⟩, cuius aditus sibi quoque sordidissimo homini
patuisset. Itaque timens ne facinora eius clam uos essent,
cum omnibus matrum familiarum uiris opprobrio esset,
confessus est uobis audientibus adulterium neque erubuit
6 ora uestra. Vixeris ut libet, Sallusti, egeris quae uolueris: 25
satis sit unum te tuorum scelerum esse conscium. Noli
nobis languorem et soporem nimium exprobrare: sumus
diligentes in tuenda pudicitia uxorum nostrarum, sed ita

1 enim *om.* α   intellegetur *TψS:* -itur *rell.*   4 quaestus *αEM:*
quaestus sumptus *ψ:* quaestuosi sumptus *S:* quaestus idem sumptus *H*
10 turpissime *om.* α   uendidit *om. ς, del. Eussner*   14 nequeat α
15 **K** *post* domo *habent AFK¹Tψ (cf. p. 230.17 adn.)*   hercules *αψE:*
hercule *F²Sε:* mehercules *K² (cf. p. 233. 5)*   20 *post* adeptus *add.*
secutus est (est *om. T*) α   20–1 despectui habuit *Norden:* despectus
ω   23 uiris *K²:* uestris ω   28 uxorum nostrarum *αSE:*
nostrarum uxorum *ψε*

experrecti non sumus ut a te cauere possimus; audacia tua
uincit studia nostra. Ecquod hunc mouere possit, patres 16
conscripti, factum aut dictum turpe, quem non puduerit
palam uobis audientibus adulterium confiteri? Quod si
5 tibi per me nihil respondere uoluissem, sed illud cen-
sorium eloquium Appii Claudii et L. Pisonis, integer-
rimorum uirorum, quo usus est quisque eorum, pro lege
palam uniuersis recitarem, nonne tibi uiderer aeternas
inurere maculas, quas reliqua uita tua eluere non posset?
10 Neque post illum dilectum senatus umquam te uidimus,
nisi forte in ea te castra coniecisti quo omnis sentina rei
·publicae confluxerat. At idem Sallustius, qui in pace ne 17
senator quidem manserat, postea quam res publica armis
oppressa est, [et] idem a uictore qui exsules reduxit in
15 senatum per quaesturam est reductus. Quem honorem ita
gessit ut nihil in eo non uenale habuerit cuius aliquis
emptor fuerit, ita egit ut nihil non aequum ac uerum
duxerit quod ipsi facere collibuisset, neque aliter uexauit
ac debuit, si quis praedae loco magistratum accepisset.
20 Peracta quaestura, postea quam magna pignora eis dede- 18
rat cum quibus similitudine uitae se coniunxerat, unus iam
ex illo grege uidebatur. Eius enim partis erat Sallustius
quo tamquam in unam uoraginem coetus omnium uitiorum excesserat: quicquid inpudicorum, chilonum, parri-

2 ecquod *Carrio*: et quod $AF\phi\beta$: et pro K^1, et quid K^2 3 aut
dictum $K^2\gamma$: auditum $FK^1T^1\psi$: auditu AT^2X 9 posset $\alpha\psi$: possit
$K^2\gamma$ 10 dilectum $X\psi$: de- *rell.*   umquam $\psi\epsilon$: usquam S: numquam E: *om.* α 14 et *secl. Jordan*   a uictore *Jordan*: uictores
$T^1\psi S\epsilon$: uictor KE: uictore T^2: auctore X: huic AF qui] quos ϵ
15 per *Mommsen*: post ω 16 nihil in eo non $X\beta$: nihil non in eo
FK: non in eo nihil A: nihil non in eo non T 17 ita] itaque *ed.*
Ven.: et ita *Kurfess*   ac] ad A^1FK^1 18 uexauit πSE: uixit $A^2\psi\epsilon$:
uetuit X: uetauit T 20 pignera ϵ 22 erat α: erat exemplar β
23 quo A^2: quod $\pi T\beta$: quae K^2: qua X tamquam X: tantam *rell.*
24 chilonum *Maurenbrecher* (*cf. Paul. Fest. p. 43 M*): cilonum *SM*: cylonum
$AF\phi\psi EH$: cylonium K

cidarum, sacrilegorum, debitorum fuit in urbe, municipiis,
coloniis, Italia tota, sicut in fretis subsederant, homines
perditi ac notissimi, nulla in parte castris apti nisi licentia
19 **7** uitiorum et cupiditate rerum nouarum. 'At postea quam
praetor est factus, modeste se gessit et abstinenter.' Nonne 5
ita prouinciam uastauit ut nihil neque passi sint neque
exspectauerint grauius in bello socii nostri quam experti
sunt in pace hoc Africam interiorem obtinente? Vnde
tantum hic exhausit quantum potuit aut fide nominum
traici aut in naues contrudi: tantum, inquam, exhausit, 10
patres conscripti, quantum uoluit. Ne causam diceret,
sestertio duodeciens cum Caesare paciscitur. Quod si
quippiam eorum falsum est, his palam refelle unde, qui
modo ne paternam quidem domum reluere potueris,
repente tamquam somnio beatus hortos pretiosissimos, 15
uillam Tiburtem C. Caesaris, reliquas possessiones para-
20 ueris. Neque piguit quaerere cur ego P. Crassi domum
emissem, cum tu eius uillae dominus sis cuius paulo ante
fuerat Caesar. Modo, inquam, patrimonio non comesto
sed deuorato quibus rationibus repente factus es tam 20
adfluens et tam beatus? Nam quis te faceret heredem,
quem ne amicum quidem suum satis honestum quisquam
8 sibi ducit nisi similis ac par tui? At hercules egregia facta
maiorum tuorum te extollunt: quorum siue tu similis es siue
illi tui, nihil ad omnium scelus ac nequitiam addi potest. 25

1 debitorum ς: dedit- αγ: ledit- ψ   in *om.* πTD   2 infreti φ
homines *Gulielmius*: nominis ω   5 nonne ς: non ω   6 sunt φ
7 exspectauerint πT: -arint β: -auerunt X   8 inferiorem *Jordan*
(*conl. I. 18. 12*), *uix recte*   9 p.c. exhausit δ   14 reluere ς: reli-
nire ω: redimere *ed. Ven.*   15 somnio AFK²TC²DS: somno
K¹XEH: sono M: somnium C¹   16 Tiburtem *Cortius*: Tiburti ω:
secl. Jordan   17 puduit *Cortius* (*conl. §14*)   17–18 domum
emissem αS: emissem ψ: emissem domum δ   18 eius *Baiter*:
uetus ω   sis *om.* β   19 fuerat β: fuerit FKφ: fuit A   comesto
Diom. i. 387. 6: comeso AFXCSE, *in ras.* D: commeso KT: commesso M:
commisso H   25 tui β: tibi AFφ: tibi uel tui K

Verum, ut opinor, honores tui te faciunt insolentem. Tu, 21
C. Sallusti, idem putas esse bis senatorem et bis quaestorem fieri quod bis consularem et bis triumphalem?
Carere decet omni uitio qui in alterum dicere parat; is
5 demum male dicit qui non potest uerum ab altero audire.
Sed tu, omnium mensarum assecula, omnium cubicu-
lorum in aetate paelex et idem postea adulter, omnis
ordinis turpitudo es et ciuilis belli memoria. Quid enim 22
hoc grauius pati potuimus quam quod te incolumem in
10 hoc ordine uidemus? Desine bonos petulantissime consectari, desine morbo procacitatis isto uti, desine unum-
quemque moribus tuis aestimare. His moribus amicum
tibi efficere non potes: uideris uelle inimicum habere.

Finem dicendi faciam, patres conscripti; saepe enim
15 uidi grauius offendere animos auditorum eos qui aliena
flagitia aperte dixerunt quam eos qui commiserunt. Mihi
quidem ratio habenda est, non quae Sallustius merito
debeat audire, sed ut ea dicam, si qua ego honeste effari
possim.

2 idem *Jordan*: totidem αψ*SE*: tantundem *M*: tantum *H*   3 quod
KX: quot *AFTψSE*: quantum ε   4 parat. Is *Jordan*: paratus αψε:
paratus est. is *S*: parat *E*   5 uerum] ueritatem ε   8 et *X*: *om.*
rell.   10 petulantissime consectari π: petulantissima consectari
(consert- *X*) lingua *rell.*   16 aperte *AXEM*: apte *rell.*

SALVSTII IN CICERONEM *K*: EXPLICIT ORATIO CICERONIS IN SALLVSTIVM *D*: *in
ceteris libris nulla subscriptio*

INDEX NOMINVM

C. = *De coniuratione Catilinae*
I. = *De bello Iugurthino*
H. = *Historiarum* fragmenta secundum numerationem
Maurenbrecherianam citata
E. = *Epistulae ad Caesarem senem*
Cic. = *In M. Tullium Ciceronem Oratio*
Sal. = *In C. Sallustium Crispum Oratio*

Vbi nomina non inueniuntur in Sallusti uerbis sed supplenda subaudiendaue uidentur asteriscum apposui. Numeri quos uncis inclusi ad *Paulys Realencyclopädie* spectant, ubi homines sic designatos requirere possis sub nomine gentis enumeratos.

Aborigines *C.* 61
Achaei *H.* 3. 74
Adherbal *I.* 5. 7, 9. 4, 10. 8, 11. 3,
13. 1 bis, 3, 9, 15. 1, 2, 3, 16. 2, 5,
20. 1, 4, 21. 1, 2, 3, 22. 4, 5, 23. 2,
24. 1, 25. 1, 10, 26. 1, 3, 35. 1, 48. 3
Aegyptus *I.* 19. 3 bis
Aemilia (gens) *H.* 1. 77. 6. Aemiliorum proles *H.* 1. 55. 3
Aemilii Pauli *Cic.* 4. 7
M'. Aemilius Lepidus (62), cos. 66
C. 18. 2
M. Aemilius Lepidus (72), cos. 78
H. 1. 1, 1. 55 (eius oratio), 1. 55.
27, 1. 66, 1. 69, 1. 77. 2, 3, 6, 7 bis,
14, 18, 19, 22. bellum Lepidianum *H.* 3. 47
Mam. Aemilius Lepidus Liuianus
(80), cos. 77 *H.* 3. 48. 10
L. Aemilius Paullus (81), cos. 50
C. 31. 4
M. Aemilius Scaurus (140),
cos. 115 *I.* 15. 4, 25. 4, 10, 28. 4,
29. 2, 3, 5, 30. 2, 32. 1, 40. 4
Aeneas *C.* 6. 1
Aethiopes *I.* 19. 6.

Afranius (?) *H.* 3. 6
Africa *I.* 5. 4, 13. 1, 14. 10, 17. 1, 3
bis, 7, 18. 1, 4, 12, 19. 3, 8, 20. 1,
21. 4, 22. 1, 23. 1, 25. 1, 4, 27. 5,
28. 6, 30. 1, 36. 1, 39. 4, 44. 1,
66. 2, 78. 2, 79. 2, 86. 4, 89. 7,
96. 1, 97. 2, 104. 3, *Sal.* 7. 19. Afri
I. 18. 3. Africum (mare) *I.* 18. 9
Africanus u. P. Cornelius Scipio
Albinus u. Postumius
Allobroges *C.* 40. 1, 4, 41. 1, 44. 1,
3, 45. 1, 49. 1, 4, 50. 1, 52. 36
Alpes *H.* 2. 98. 4, 3. 5, 4. 49
Anni Forum *H.* 3. 98 B
C. Annius (9), praef. 108 *I.* 77. 4
L. Annius (11), tr. pl. 110 *I.* 37. 2
Q. Annius (18) *C.* 17. 3, 50. 4
Antiochus (25) *H.* 1. 55. 4, 4. 69. 6
bis, 8, 11
C. Antonius (19), cos. 63 *C.* 21. 3,
24. 1, 26. 1, 4, 36. 3, 56. 4, 57. 4, 5,
59. 4
M. Antonius Creticus (29), pr. 74,
procos. 73–71 *H.* *3. 3, 3. 4, 3. 5
bis, *3. 6
Apion u. Ptolemaeus

239